REVELADOS

LIVROS DO MESMO AUTOR

Who Killed Kurt Cobain?
Love & Death: The Murder of Kurt Cobain
Fire and Rain: The James Taylor Story
Shut up and Smile: Supermodels, The Dark Side
Bad and Beautiful:
Inside the Dazzling and Deadly World of Supermodels
Best CEOs: How the Wild, Wild Web Was Won
Céline Dion: Behind the Fairytale
Miss Supermodel America
Guy Laliberté:
The Fabulous Life of the Creator of Cirque du Soleil

Em breve:
Pela Transit Publishing
Brangelina: Angelina Jolie & Brad Pitt
Scientology: The Religion of the Stars?

REVELADOS
OS ÚLTIMOS ANOS DE
MICHAEL JACKSON

Ian Halperin

Todos os direitos reservados à
EDITORA PORTO DE IDÉIAS LTDA.
Rua Pirapora, 287 - Vila Mariana
São Paulo - SP - 04008.060
(11) 3884-5024
portodeideias@portodeideias.com.br
www.portodeideias.com.br

Copyright © 2009 by Ian Halperin
Originalmente publicado no Canadá, em 2009 pela editora Transit Publishing Inc.

A reprodução ou transmissão de qualquer parte desta publicação sob qualquer forma por quaisquer meios, eletrônicos, mecânicos, de gravação ou, além disso, a conservação num sistema de recuperação sem o consentimento prévio do editor, é uma infração à lei dos direitos autorais. No caso de fotocópia ou outro método reprográfico de produção de material, deve ser obtida licença da Editora Porto de Idéias Ltda., antes de qualquer procedimento.

Título:
Em Português: Revelados: Os últimos anos de Michael Jackson
Em Inglês: Unmasked: The Final Years of Michael Jackson
Autor: Ian Halpering
Tradutor: Gabriela Machado
Adaptação projeto gráfico: Caroline da Silva
Adaptação capa: Juliana Signal
Foto capa: © Joshua Gates Weisberg/epa/Corbis/Corbis (DC)/Latinstock
Revisão: Silvana Pereira de Oliveira
Lucas de Sena Lima
Editor: Cauê Porto

Impresso no Brasil

Dados Internacionais de Catalogação na Publicação (CIP)
(Câmara Brasileira do Livro, SP, Brasil)

Halperin, Ian
    Revelados : os últimos anos Michael Jackson / Ian Halperin ; [tradutor Gabriela Machado]. –
São Paulo : Porto de Idéias, 2009.

    Título original: Unmasked : the final years of Michael Jackson
    ISBN 978-85-60434-59-6

    1. Abuso sexual de crianças - Investigação - California - Los Angeles 2. Jackson, Michael, 1958-2009 3. Jackson, Michael, 1958-2009 - Processos, litígios, etc. 4. Jackson, Michael, 1958-2009 - Relações familiares 5. Músicos do rock - Estados Unidos - Biografia I. Título.

09-11251   CDD-782.42166092

Índices para catálogo sistemático:
1. Estados Unidos : Músicos de rock : Biografia
782.42166092

AGRADECIMENTOS

Obrigado a

Pierre Turgeon: pela inspiração e incrível insight. Por ser um brilhante estrategista e um dos editores mais profissionais com quem já trabalhei. Merci, Pierre!

François Turgeon: por seu apoio inabalável, visão artística, talento fantástico e por ser um excelente amigo. Este livro não seria o mesmo sem o apoio de seu incrível cão husky siberiano, Emo.

Anthony Ziccardi: quando ficamos pela primeira vez frente a frente, não sabíamos realmente onde isso tudo iria acabar. Sua determinação e dedicação nunca serão esquecidas.

Max Wallace: por "lustrar e deixar piscando", e por tornar isto real. Você é um dos melhores da indústria. Um brinde por muitos mais best-sellers do New York Times que, tenho certeza, representam seu destino.

Nachammai Raman, Dwayne Lawrence, e Tim Niedermann: vocês são legais demais de se trabalhar. Parabéns pelo excelente trabalho de edição.

Isabelle Dubé: sem sua contribuição e visão, nada disso seria o mesmo. Você é a mais inteligente e talentosa editora com quem já trabalhei.

Gratia Ionescu: pessoa meticulosa, educada e de nível internacional. É sempre um prazer trabalhar com você.

Jarred Weisfeld: o mais carismático agente literário do mundo. Cada dia em que tenho trabalhado com você é uma bênção. Um brinde por muitos mais anos juntos.

Noah Levy (Editor Sênior da In Touch): você teve a visão e a coragem de publicar minha história quando eu declarei que Jackson tinha seis meses de vida. Fui criticado pelo mundo inteiro por divulgar isso. Você compreendeu o lado positivo do que eu fazia e teve a visão de publicar e apoiar a iniciativa.

George Thwaites (London Daily Mail): você é o melhor. Eu o conheço há anos, e você é a pessoa mais confiável que já encontrei. Obrigado.

Dawn Olsen (Glosslip): você é a pessoa mais gentil e dedicada que já conheci.

Page Six: sempre um prazer. Obrigado por seu apoio inabalável.

Marie Joelle Parent: un grand merci. Je suis un fan.

A todas as pessoas que tiveram coragem suficiente para falar oficialmente. E um grande obrigado para as pessoas próximas de Michael que conversaram comigo de maneira reservada. Garanti o anonimato de todos porque tinham assinado acordos de confidencialidade. Vocês todos são extremamente corajosos. Não sei como posso agradecer o bastante. Sem vocês, não haveria livro.

Ao cabeleireiro de Los Angeles que me treinou: eu não acreditava que pudesse algum dia passar por estilista de cabelos disfarçado. Você me fez acreditar. E, certamente, merece pleno crédito por me fazer conseguir.

À equipe inteira da Transit Publishing: sempre que visito o escritório, vou embora com um sorriso. Vocês todos são um raio de luz.

À minha preciosa filha Clover Sky: quando você tinha um ano e três meses, eu costumava colocar Michael Jackson cantando "Bad" a todo volume no estéreo do carro, e você dançava na calçada. Com um ano e seis meses, você costumava dizer, "Papai, eu adoro Michael Jackson, mas a voz dele parece de menina". Obrigado por toda alegria que você me trouxe desde o dia em que veio a este mundo.

Aos fãs de Michael que ficaram ao lado dele, apesar de tudo, e aos seus três filhos, para quem ele era o mais orgulhoso e dedicado dos pais.

Descanse em paz, Michael.

PALAVRAS DO PRÓPRIO MICHAEL JACKSON

"Se você entrar neste mundo sabendo que é amado, e deixar este mundo sabendo o mesmo, então, tudo que acontecer no meio pode ser enfrentado."

"Num mundo cheio de ódio, ainda devemos nos atrever a ter esperança. Num mundo cheio de raiva, ainda devemos nos atrever a reconfortar. Num mundo cheio de desespero, ainda devemos nos atrever a sonhar. E num mundo cheio de desconfiança, ainda devemos nos atrever a acreditar."

"Eu desperto dos sonhos e digo, 'Oh, coloque isso no papel'. A coisa toda é estranha. Você escuta as palavras, está tudo lá, direto, na sua cara."

INTRODUÇÃO

Quando revelei em meu blog sobre celebridades, o Ianundercover.com, pouco antes do Natal de 2008, que Michael Jackson tinha a vida em risco, isso provocou furor na mídia internacional. Publicações que iam da US Weekly ao Washington Post, do U.S. News & World Report ao Rolling Stone noticiaram minha exclusiva, juntamente com milhares de outros jornais, estações de TV e revistas pelo mundo, inclusive onze sucursais apenas na China.

Em 24 de dezembro, a revista In Touch Magazine citou-me, dizendo que Jackson tinha "seis meses de vida". Nesse dia, o porta-voz oficial de Jackson, Dr. Tohme Tohme, chamou minha reportagem de "completa invenção." O cantor, ele assegurou à mídia, gozava de "ótima saúde". A maior parte dos meios de comunicação aceitou a palavra dele sobre isso, e o furor parou abruptamente.

Seis meses e um dia depois, Jackson estava morto.

• • • •

Meu envolvimento na história de Michael Jackson começou, na verdade, quatro anos antes, em 13 de junho de 2005. Quando uma notícia de última hora apareceu na CNN anunciando que o júri chegara a um veredicto no julgamento de abuso infantil de Jackson, eu soube que estava prestes a ser feita a história legal americana. Enfim, seria feita a justiça, eu me lembro de ter pensado. Não se repetiria a caricatura do julgamento de O.J. Simpson em que um grupo ignorante de doze jurados desqualificados foi manipulado por uma equipe de advogados caríssimos que, agitando a bandeira do racismo, ajudou uma celebridade a safar-se de um assassinato. Não, em todos os sentidos, aquele era um grupo de cidadãos educados, de classe média, de maioria branca — oito mulheres e quatro homens — bastante inteligente para pesar as evidências e chegar a uma conclusão confiável sobre inocência e culpa.

Não acompanhei o julgamento muito de perto, mas reuni fragmentos suficientes na TV e nos jornais que deixavam claro que ele era culpado de alguns atos realmente hediondos.

Realmente eu esperava que o júri voltasse com um veredicto de culpa na mais séria das acusações pela qual Jackson fora indiciado - a acusação de que molestara sexualmente um paciente de câncer de treze anos que tomara debaixo das asas um ano antes.

Quando a faixa que deslizava ao pé da tela anunciou que o veredicto seria lido em tribunal aberto às 16 horas e 45 minutos, os comentaristas da mídia que haviam acompanhado o caso desde o princípio pareciam relutantes em arriscar um palpite sobre o resultado. Julguei que fosse uma tentativa de permanecerem imparciais diante das câmeras. Como eu, deveriam ter se deparado com evidências convincentes durante o julgamento para fazer da culpa de Jackson uma conclusão inevitável. Afinal, a família inteira do rapaz não fora testemunha dos crimes?

Uma aeromoça não tinha visto Jackson assediando o rapaz com bebida a bordo de um avião?

Os funcionários de Neverland não haviam prestado depoimentos sobre algumas peripécias que apontavam para uma única conclusão? E quanto aos relatos de que Jackson já havia sido acusado de molestar um garoto e supostamente oferecera um acordo multimilionário para evitar ir a julgamento, anos antes? Onde há fumaça, há fogo, seus detratores argumentavam convincentemente. E, o mais notável de tudo — a única evidência da qual realmente precisei me convencer — Jackson não admitiu ter deixado o rapaz dormir em sua cama?

Era uma evidência absolutamente incriminadora e certamente suficiente para mandar Jackson por muito tempo para um lugar onde provavelmente molestar crianças não lhe renderia uma acolhida muito calorosa por parte de seus novos colegas de quarto.

Enquanto esperava pelo momento fatídico de justiça, o cenário fora do tribunal parecia um circo com multidões de fãs e detratores de Jackson que competiam uns com os outros pela atenção das centenas de equipes de televisão que vinham de todos os cantos do globo para noticiar o último julgamento do século.

"M.J. é inocente! M.J. é inocente!" vinham os gritos de seu enorme contingente de fãs leais. Isso se chocava aos gritos de "Fritem ele. Fritem ele!" da multidão igualmente barulhenta de defensores infantis do outro lado da rua. O barulho tornou-se um rugido ensurdecedor quando uma carreata parou em frente ao tribunal. Assim que as portas de um utilitário preto se abriram, uma multidão de guarda-costas rodeou seu ocupante, um ser normal e descaracterizado parecido com Michael Jackson, usando um terno preto e gravata.

A cena diferia muito daquela em que ele chegou vinte minutos atrasado no meio do julgamento usando pijamas.

Os comentaristas jurídicos informavam que o promotor do distrito, Tom Sneddon, ao entrar no tribunal, mostrava-se bastante confiante — exibindo-se — de que uma condenação era iminente. Esse era o homem que dedicou mais de uma década determinado a levar Jackson à justiça pelos crimes indescritíveis que tinha certeza que o cantor cometeu quando se apegou ao primeiro garoto em 1994. Um Inspetor Javert da era moderna, ele havia dedicado mais de dez anos para reunir evidências, convocar testemunhas e esperar pelas vítimas que — tinha certeza —, iriam se apresentar para assegurar o indiciamento há tanto tempo esperado, e que o atormentava durante todos aqueles anos.

Claro que não seguiria em frente, a menos que tivesse um caso incontestável.

E, assim, eu esperei junto com o resto do mundo pelo único veredicto possível: "Culpado". Essa era a palavra que finalmente limparia o mau cheiro que ainda perdurava sobre o sistema judiciário americano desde o julgamento de O.J., quando o júri declarou um assassino a sangue-frio inocente de todas as acusações.

A hora em que havia sido prometido o anúncio, quatro e quarenta e cinco da tarde, chegou e se foi.

— Acho que teremos culpados aqui — declarou um analista jurídico conforme a espera se arrastava, salientando que o júri deliberava por tempo demais para uma absolvição.

O juiz não tinha permitido câmeras no recinto do tribunal, mas autorizou uma transmissão de áudio para que o público pudesse ouvir o veredicto em tempo real junto ao réu, que enfrentaria até 20 anos de prisão se fosse considerado culpado. Repórteres no tribunal nos contaram que o veredicto foi entregue ao juiz, e que dois dos jurados o encaravam no banco, em vez de olhar para Jackson.

— Quando o júri olha para o juiz, não é um "inocente" — anunciou um veterano observador judiciário. — Não querem olhar para o réu que eles acabaram de condenar.

Finalmente, os comentaristas pretensiosos se calaram, e a transmissão de áudio começou:

— O povo da Califórnia, o querelante, versus Michael Joseph Jackson, réu.

Caso nº 1133603. Acusação um, veredicto. Nós, do júri, no caso acima especificado, julgamos o réu inocente de conspiração como acusado na alegação um do indiciamento... Acusação dois, veredicto. Nós, do júri, no caso acima especificado, julgamos o réu inocente de um ato libidinoso para com um menor.

Na hora em que a segunda acusação foi lida, eu não ouvia mais nada, nem os fãs eufóricos lá fora, que perceberam as implicações daquelas palavras. O caso havia desabado como um castelo de cartas, e o promotor tinha fracassado completamente em conseguir até mesmo uma única condenação. Jackson estava livre. Fiquei perplexo.

• • • •

Como pai de uma criança, a ideia de um predador sexual que havia escapado da justiça era repugnante para mim. Por não ter acompanhado o julgamento de perto, presumi que a equipe legal de cinco estrelas de Jackson simplesmente ganhara a partida contra servidores públicos menos hábeis, responsáveis por acusá-lo. Então, tive um estalo. Resolvi na hora que levaria Michael Jackson à justiça de alguma forma para fazê-lo pagar por seus atos doentios. Mais ou menos nessa época, eu havia iniciado uma nova carreira como cineasta de documentários, e imaginei que o melhor método à minha disposição seria fazer um filme e completar a tarefa iniciada por Martin Bashir, o cineasta britânico. Seu documentário especial, *Living with Michael Jackson*, foi o catalisador para a instauração do processo contra Jackson. Com décadas de experiência como jornalista investigativo, eu pretendia encontrar e apresentar as evidências que o júri não viu. Claro, presumi que elas existiam em abundância. Na verdade, eu iria processá-lo mais uma vez em frente às câmeras, mas sem as velhas regras de evidência, motivo de desvantagem de Tom Sneddon e Marcia Clark, regras essas que normalmente favorecem os ricos e poderosos.

Não era absolutamente imparcial como um promotor público. Porém, isso não queria dizer que não poderia ser justo. Uma crítica feroz nada mais faz que manchar a reputação da pessoa que parte para o ataque. Eu estava resolvido a deixar os fatos falarem por si mesmos.

Quando tropecei no caso Michael Jackson, eu já era, de certa forma, um veterano no campo do julgamento de celebridades. Coincidentemente, foi outro caso famoso envolvendo um ícone da música, uma década antes, que formou minha reputação jornalística, para o bem ou para o mal.

Em 1994, fiz uma turnê com minha banda, State of Emergency, em Seattle, Washington, a mesma cidade onde Kurt Cobain supostamente havia se matado, poucos meses antes. Foi lá que encontrei inúmeras pessoas que tinham conhecido Cobain, inclusive um de seus fornecedores de heroína, e seu melhor amigo, que me confidenciou que as coisas não eram bem como pareciam.

Estavam convencidos de que o astro de rock, na verdade, não havia se matado, mas que havia sido assassinado.

Presumi que a coisa toda era uma típica teoria de conspiração até ouvir falar de Tom Grant, o respeitado investigador particular de Beverly Hills, contratado pela esposa de Cobain, Courtney Love, para localizá-lo depois que ele fugiu de um centro de reabilitação de Los Angeles. Mais tarde, seu corpo foi encontrado numa estufa acima da garagem de sua casa em Seattle. Grant, um antigo vice-delegado de Los Angeles, havia trabalhado para Courtney durante meses após o suposto suicídio, até pedir demissão de repente, acusando-a em público de ter mandado matar o marido.

Quando voltei ao Canadá, escrevi um artigo de revista sobre o caso com meu parceiro na época, o que se refletiu na dádiva de um livro, que foi publicado por fim em 1998, sob o título *Who Killed Kurt Cobain?*

Nosso livro era uma avaliação profunda do caso, pró e contra uma conclusão de assassinato, e apresentava algumas evidências circunstanciais bastante incriminadoras.

Revelou que não existiam digitais na arma que, supostamente, Cobain usou para se matar e que ele tinha uma dose tripla de heroína no sangue na ocasião de sua morte. Uma dose tão letal o teria deixado inconsciente antes que pudesse ocultar perfeitamente seu kit de heroína, pegar sua pistola, e puxar o gatilho. O livro também apresentava evidências registradas em fita atestando que, na hora da morte, Kurt e Courtney estavam no meio de um divórcio muito confuso. Ele havia pedido recentemente a seu advogado para excluir Courtney de um novo testamento que não havia sido assinado ainda. Por razão do acordo pré-nupcial do casal, Courtney virtualmente não receberia nada se o divórcio se consumasse. Em vez disso, como decorrência de sua morte, ela herdou uma propriedade no valor de centenas de milhões de dólares em royalties futuros.

Entrevistamos Eldon Hoke, um antigo amigo de Courtney. Ele revelou que ela havia lhe oferecido cem mil dólares meses antes para estourar os miolos de Kurt e fazer parecer um suicídio. Eldon nos contou que recusou a oferta. Logo depois, ele passou por um teste no detetor de mentiras, administrado pelo principal perito do mundo em polígrafos. Uma semana depois de ter contado sua história à BBC, Eldon foi encontrado morto sob circunstâncias misteriosas. Obtivemos uma gravação da advogada de espetáculos e madrinha de Courtney dizendo que ela acreditava que Kurt fora morto e que o suposto bilhete de suicídio que deixara fora "copiado ou forjado".

Contudo, apesar da abundância de evidências incriminadoras, também desmascaramos muitas das teorias conspiratórias que cercavam o caso, ao apresentar evidências atenuantes. Concluímos que não havia nada incontestável vinculando Courtney Love à morte do marido. Uma das mais respeitáveis publicações dos Estados Unidos, *The New Yorker*, elogiou a objetividade do livro e o descreveu como "uma apresentação criteriosa de material explosivo".

Consequentemente, na ocasião em que planejei indiciar Michael Jackson num filme, eu acreditava que também fosse capaz de ser tão justo quanto possível ao examinar as evidências pró e contra sua culpa. Porém, supus que os espectadores chegariam a um veredicto diferente do dos jurados. Até que, comecei a examinar as evidências.

• • • •

Durante os três anos seguintes, fui forçado a fazer malabarismos com meu filme sobre Michael Jackson e vários outros projetos, inclusive outro livro e um documentário já em andamento. Contratei uma equipe de pesquisadores para seguir a pista de testemunhas. Dediquei muito de meu tempo de sobra à missão de levar Jackson a julgamento. Durante esse período, também criei um blog sobre cultura pop que estava recebendo um bocado de atenção. Ocasionalmente, eu o usava para revelar uma ou duas novidades sobre meus achados a respeito de Jackson. Muito daquilo que descobri não mostrava Jackson sob uma luz positiva, principalmente durante os anos entre a primeira acusação de abuso em 1993 e o julgamento de 2005, quando o astro adotou um comportamento ainda mais estranho e mais perturbador do que o mundo poderia esperar. Alguns eram positivamente horripilantes.

Contudo, meu progresso em descobrir evidências de abuso não foi tão fácil como eu esperava. Na verdade, quanto mais eu escavava, menos convencido me tornava.

De vez em quando, passava por minha mente o pensamento de que o próprio Jackson poderia ser a vítima. Mesmo assim, as evidências circunstanciais eram incriminadoras.

Eu acreditava que era apenas uma questão de tempo até que descobrisse a prova incontestável de que precisava.

Enquanto isso, explorei o campo do jornalismo de celebridades através de meu novo blog e de um documentário em que eu me passava por ator para expor os segredos de Hollywood e da Cientologia.

Ao mesmo tempo, encontrei e me correspondi com vários dos principais jornalistas do mundo do entretenimento, muitos dos quais haviam feito a cobertura da carreira de Michael Jackson durante anos. Em minhas frequentes conversas com eles, pareciam convencidos de que Jackson era um pedófilo. Sempre que eu confidenciava que estava encontrando problemas em achar evidências comprovando que ele era culpado, eles normalmente reviravam os olhos e me tratavam como um idiota.

— Se disser em seu filme que ele não é um molestador de crianças, será motivo de riso — disse um apresentador internacionalmente conhecido. — Ele é um pedófilo doentio e todo mundo sabe disso.

Outro me advertiu para que eu não me deixasse ser "usado" por Jackson.

— Não caia na dele — disse-me.

Presumi que tamanha certeza fosse baseada em fontes cultivadas durante os anos e em evidências que não tinham permissão para publicar. Fiquei empolgado porque essas pessoas já haviam feito o trabalho de campo. Por certo ficariam todos muito contentes em me apontar as evidências óbvias. Mas, por várias vezes, quando pedi provas ou fontes confiáveis, mostraram-se vagos ou evasivos.

— Leia a transcrição do julgamento — disse um deles. — Está tudo lá.

Durante minha investigação, cultivei um impressionante conjunto de fontes, ainda que nenhuma delas fosse capaz de me fornecer o tipo de prova que eu procurava. Alguns eram ex-empregados de

Jackson que se mostravam decepcionados e, portanto, suas revelações tinham de ser tomadas com precaução. Outros eram amigos ou aproveitadores parasitas. E o resto ainda trabalhava para ele. Até que descobri que eu havia me encontrado com um dos membros mais confiáveis da equipe de Jackson. Era alguém que o via quase todo dia antes de ser, por fim, despedida depois de admitir que me conhecia. Meu site na Web, Ianundercover.com, estava cotado como um dos blogs sobre celebridades de crescimento mais rápido nos Estados Unidos. Conquistei um fiel acompanhamento por parte de fãs, jornalistas de entretenimento e blogueiros amigos, inclusive Paris Hilton. Nas raras ocasiões em que revelei algo sobre Michael Jackson, invariavelmente contatei uma fonte oferecendo novas informações a respeito do excêntrico recluso - algumas vezes enganosa, algumas vezes confiável.

Quando, em dezembro de 2008, compartilhei em meu blog um intrigante fragmento de informação médica que havia sido confirmado com duas fontes, o mundo enlouqueceu. Revelei que Jackson sofria de uma condição genética potencialmente fatal e que ele mal conseguia andar. Em questão de horas, os paparazzi estavam acampados do lado de fora do prédio de meu apartamento em Manhattan, e a história apenas se intensificou quando um jornal inglês acrescentou novos detalhes sobre sua condição médica, aparentemente confirmando o que eu escrevi, e publicou fotos de Jackson sendo empurrado numa cadeira de rodas, usando uma máscara cirúrgica.

No dia seguinte, fui contatado por um dos mais importantes personagens na saga de Michael Jackson, a apresentadora da Court TV, o canal do Tribunal de Justiça, Diane Dimond, a mulher que talvez fosse a maior responsável por convencer o mundo de que Jackson era um molestador de garotos.

Ela tinha algumas palavras de advertências para mim:

— Não deixe Michael manipulá-lo.

Parecia convencida de que havia sido Jackson que me vazara a história sobre a doença para conquistar simpatia.

Seu aviso me fez recordar de algo que um dos conhecidos de Jackson havia comentado, alguém que, estranhamente, era também um de seus mais ardentes defensores.

— Sempre que ele conta uma mentira particularmente escandalosa, explica que é preciso "razzledazzle" (confundir) a turma — disse um velho amigo, explicando que Jackson estava obcecado pelo personagem de Billy Flynn no musical *Chicago*, que usava a expressão como um bordão contínuo enquanto "jogava areia nos olhos" de todo mundo.

Será que eu simplesmente teria me tornado vítima do "razzledazzle" de Jackson? Dimond havia me falado que se quisesse descobrir a verdade sobre o Rei do Pop, eu teria de começar com Jordan Chandler. Segui o conselho.

UM

Quando Michael Jackson pisou no palco, em 10 de janeiro de 1993, para o baile de gala da posse do presidente Bill Clinton, estava, aparentemente, no topo do mundo. Dificilmente a mídia teria de exagerar para transmitir que tremendo superstar ele havia se tornado naquele ponto de sua carreira. Só precisariam citar as inserções dedicadas a Jackson no *Livro de Recordes do Guinness*: "O mais bem-sucedido artista de todos os tempos; o mais consumado performer vivo da história; o álbum de maior vendagem de todos os tempos; o mais jovem vocalista no topo da lista dos cantores solo dos Estados Unidos; o primeiro vocalista a entrar na lista dos cantores solo dos Estados Unidos como número um; o maior número de semanas no topo da lista dos álbuns nos Estados Unidos; o mais bem-sucedido vídeo de música; e o mais bem pago artista de todos os tempos".

Adorado pelo mundo, sua própria presença inflamava multidões, numa cena que lembrava a Beatlemania. Eu mesmo, certa vez, fiquei preso num ônibus em Londres por quase uma hora, na Oxford Street, porque corria um boato de que Jackson estava fazendo compras na loja de discos HMV. A aglomeração bloqueou o tráfego por oitocentos metros em todas as direções. Apesar disso, o público achava Jackson decididamente bizarro. Histórias de tabloides ressaltavam seu comportamento estranho. Diziam que ele queria comprar os ossos do Homem Elefante e que dormia numa câmara hiperbárica para permanecer jovem. Suas feições faciais sempre mutantes eram aparentemente decorrência da obsessão em se parecer com Diana Ross, sua mentora na Motowm. Posteriormente, depois de romper com ela, resolveu moldar a si mesmo segundo a imagem de uma outra Diana, a princesa de Gales. Apesar de seus protestos de que tais histórias eram absurdas, suas negativas não alteravam o ceticismo do público, que, diante dos próprios olhos, viu um jovem de pele escura transformar-se num adulto bizarro de pele clara e aparência andrógena no transcorrer de quase um quarto de século em que esteve sob os holofotes do público. Mesmo assim, em vez de abalar sua popularidade, tal comportamento só parecia aumentá-la. O pior adjetivo de que a mídia normalmente usava para descrever o cantor era "excêntrico". Jackson, porém, nunca realmente tinha sido associado ao mau comportamento com frequência vinculado a outras celebridades de sua era, principalmente na indústria da música, onde rolavam drogas e excesso.

Ao contrário, em janeiro de 1993, ele estava começando a se tornar quase tão famoso por seus esforços humanitários quanto por sua música. Durante os anos 80, ele chegou a fazer amizade com um adolescente chamado Ryan White, um hemofílico. Ryan tornou-se o representante nacional do HIV e da AIDS depois de contrair a infecção através de uma transfusão de sangue.

White ajudou a mudar a percepção dos americanos de que a AIDS era uma doença confinada aos homossexuais. Foi providencial em convencer o presidente Ronald Reagan a devotar-se à causa pela primeira vez. A amizade de Jackson com White ajudou-o a ganhar notoriedade como advogado da pesquisa de HIV/AIDS, solidificando sua reputação como uma celebridade compassiva. No funeral de White, em 1990, Jackson fez um discurso fúnebre particularmente comovente, ao declarar:

— Adeus, Ryan White. Você nos ensinou como ficar de pé e lutar.

Em 1992, explicando que queria "melhorar as condições [de vida] das crianças pelo mundo", Jackson criou a Heal the World Foundation — Fundação Curar o Mundo, para fornecer medicamentos às crianças e lutar contra a fome, a falta de habitação, a exploração e o abuso de crianças no mundo. A fundação também levou centenas de crianças de baixa renda e das minorias para visitar Neverland — a Terra do Nunca, na história de Peter Pan —, o espetacular rancho de 1.092 hectares que ele comprou em 1988 em Santa Ynez, na Califórnia, que se tornou completo com um zoo e um parque de diversões. Em 1992, Jackson doou todos os lucros de sua turnê mundial *Dangerous* — dez milhões de dólares — à fundação.

E, assim, não foi surpresa quando Jackson foi convidado para se apresentar no baile de gala da posse do presidente Bill Clinton, em

1993. Ele parecia um símbolo natural para a nova era de progresso que Clinton representava depois de doze longos anos sombrios de presidentes americanos de direita.

Quando Jackson inclinou-se no palco para os aplausos vibrantes da plateia, inclusive do novo presidente e da primeira dama, dedicou uma canção a "todas as crianças do mundo". No dia seguinte, entusiásticos repórteres da mídia enalteceram sua apresentação de "Heal the World" como um tributo ao "amor pelas crianças" de Jackson. Poucos meses mais tarde, essas palavras teriam um significado muito diferente, e seria o mundo de Jackson que precisaria curar-se, pois começava a desabar em torno dele.

• • • •

O colapso do reinado sem precedentes de Michael Jackson como o artista mais amado e mais popular do mundo pode ter sido deflagrado por uma vela de ignição defeituosa. Em maio de 1992, Jackson estava sozinho dirigindo sua van pela Wilshire Boulevard, em Los Angeles, quando o veículo quebrou de repente no tráfego pesado. Sem um celular para pedir por ajuda, Jackson saiu da van confuso, sem saber o que fazer. Usando óculos de sol espelhados, um turbante preto e uma echarpe cobrindo a face, foi reconhecido imediatamente por uma funcionária de uma agência de aluguel de carros próxima, a caminho do trabalho. Ela aproximou-se de Jackson e se ofereceu para levá-lo à agência onde trabalhava para alugar um veículo. Então, fez um telefonema para o patrão, David Schwartz, dono da agência de aluguel. Quando Schwartz soube que Michael Jackson estava a caminho, percebeu o que tinha de fazer. Chamou imediatamente a esposa, June Chandler Schwartz, e lhe disse para trazer o filho de doze anos, Jordan, enteado dele, ao escritório. Sabia que Jordan idolatrava Michael Jackson desde o dia em que o viu num restaurante de Los Angeles, chamado Golden Temple, sete anos atrás. Daquele momento em diante, o garoto havia se tornado um obcecado pelo astro. Comprava todos os álbuns de Jackson, sabia as letras de todas as suas canções, e imitava os movimentos de dança de Jackson em frente ao espelho.

Mais tarde, muitos divulgaram que Jordan havia enviado um cartão desejando melhoras a Jackson, juntando uma foto e o número de telefone, depois que os cabelos do cantor tinham pegado fogo num comercial para a Pepsi. Michael agradeceu-o pessoalmente por telefone no mesmo dia. Isso, porém, seria impossível porque Jordan tinha apenas quatro anos na época do incidente da Pepsi, em 1984.

Existem também relatos não confirmados de que Jordan fez um teste para um papel num comercial, imitando Jackson, mas foi recusado.

Apesar disso, Jordan ficou muito empolgado em conhecer seu herói frente a frente. Mostrou-se um pouco tímido e não conversou muito, mas sua deslumbrada mãe June supriu em muito essa falha, transbordando de entusiasmo ao dizer como estavam emocionados em conhecê-lo, relembrando a Jackson que ele já havia encontrado o garoto anteriormente, uma vez. Antes que Jackson saísse dirigindo um carro velho alugado por David Schwartz, June insistiu em lhe dar o número de telefone de seu filho. Jackson enfiou o papel no bolso apertou a mão de Jordan, e prometeu telefonar.

Alguns dias depois, o telefone tocou na casa de Schwartz em Santa Monica, e June espantou-se em ouvir uma inconfundível voz pedir para falar com Jordie. Mais tarde, ela declarou que Jackson perguntara se Jordan gostaria de visitá-lo no condomínio Century City, mas disse que não havia deixado porque o filho estava no meio dos exames finais. Jordan terminava a sétima série na época.

Pessoas próximas a ela, no entanto, alegaram que ela jamais teria recusado tal convite, uma afirmação que soa verdadeira, dado o comportamento posterior dela. Michael estava prestes a embarcar em sua turnê mundial com Dangerous, e os dois não se encontraram de novo até quase um ano mais tarde. Enquanto isso, Jackson telefonou diversas vezes a Jordan, do caminho, conversando durante horas às vezes, e a amizade cresceu. Quando indagado a respeito dessas conversas por telefone, Jordan disse que Michael falava frequentemente sobre Neverland e como era divertido para a criançada. Parecia ansiar pelo dia em que o menino pudesse visitar o rancho e ver, com os próprios olhos, o parque de diversões, os videogames, o forte de água e o zoo.

Um mês depois do baile de gala da posse de Clinton, Jackson completou a primeira etapa de sua turnê mundial e voltou à Califórnia. Foi quando Jordan finalmente foi visitar Neverland pela primeira vez. No meio de fevereiro, Jackson mandou uma limusine buscar Jordan, a mãe, e a meia irmã de cinco anos, Lily. A família passou o fim de semana na casa de hóspedes de Michael e divertiu-se como nunca. O destaque foi uma farra de compras numa loja "Toys-R-Us" próxima, que ficou aberta durante horas para que Jordan e sua irmã pudessem pegar tantos brinquedos quanto quisessem.

Poucos dias depois de voltarem para casa, Jackson convidou-os de novo para o fim de semana seguinte, prometendo mandar um carro para eles na tarde de sexta-feira. Na hora marcada, a família ficou empolgada ao descobrir que o próprio Jackson fora buscá-los. Foi uma decepção, contudo, quando entraram na imensa limusine e descobriram que ele não estava sozinho. Sentado em seu colo estava um garoto de onze anos chamado Brett. Jordan admitiu mais tarde que a cena o deixou com ciúme.

• • • •

Na época em que Jordan Chandler conheceu Michael Jackson, não era segredo que Jackson tinha alguns "amigos especiais". Os mais famosos desses amigos eram o pequeno ex-astro do sitcom de TV, *Webster*, Emmanuel Lewis, e o ator infantil de *Esqueceram de Mim*, Macaulay Culkin. Eles sempre pareciam estar ao seu lado durante os anos 80, acompanhando-o a shows de premiações, estreias de filmes e outros eventos.

Quando Jackson comprou seu vasto rancho em 1988, explicou o nome do lugar em razão de sua fascinação pelas histórias de Peter Pan, de J.M. Barrie, ao descrever Neverland, a Terra do Nunca, uma ilha onde a turma de Peter Pan, apelidada de "Meninos Perdidos" e as crianças que ali habitavam nunca cresciam. Ele com frequência descrevia sua própria infância como "perdida", ao ver-se lançado no show business desde muito cedo, sem nunca ter a chance de fazer todas as coisas que as outras crianças faziam.

Numa entrevista para a TV, em 1993, no programa de Oprah Winfrey, ele detalhou a experiência:

> Bem, a gente não pode fazer aquilo que as outras crianças têm permissão para fazer, ter amigos e festas de pijamas e colegas. Não houve nada disso para mim. Eu não tinha amigos quando era pequeno. Meus irmãos eram meus amigos. É por isso que acho que, por não ter tido isso então, eu me compenso agora. Tem gente que pensa na razão de eu sempre ter crianças ao redor. É que encontro coisas que nunca tive através delas, sabe como é, Disneylândia, parques de diversões, jogos de videogame. Adoro todas essas coisas porque, quando eu era pequeno, era sempre trabalho, trabalho, trabalho de uma apresentação à outra. Se não era uma apresentação, era o estúdio de gravação,

se não era isso, eram shows de TV ou sessões de fotos. Havia sempre algo a fazer... Eu amava o show business, e ainda amo o show business, mas naquele tempo, houve ocasiões em que a gente queria apenas brincar e divertir-se um pouco, e essa parte me deixava triste. Lembro-me de uma vez em que a gente estava para ir para a América do Sul e tudo estava empacotado e dentro do carro para irmos embora, e eu me escondi e comecei a chorar porque realmente não queria ir, eu queria brincar; não tinha vontade de ir.

Na mesma entrevista, Jackson descreveu de forma emocionante como era maltratado pelo pai que lhe dizia que ele era feio e batia nele com frequência.

— Eu costumava não olhar para mim mesmo. Escondia meu rosto no escuro. Não tinha vontade me olhar no espelho e meu pai me provocava, e eu odiava isso e chorava todo dia — recordou.

Depois dessas experiências, Jackson explicou que tudo que queria da vida, além de sua música, era recapturar aquela infância perdida. Disse que esse era o motivo pelo qual se rodeava da garotada e criou Neverland como um lugar onde poderia viver como uma criança.

— Só sou feliz quando estou com crianças — disse, certa vez, a um grupo de garotos que visitava Neverland.

Antes de se tornarem de conhecimento público as denúncias de Jordan Chandler, a mídia quase nunca havia questionado esse aspecto estranho da vida de Jackson. Sua amizade com crianças sempre era retratada como inocente e encantadora. Porém, depois, essa mesma amizade assumiu um aspecto sinistro.

De repente, o público lembrou-se de alguns de seus mais famosos "amigos" e encheu-se de suspeitas. Talvez aqueles encontros não fossem tão inocentes assim.

É provável que a mais famosa dessas amizades com celebridades infantis seja o antigo relacionamento de Jackson com Macaulay Culkin. Começou pouco depois do sucesso de estreia de Culkin, *Esqueceram de Mim*, que o tornou um superstar com dez anos de idade.

Ávido por um insight no relacionamento de Jackson com crianças, encontrei-me com Culkin num café de Los Angeles. A primeira coisa que ele me disse foi que eu jamais poderia entender o que motivava Jackson.

— Posso descrever nossa amizade e posso explicar o vínculo de Michael com crianças — disse —, porém, não importa o que eu diga, você jamais compreenderá. A menos que tenha passado o que Michael e eu passamos, não vai entender como é a coisa.

Foi isso que atraiu os dois e estabeleceu a amizade de ambos, ele explicou.

— Entendemos um ao outro porque ambos estivemos lá.

Culkin admitiu saber das suspeitas das pessoas sobre Jackson e as crianças.

— Soube de todas as histórias. De todas as acusações. Porém, você tem de conhecer Michael. É impossível entender a situação se você não o conhece. Ele não é igual a ninguém mais. Sabe a expressão "criança grande?" Não passa de uma expressão. Mas, com relação a Michael, é verdade, ele é uma criança grande. Não o tempo todo. Pode falar sobre sua música, que chama de sua arte, ou de negócios, e é um adulto sofisticado. Mas depois ele se transforma. É impressionante. Vira uma criança. Não está fingindo. Eu me lembro de pensar que ele não é como nenhum adulto que já conheci. Ele era apenas como eu.

— O que faziam juntos?

— A gente brincava de guerra de travesseiros, passava o tempo à toa, passeava no parque de diversões. Jogava fliperama. Essa era minha parte favorita. Veja bem, não era só eu. Havia sempre outras crianças junto também.

— Alguma vez dormiram na mesma cama? — eu quis saber.

— Claro — ele diz, sem rodeios. — Não como você pensa. Primeiro de tudo, é uma cama imensa. Há sempre gente entrando e saindo do quarto, a equipe, os empregados, os conselheiros. A porta está sempre aberta, e minha família sempre foi convidada. Estão sempre por perto. Era como uma gigantesca festa do pijama. Às vezes havia outros garotos também. A gente ficava sempre de pijamas e nada incomum jamais aconteceu. Foi sempre pura diversão. Sei que soa esquisito para alguém que desconhece essa situação. Olhando para trás, acho que era um bocado bizarro. Porém, na ocasião, parecia tão inofensivo, tão normal... Michael é apenas o Michael, e se você não o conhece realmente, não sabe o quanto as acusações são estúpidas.

— São amigos ainda — fiquei curioso em saber.

— Mais ou menos — diz ele. — Porém, depois que fui ficando mais velho, Michael deixou de se interessar em passarmos o tempo juntos. Ele se sente realmente à vontade em torno de crianças. É quando ele pode ser um garoto. Eu pude sentir, num certo momento, que eu estava ficando muito velho pra ele. Além do mais, conforme eu amadurecia, Neverland não parecia mais tão incrível. Era um lugar para garotos e eu era aquele adolescente metido a bacana.

• • • •

O garoto que estava sentado no colo de Jackson no dia em que ele foi buscar Jordan Chandler era Brett Barnes, um fã australiano que chamou a atenção do cantor quando escreveu a ele uma carta em 1991.

Junto com outro garoto australiano de nome Wade Robson, Barnes se tornou o último dos amigos especiais de Jackson. Acompanhava Jackson em turnê com frequência e se tornou um visitante de rotina em Neverland, junto com a mãe e a irmã.

Culkin me contou que se recordava de ter passado algum tempo com Barnes e Robson durante aqueles anos.

— Havia sempre alguns de nós por lá — recorda-se. — A gente se divertia pra valer juntos.

Agora, era a vez de Jordan tornar-se o mais recente amigo a ser acrescentado à turma.

Juntamente com a família, ele passou a ser um frequentador de Neverland e saía muitas vezes em excursões para a Disneylândia ou outros locais divertidos com Jackson. Em março, o cantor convidou Jordan e sua família para acompanhá-lo a Las Vegas, onde tinha uma suíte permanente no Mirage Hotel. Reservou um quarto do hotel para June e Lily, e um quarto para Jordan. Aquela noite, de acordo com um relato que mais tarde fez parte do registro oficial, Michael e Jordan assistiram ao impressionante clássico de terror *O Exorcista* juntos. Quando o garoto, compreensivelmente, ficou apavorado, Jackson teria supostamente lhe dito que poderia passar a noite com ele. Assim, naquela ocasião, dormiram na mesma cama pela primeira vez. Nada inconveniente aconteceu. Mas, na manhã seguinte, quando a mãe acordou e foi procurar Jordan, a cama do garoto estava arrumada. Ele contou depois que dormiu na cama de Jackson, e June ficou um pouco alarmada. Disse ao filho que nunca mais fizesse isso de novo.

Quando Jackson soube do ultimato de June, foi falar com ela para saber por que estava aborrecida. Mais tarde, ela recordou-se que, durante essa conversa, Jackson tinha começado a chorar e disse:

— Isso é uma questão de família, de confiança, honestidade e amor.

Posteriormente, ela recordou-se que tais palavras fizeram com que se sentisse culpada por nutrir ideias negativas e que disse a ele, na ocasião, que não fazia objeção que os dois compartilhassem uma cama, contanto que Jordan concordasse com isso.

Na época em que Michael Jackson entrou na vida de Jordan, a mãe e o pai do menino tinham se divorciado há algum tempo. O pai biológico, um dentista chamado Evan Chandler, era também um aspirante a roteirista que escreveu, um ano antes a comédia de relativo sucesso de Mel Brooks, *A Louca Louca História de Robin Hood*, em colaboração com um parceiro. Evan mais tarde alegou que ele na verdade colaborou no script com Jordan, e tinha dois outros roteiros em andamento com o filho – *Sleazoids* (Degenerados) e *Bunnies* (Coelhinhos). Existem poucas evidências, porém, para comprovar essa alegação, e Jordan nunca recebeu crédito por escrever o filme de Brooks. June tinha a guarda plena do garoto, mas Jordan passava alguns fins de semana e a maioria dos feriados com o pai e a segunda esposa de Evan, Nathalie, na casa em que moravam, em Brentwood, junto com as meias-irmãs de Jordan, Nikki e Emmanuelle.

Havia um motivo para que Evan Chandler quisesse mudar de profissão e tornar-se um roteirista em tempo integral. Sua carreira como dentista foi de certa forma manchada por uma série de práticas questionáveis. Em 1978, por exemplo, ele havia feito um trabalho de restauração em dezesseis dentes para um de seus pacientes, numa única consulta. Quando o Board of Dental Examiners [uma espécie de Conselho Regional de Odontologia] inspecionou os resultados, concluiu que o trabalho de Chandler mostrava "grosseira ignorância e ou ineficiência" na profissão, e revogaram sua licença.

Por fim, mudaram a revogação por uma suspensão por noventa dias, e o colocaram em período de experiência por dois anos e meio. A esposa, June, o deixou no final das contas, alegando, como motivo, o temperamento de Chandler, e lhe foi concedida a guarda plena do filho pequeno, Jordan.

Como alguém esperançoso em tornar-se importante em Hollywood, Evan Chandler empolgou-se quando o filho fez amizade com o homem que era a personificação de sucesso no show business. A princípio, de acordo com a opinião geral, ele encorajou o relacionamento do filho com Jackson, amizade essa registrada certo dia para que o mundo visse pelo tabloide *National Enquirer*, que publicou uma foto de Jackson, Jordan, June, e Lily, na casa de June em Santa Monica, com a manchete: "A Nova Família de Jacko". Jackson começou a ficar na casa deles com frequência sempre que estava em Los Angeles e, para muitos, dava a impressão de suplantar tanto Evan Chandler, o ex-marido, quanto o novo marido de June, David Schwartz, como uma figura paterna na vida do garoto. Isso, porém, não pareceu incomodar muito Evan na época.

De acordo com uma investigação feita por Mary Fisher, em 1994, para a revista GQ, Evan Chandler se vangloriava com frequência para os amigos e sócios da amizade do filho com Jackson. Na verdade, Chandler encorajava Jackson a passar mais tempo com seu filho na casa em Santa Monica.

As fontes de Fischer contaram a ela que Chandler sempre sugeria a Jackson que construísse um anexo à casa para o cantor ficar ali.

— Mas depois de chamar o departamento de zoneamento e descobrir que não poderia ser feito — ela escreve —, Evan fez outra sugestão — que Jackson lhe construísse uma nova casa.

Evan muitas vezes mantinha longas conversas por telefone com o cantor, em que lhe pedia conselhos sobre Hollywood, sobre possíveis conexões que poderia ter e outras coisas. E, cada vez mais, Jackson ficava na casa de Evan, em Brentwood, a pedido de Jordan.

Mais tarde, contudo, Evan divulgou seu "diário" desse período, revelando que supostamente havia começado a nutrir sérias dúvidas sobre o relacionamento de Jackson com Jordan. Num determinado ponto, ele alega, nesse diário - o que depois também contou a Diane Dimond —, que havia perguntado francamente a Jackson:

— Você anda fodendo Jordan?

Diante dessa pergunta, Jackson supostamente "tinha dado uma risadinha", dizendo:

— Nunca use essa palavra.

No livro, *Be Careful Who You Love*, de Dimond, ela conta que Evan não ficou contente com essa resposta e pressionou Jackson para obter mais detalhes, escrevendo em seu diário a conversa que se seguiu:

— Qual, exatamente é a natureza do relacionamento de vocês? Michael disse:
— É cósmico. Eu mesmo não entendo. Só sei que pretendemos ficar juntos.
Perguntei a ele:
— Bem, e se algum dia você resolver que não quer estar mais

com ele? Ele ficaria realmente magoado.

Michael me assegurou:

— Sempre estarei com Jordie. Eu jamais o magoaria.

Acreditei nele.

Então, no fim de semana do dia de Finados, em 1993, com Michael Jackson hospedado na casa em Brentwood, Evan Chandler afirmou que ao entrar no quarto do filho para dizer boa noite, encontrou Michael e Jordan num sono profundo na cama do beliche, totalmente vestidos, mas curvados numa posição fetal, com Michael encaixado como colherinha por trás de seu filho e com as mãos pousadas na virilha de Jordan.

— Fiquei muito perturbado — Evan declara ter escrito em seu diário. — Pensei que Jordie pudesse ser gay.

No entanto, Evan não disse nada. Continuou a ser amistoso com o cantor até Jackson começar a se distanciar aos poucos de Evan, supostamente sentindo um "oportunista" mais interessado em alavancar a própria carreira do que no filho. Isso não agradou Evan que, mais tarde, alegou que aquele distanciamento nada tinha a ver com suas últimas atitudes. Se Evan nutria dúvidas sobre o relacionamento do filho com Michael Jackson, e suspeitava de abuso sexual, o curso apropriado de ação seria ter entrado em contato com o Departamento de Serviços Sociais da Califórnia, especificamente sua Divisão de Serviços à Família e à Infância. Em vez disso, contatou um advogado chamado Barry Rothman, com reputação de jogar pesado por dinheiro. Rothman foi uma peça chave nos eventos que viriam. Evan também começou a fazer ameaças contra June e Jordan. Ameaçou impedir Jordan de deixar o país com Michael na turnê em junho.

Evan mantinha um relacionamento cordial com o segundo marido de June, David Schwartz, e os dois conversavam com frequência. Alarmado com a crescente agressividade de Evan, Schwartz resolveu certo dia gravar uma conversa que teve com ele sobre Jordan e Jackson. Durante essa conversa, Evan descreveu June como "fria e sem coração". Afirma que quando tentou conversar com a ex-esposa com relação às suspeitas sobre Jackson, ela lhe dissera:

— Vá se foder.

Nesse ponto da fita, Evan faz a primeira alusão de que estava revoltado com Jackson porque o cantor tinha deixado de se comunicar com ele.

Evan:	Eu tinha uma boa comunicação com Michael. Éramos amigos. Eu gostava dele, e o respeitava e tudo mais por aquilo que ele é. Não houve motivo nenhum para que parasse de me telefonar. Eu estava sentado na sala um dia e conversei com Michael e lhe disse exatamente o que eu queria daquele relacionamento todo. O que eu queria. Ensaiei o que dizer e o que não dizer.
Schwartz:	O que Jackson fez para deixar você tão aborrecido?
Evan:	Ele dissolveu a família. O garoto foi seduzido pelo poder e o dinheiro desse sujeito.
Evan:	Estou preparado para processar Michael Jackson. Já está acertado. Existem outras pessoas envolvidas que estão esperando por meu telefonema e que estão com posições garantidas. Paguei a elas para fazerem isso. Tudo está seguindo de acordo com um plano certo que não é apenas meu. Assim que eu fizer esse telefonema, esse cara vai destruir todo mundo na mira do jeito mais sorrateiro, sórdido, cruel com que possa fazer isso. E eu lhe dei plena autoridade para agir assim.

Num outro ponto, Evan deixa claro que está querendo dinheiro e que seu novo advogado, Barry Rothman, está se preparando para exigir um acordo financeiro.

Evan:	E se eu levar isso a cabo, ganho em grande estilo. Não há meio de perder. Verifiquei tudo até pelo avesso. Vou conseguir tudo que eu quero, e eles serão destruídos para sempre. June vai perder [a guarda] e a carreira de Michael vai acabar.
Schwartz:	Isso ajuda [Jordan]?
Evan:	Isso é irrelevante para mim. Vai ser maior do que todos nós podemos imaginar. A coisa toda vai desabar sobre todo mundo e destruir todo mundo na mira. Será um massacre se eu não conseguir o que eu quero.

DOIS

Quando Schwartz repassou a essência de sua conversa com Evan Chandler a Jackson, com quem ainda tinha amizade, o cantor imediatamente contatou Bert Fields, seu advogado de muitos anos, da área de entretimento.

Fields era uma lenda no campo das leis do entretenimento, chamado para ajudar celebridades a lidar com seus problemas. Entre os muitos clientes bastante conhecidos que Fields ajudara a sair de um apuro ou outro durante sua carreira de quase meio século, estavam os Beatles, Tom Cruise, George Lucas, Warren Beatty e John Travolta. Como todos os advogados de defesa, ele sabia que em tais enrascadas legais, às vezes, era preciso contratar os serviços de um detetive particular. Embora usasse inúmeros investigadores para tratar de vários problemas, um deles, chamado Anthony Pellicano, mostrava-se particularmente eficiente em questões delicadas, e era um personagem que em breve ganharia notoriedade. Na época, era conhecido como o "detetive das estrelas", por causa do trabalho que fazia para muitas das celebridades de Hollywood. O Pelicano, como seus muitos amigos e inimigos o chamavam, tinha a reputação de fazer qualquer coisa para proteger seus poderosos clientes. Entre as táticas pelas quais era conhecido, por empregá-las regularmente, se incluíam escutas ilegais, uma prática que mais tarde o mandaria para a prisão por setenta e seis acusações de extorsão e manipulação de testemunhas. Pellicano, porém, conquistou uma sólida reputação como um mestre em indenizações, motivo pelo qual Fields o contratava com frequência para casos de grande notoriedade. Em 9 de julho de 1993, a pedido de Bert Fields, June e David Schwartz mostraram para o Pelicano a fita da conversa telefônica de David com Evan Chandler.

— Depois de escutar a fita por dez minutos, eu sabia que era sobre extorsão — Pellicano disse mais tarde à Mary Fischer, jornalista da revista GQ.

Para os advogados, profissionais vinculados a normas éticas, é melhor não saber se seus clientes são ou não culpados. Eis por que contratam indivíduos como Anthony Pellicano. A primeira coisa, porém, que um detetive que se especializa em indenização precisa determinar, é a verdade sobre o que aconteceu. Dependendo do que sabem, resolvem o quanto deve ser impedido de se tornar público, e qual é o método mais efetivo de conter o potencial efeito colateral contrário sobre o público.

Obviamente, Pellicano não tinha como saber se Michael era ou não um molestador de crianças. Dada a notória reputação do investigador particular, provavelmente inocência ou culpa não fossem levadas em consideração. Contudo, ele precisava saber o tamanho do problema com que estava lidando, e precisava saber depressa. Menos de uma hora depois de ouvir a fita, ele rumou para o condomínio de Jackson, o Century City, onde Jordan Chandler e sua meia-irmã Lily faziam uma visita. Jackson não estava lá. Depois de apresentar-se e mostrar sua preocupação com o bem-estar do garoto, Pellicano alega que "fez contato visual" com Jordan e algumas perguntas sobre "questões bastante propositais" usando os mesmos protocolos empregados por assistentes sociais no encargo de serviços de bem-estar infantil.

As respostas que Jordan deu àquelas questões, naquele dia, nunca foram contestadas.

— Michael alguma vez o tocou? — foi perguntado. —Você alguma vez o viu nu na cama?

A resposta a ambas as perguntas foi um "não" enfático, com Jordan insistindo que Jackson não fizera nada impróprio. Pellicano, aparentemente, foi embora naquele dia convencido de que não havia nada verídico nas alegações.

• • • •

Na conversa gravada em fita com Schwartz, Evan Chandler tinha deixado claro que havia bolado um plano. E era hora, agora, de colocar esse plano em ação. Quando June divorciou-se de Evan, anos atrás, ficou com a guarda plena de Jordan, o que, de acordo com a lei do estado da Califórnia, a tornava guardiã legal do garoto. Evan estava determinado a mudar essa situação e tinha justamente a pessoa para ajudá-lo a conseguir isso.

O plano começou com um pedido simples. Evan pediu a June se Jordan poderia ficar com ele durante uma semana, a começar de 12 de julho. Sem perceber que o ex-marido não tinha intenção de devolver seu filho ao final do período combinado de visita, June concordou, deduzindo que Jordan voltaria para casa em 18 de julho. Em vez disso, Evan apelou para Barry Rothman, o advogado que tinha jurado "destruir todos na mira da maneira mais sorrateira, sórdida e cruel com que pudesse fazer isso".

A opção de Evan por Rothman foi de certa forma uma surpresa. Embora advogado da indústria de entretenimento, ele tinha pouca experiência em vara de família. O mais significativo, porém, era que sua reputação não era lá essas coisas.

De acordo com uma investigação feita pela revista GQ, sua carreira exibia "um padrão de manipulação e fraude". Na ocasião em que Chandler o contratou, ele já tinha mais de vinte processos contra si e havia sido punido três vezes pela Associação de Advogados da Califórnia. Um ano antes, na verdade, seu registro legal havia sido suspenso por doze meses. Depois, a suspensão foi revogada e ele foi colocado em período de experiência.

Sua secretária forense descreveu um encontro com o diminuto advogado "como encontrar um demônio da vida real saído direto das profundezas do inferno". Sua ex-esposa disse ao advogado dela que tinha ficado surpresa de que ninguém tivesse "acabado com ele", porque ele fez muitos inimigos. Depois de revisar o arquivo creditício durante um dos processos requeridos contra ele, um investigador chamado Ed Marcus concluiu em seu relatório para o Tribunal Superior da Califórnia que "[ele] parece ser um profissional caloteiro... Não paga a quase ninguém".

Na época em que foi contratada por Evan Chandler, a firma de Rothman havia sofrido uma petição de falência, e sua carreira estava um bagaço. Ele estava sem dinheiro e correndo de um credor para outro. Enquanto isso, Michael Jackson valia meio bilhão de dólares.

Em 13 de julho de 1993, no dia seguinte da chegada de Jordan à casa do pai para uma "visita" de uma semana, Rothman e Chandler entraram em ação. Primeiro, Evan deixou claro que havia assumido unilateralmente a guarda do filho de treze anos — apresentou a

June uma interpelação por escrito preparada por Rothman, proibindo duas coisas: levar Jordan para fora do condado de Los Angeles, e deixar o garoto ter qualquer contato com Michael Jackson. Permitiu duas visitas por semana a June. Se ela se recusasse a assinar, ele deixou claro que estava preparado para causar um bocado de problemas. June mais tarde declarou que havia assinado o documento sob coação, porque, caso contrário, Evan tinha ameaçado nunca mais lhe devolver o garoto.

Em seguida, Rothman marcou uma consulta para Evan com um psiquiatra de Beverly Hills, chamado Mathis Abrams, um especialista em comportamento adolescente. Evan delineou um caso "hipotético" de um garoto de doze anos dormindo na mesma cama com uma celebridade, relevando detalhes a respeito do que estaria acontecendo com Jordan e Jackson. Claro, se Evan mencionasse o nome do filho ou da celebridade envolvida, isso exigiria imediata comunicação do fato como um caso de abuso sexual de menores sob a lei da Califórnia.

De acordo com a descrição de Evan Chandler do que aconteceu em seguida, o Dr. Abrams concluiu que um homem de trinta e quatro anos dormindo constantemente na mesma cama com um garoto de treze anos, quando havia outras camas disponíveis, constituía "conduta maliciosa e lasciva".

O psiquiatra sugeriu que ele levasse o filho para uma entrevista, mas Evan recusou, explicando que o filho ainda amava a celebridade e que, se os mantivesse separados, poderia perder o filho.

— Você já o perdeu — respondeu o Dr. Abrams.

Evan sempre declarou que essa conversa havia mudado sua "suspeita em crença". Porém, precisava de provas.

A essa altura, Evan Chandler era a única pessoa acusando Jackson de um ato de abuso sexual. O próprio Jordan negava veementemente que qualquer coisa imprópria tivesse acontecido. E o caso de Evan Chandler era muito frágil com tantas negativas repetidas.

Então, certo dia, o Dr. Evan Chandler, o dentista, resolveu que precisava tirar o último dente de leite de seu filho. Como o garoto tinha medo de agulhas, Evan chamou o anestesiologista Mark Torbiner para ajudá-lo numa "sedação consciente", administrando gás ao garoto, para que o dente pudesse ser extraído. Quando Jordan Chandler saiu do consultório dentário de seu pai naquele dia, a vida e a carreira de Michael Jackson jamais seriam as mesmas.

Diane Dimond citou o relato oficial de Evan Chandler da extração do dente em seu livro sobre o caso.

> Quando Jordie saiu da sedação, pedi que me contasse sobre Michael e ele. Eu [falsamente] lhe disse que tinha colocado escutas em seu quarto e sabia de tudo, e que só queria ouvir isso dele... Disse-lhe para não ficar constrangido... eu sabia sobre o beijo e a masturbação e o sexo oral. Isso não é sobre eu ter descoberto alguma coisa. É sobre mentir. Se você mentir, então, vou acabar com ele [Jackson].

Depois de uma hora, tempo durante o qual Jordan permaneceu em silêncio, Evan retomou o interrogatório.

Evan: Vou tornar isso muito fácil pra você. Vou lhe fazer uma única pergunta. Tudo que tem a dizer é sim ou não.
Jordie: [falando suas primeiras palavras] Prometo.
Evan: Jord, alguma vez eu menti a você em sua vida inteira?
Jordie: Não.
Evan: E nunca vou mentir.
Jordie: Você não vai machucar Michael, certo?
Evan: Prometo.
Jordie: Não quero que ninguém mais saiba algum dia. Prometa que não vai contar a mais ninguém.
Evan: Prometo.
Jordie: Qual é a pergunta?
Evan: Alguma vez Michael Jackson tocou seu pênis?

Inacreditavelmente, Jordan ainda hesitou. Mais tarde, Evan descreveu aqueles segundos como os dois mais longos de sua vida. Então, finalmente, Jordan respondeu com um murmúrio quase inaudível:
— Sim.

Ao acabar de obter a prova de que o filho fora molestado, o primeiro instinto de um pai seria chamar a polícia ou as autoridades de proteção à infância. Normalmente. Em vez disso, Evan Chandler chamou Barry Rothman.

Em 4 de agosto, Evan arranjou um encontro com Jackson e Anthony Pellicano, numa suíte no Westwood Marquis Hotel de Los Angeles, para discutir a situação. Levou Jordie junto. Quando estavam todos sentados, Evan não mencionou a conversa com o filho na cadeira de dentista, mas, em vez disso, tirou uma cópia da carta do Dr. Abram e começou a lê-la desde o início. Quando terminou, apontou o dedo para Jackson e avisou:

— Vou arruiná-lo.

Cinco dias mais tarde, Anthony Pellicano chegou ao escritório de Barry Rothman, a pedido do advogado. Durante semanas, o detetive havia esperado o pedido de "ajuda financeira" que seu sexto sentido dizia que viria desde a primeira vez em que ouviu a fita que o fez suspeitar de um caso de extorsão. Rothman, porém, era muito esperto para ser direto e falar em dinheiro. Tinha uma ideia melhor. Era um advogado de entretenimento, e seu cliente era um roteirista. Pareceria bastante natural pedir a Michael Jackson que arranjasse um trabalho para Evan Chandler. A confusão toda poderia desaparecer se Jackson intermediasse um negócio para comprar quatro roteiros de Evan ao preço de 5 milhões de dólares cada. Custo total: 20 milhões de dólares.

Pellicano ficou furioso.

— De jeito nenhum, isso é extorsão — respondeu, e saiu como um furacão do escritório.

Seguiu-se, durante os dias seguintes, uma série de discussões por telefone. Finalmente, Pellicano respondeu à solicitação de Rothman por fax.

Jackson não havia feito nada errado, Pellicano declarou, e pagar os 20 milhões de dólares solicitados estava fora de cogitação. Porém, para resolver a disputa da guarda e permitir que Evan passasse mais tempo com Jordan trabalhando num roteiro junto com o filho, como tinham feito anteriormente no filme Robin Hood, Jackson estaria disposto a oferecer um acordo de 350 mil dólares pelo roteiro.

Em 13 de agosto de 1993, Rothman fez uma contraoferta. Chandler queria negociar três roteiros em vez de um. Pellicano continuou firme em um [Chandler alegaria depois que Jackson havia proposto, de início, três roteiros, e então mudou de ideia].

— Quase tive um negócio de 20 milhões de dólares — Chandler, desapontado, disse a Rothman, de acordo com uma secretária forense que ouviu por acaso a conversa.

• • • •

Quando descobri que Anthony Pellicano tinha oferecido uma negociação de roteiro a Evan Chandler para que calasse a boca e sumisse, meu instinto normal a princípio foi interpretar o gesto como um suborno. Porém, depois, eu mesmo ofereci um acordo muito semelhante a um dos confrades de Pellicano que, coincidentemente, também havia trabalhado para Michael Jackson no controle de danos no caso de Jordan Chandler. E, assim, contei com algum insight sobre como essas coisas funcionam.

Em 1996, eu estava no meio de minha investigação e do livro sobre a morte misteriosa de Kurt Cobain quando cheguei em casa e dei de cara com um grandalhão barbudo esperando no pátio do prédio de meu apartamento em Montreal. O sujeito apresentou-se como um detetive particular de San Francisco, contratado por Courtney Love.

— Quero conversar com você sobre seu livro — disse. — Vamos sair para jantar, em qualquer lugar onde queira ir.

Intrigado, mas curioso, aceitei o convite. Então, durante um jantar de quatro horas num elegante restaurante italiano, Palladino começou a me agradar, lisonjear e me intimidar, dizendo que eu me meteria num "grande problema" se não lhe mostrasse meu manuscrito. Em meio às ameaças, contou-me histórias sobre sua impressionante lista de clientes, que incluía Patty Hearst, Snoop Doggy Dogg e John DeLorean.

Na ocasião, deixou de mencionar outro de seus importantes clientes, Bill Clinton, cujo comitê de campanha o havia contratado para conter os "assédios de moças bonitas" durante a campanha presidencial de Clinton em 1992. Palladino, na verdade, figurou com destaque nas audiências subsequentes de impeachment, embora nunca tenha sido acusado de algum delito.

Lá pela metade do jantar, o detetive enfiou a mão na pasta e puxou um grosso dossiê sobre minha vida, que cobria trabalhos passados, antigas namoradas, etc. Felizmente, eu não tinha nada a esconder. Caso contrário, poderia ter caído naquela tática intimidativa.

Quando me recusei a lhe dar o que ele queria, Palladino tinha mais um truque na manga. Sabendo que eu era um músico ambicioso, mencionou seus muitos contatos na indústria da música, inclusive Michael Jackson, e sugeriu que poderia me ajudar a conseguir um contrato de gravação. A implicação era evidente. Ou não era? Deixei claro que não estava interessado, e nunca descobri se a oferta era, de fato, um suborno direto destinado a me fazer abandonar a investigação. Porém, na época, achei a coisa séria o bastante para lançar dúvida sobre a cliente de Palladino, Courtney Love, que eu presumi ter orquestrado a oferta. Por que ela me ofereceria um contrato de gravação se não tinha nada a esconder, eu pensei?

Até que fiz minha lição de casa.

Depois de consultar inúmeros advogados de entretenimento e profissionais da indústria, descobri que meu jantar com Palladino e sua oferta implícita eram coisas corriqueiras. Simples assim. De acordo com uma veterana publicitária de Hollywood:

— Esse tipo de coisa acontece todo dia. Existem bilhões de dólares em risco nesta cidade na salvaguarda de reputações e imagens das pessoas.

A maior parte de atores e músicos de alta visibilidade, meu contato explicou, é vítima constante de "abutres e bajuladores tentando conseguir uma porção de suas fortunas". Aparentemente, a maioria das vezes, essa gente é simplesmente maluca e facilmente descartada. Outros podem ameaçar colocar pra fora todos os segredos de um astro se não forem "amaciados".

— Esses são os casos mais fáceis de resolver — disse ela. — Normalmente, ou eles apenas os ignoram ou os entregam para a polícia, para investigação.

E, às vezes, de acordo com a publicitária, o reclamante tem algum provável vínculo com o astro em questão.

— Esses são mais cheios de truques — ela explicou. — Se a pessoa tem alguma ligação, por exemplo, como um antigo empregado, então pode causar mais dano público. Às vezes faz uma verdadeira sujeira, realmente. É quando se tem de arriscar o patrimônio e determinar quanto dano essa gente pode causar, seja vendendo a história para um tabloide ou dando entrada num processo.

Quase todo astro, ela esclareceu, tinha um advogado ou prestador de serviços apenas para esses casos, e esses advogados, por sua vez, tinham um grupo de detetives particulares a quem podiam telefonar para desenterrar "coisas". Dependendo do caso, disse ela, o acusador seria tratado de inúmeras maneiras diferentes.

> Às vezes eram pagos. Vi outros casos em que um emprego de alto salário é arranjado através de um terceiro para eles mesmos ou para um membro da família. E, ocasionalmente, o cliente vai desafiá-lo a mostrar as cartas porque as exigências são escandalosas. Claro que isso apenas se aplica aos casos em

que o astro na verdade fez algo ilegal ou constrangedor. Depois, há todas aquelas vezes em que são vítimas de extorsão, de alguém ameaçando acusá-los publicamente de algo que não fizeram. Isso tudo é muito mais confuso e muito mais difícil de lidar.

Como publicitária, posso lhe dizer que todos os meus clientes passam por isso em algum grau. É agonizante. Eles levam anos construindo uma reputação só para vê-la posta em risco por um filho da mãe ganancioso. Creio que um monte deles vive com medo, num certo grau, embora ache que a maioria das pessoas não acredite mais no que lê nos tabloides, de modo que o risco não é tão grande como foi um dia, mesmo se alguém vende uma história mentirosa. Mesmo assim, minha tarefa é manter as histórias ruins fora dos jornais e minimizar o dano se alguma coisa vazar.

Ela, no entanto, deixou claro que não acreditava que a oferta de Palladino de um contrato de gravação pudesse ser classificada como um suborno.

— Ele estava apenas fazendo o controle padrão de danos e foi tão longe quanto poderia, sem ultrapassar os limites. Você faz o que tem de fazer para proteger seu cliente, e, nesse caso, ela estava sendo acusada de assassinato. Isso conta como algo que poderia precisar ser contido.

Evidentemente, Michael Jackson continuava um cliente de Jack Palladino. Recebi um telefonema de Palladino em janeiro de 2009, exigindo saber o que eu planejava revelar sobre Jackson em livro e filmes futuros. Naquele dia, não tive plena certeza se era ele, na verdade. A voz soava mais aguda do que eu me lembro. Talvez fosse alguém do grupo de Jackson fingindo ser ele numa tentativa de me intimidar para revelar a informação chave. Naturalmente, meus lábios estavam selados.

— Não posso revelar nada até que o volume seja publicado — eu disse à voz do outro lado da linha. — Não precisa ficar alarmado, tudo será muito justo.

Na verdade, minha investigação parece ter atraído a atenção da equipe inteira de controle de danos de Jackson, porque pelo menos um editor americano recebeu um comunicado do próprio Anthony Pellicano sobre meu livro.

— Fique longe de Halperin. Ele não é confiável — Pellicano avisou o editor Michael Viner, presidente da Phoenix Inc., da prisão federal onde está cumprindo atualmente sua sentença de quinze anos.

• • • •

Em 16 de agosto de 1993, June Chandler entrou no Tribunal Superior da Califórnia com uma moção exigindo que o filho fosse devolvido à sua guarda. Foi marcada uma audiência para o dia seguinte, na qual se esperava que o juiz ordenasse que Jordan fosse devolvido à mãe. Uma semana antes, June havia dito a Evan que ela acreditava que Jordan fora coagido a fazer as alegações de abuso sexual contra Jackson. E que ela simplesmente não acreditava que isso fosse possível.

Quando Evan recebeu a notificação da audiência, foi pego de surpresa. Depois de consultar Barry Rothman, fez um telefonema que provocaria um furacão.

Chandler telefonou ao Dr. Abrams, o psiquiatra, e preencheu os nomes e detalhes do hipotético caso de abuso infantil. O médico insistiu que ele levasse Jordan para vê-lo na manhã seguinte, quando conversou com o garoto durante quase três horas.

Naquela noite, um investigador do Departamento de Serviços à Família e à Infância do condado de Los Angeles, acompanhado por dois soldados do Departamento de Polícia de Los Angeles, fez uma visita à casa de Evan Chandler, pedindo para falar com Jordan.

Quatro dias depois, alheio a que o Departamento de Serviços à Família e à Infância havia se envolvido na questão, Michael Jackson entrou num avião para a Tailândia para começar a próxima fase de sua turnê mundial *Dangerous*. Ficou a cargo de sua criada pessoal cumprimentar as autoridades, quando invadiram Neverland ao amanhecer de 23 de agosto de 1993.

TRÊS

Na hora em que a polícia terminou de esvaziar os armários de Jackson, pegando livros, vídeos, roupas e outras parafernálias sortidas, as estações de rádio locais já informavam que havia uma batida em andamento em Neverland. Os detalhes, porém, eram ainda superficiais. Quando a revista acabou e as autoridades saíram carregando caixas dos pertences pessoais do cantor, um porta-voz da polícia confirmou que Jackson foi alvo de uma investigação criminal resultante de uma queixa registrada no Departamento de Polícia de Los Angeles, vários dias antes.

O mundo ainda não estava ciente do que desencadeara a investigação, mas Anthony Pellicano imaginou que era apenas uma questão de tempo antes que alguém vazasse os detalhes e, por isso, resolveu lançar um ataque preventivo.

Numa entrevista à estação de TV KNBC, de Los Angeles, o detetive particular revelou que a investigação fora desencadeada por "uma extorsão que dera errado".

— Apesar de todo dano que isso vai provocar, Michael levará a melhor — disse Pellicano. — Essa gente tentou extorquir de Michael um monte de dinheiro. Quando não pagamos, ligaram para os Serviços à Família e à Infância, que iniciou essa investigação.

Ele não entrou em detalhes; porém, mais tarde, naquele dia, uma estação de New York informou que uma mulher havia acusado Jackson de abusar de seu filho durante uma visita a Neverland e talvez também em seu condomínio Century City. Logo depois, uma fonte que teve acesso a documentos confidenciais da polícia contou à Associated Press que o filho de treze anos de um dentista de

Beverly Hills havia confidenciado ao terapeuta que Jackson o havia acariciado.

A mídia deitou e rolou, os fãs ao redor do mundo ficaram perplexos, e os simpatizantes de Jackson se mostravam transtornados, em particular porque o cantor estava do outro lado do mundo, preparando-se para entrar no palco na Tailândia.

Conforme a imprensa descia sobre a arena de Bangcoc, onde ele havia acabado de saber das notícias, um dos ajudantes de Jackson rechaçou as acusações:

— Estamos muito confiantes de que, se quaisquer acusações forem algum dia registradas, não serão na direção [de Jackson]. As pessoas podem ser sórdidas com Michael simplesmente porque ele gosta da criançada. Ele é um cara muito gentil.

Enquanto isso, a amiga e defensora de longa data, Elizabeth Taylor, estava estarrecida, juntamente com o resto do mundo, ao saber do que Jackson havia sido acusado. Pelos vinte anos que o conhecia e nos quais testemunhou dezenas e dezenas de vezes suas interações com os "amigos especiais", a idosa lenda da tela estava convencida de que ele era incapaz de tamanho crime. Como uma ex-estrela infantil, ela própria havia sentido a mesma sensação de infância roubada e, por isso mesmo, nutria um vínculo especial com Jackson. Ela também foi vítima de incontáveis acusações durante anos, assim como inúmeras tentativas de extorsão. Conhecia muito bem o jogo. Elizabeth Taylor imediatamente fez planos de voar para a Ásia e mostrar apoio ao amigo durante sua hora mais sombria.

Ironicamente, as acusações públicas de abuso sexual a menor não impediram Jackson de se rodear no palco, toda noite, de quarenta crianças ao fim de seu concerto, cujos lucros estavam sendo doados a várias instituições de caridade infantis. Nem impediu que fãs adoradores se reunissem em multidão para o show, num sinal de apoio. Cambistas cobravam mais de 400 dólares por ingresso por causa da publicidade, uma enorme soma de dinheiro num país como a Tailândia.

Lá nos Estados Unidos, os tabloides deliraram com as notícias. O *New York Post* estampou a manchete "Peter Pan ou Pervertido?", que resumia o que muita gente pensava. Mesmo assim, a maioria dos americanos duvidava das acusações. O show de TV *A Current Affair* conduziu uma pesquisa de opinião que revelou que oitenta por cento de seus espectadores não acreditavam nas acusações contra Jackson. A essa altura, contudo, não sabiam ainda dos detalhes.

Isso mudou em 14 de setembro de 1993, quando Jordan Chandler foi ao tribunal. Logo depois da batida em Neverland, Barry Rothman contratou um advogado para si próprio, Robert Shapiro, que se tornaria famoso ao defender O.J. Simpson um ano depois. Rothman sabia que o grupo de Jackson estava ameaçando acusar tanto a ele como a Evan Chandler de extorsão e quis ficar preparado.

Mais ou menos ao mesmo tempo, Evan havia convencido a ex-esposa, June, de que ela seria vista como facilitadora se continuasse a defender Jackson das acusações do próprio filho. Afinal, ela havia consentido de boa vontade nos questionáveis arranjos de acomodação para dormir, que eram a essência do caso de Jordan. Se não quisesse ser vista como a vilã, era hora de saltar a bordo.

O argumento mostrou-se eficaz. June concordou em juntar-se ao ex-marido para contratar um advogado e levar adiante uma ação. O primeiro advogado que contrataram foi uma importante ativista dos direitos das mulheres, Gloria Allred, mas logo os dois se sentiram constrangidos com a estratégia inicial da advogada em apresentar o caso à mídia e deixar que o público difamasse Jackson. Shapiro argumentou que tal tática poderia encurralar o cantor e impedi-lo de fazer um acordo, temendo que isso fosse visto pelo público como uma admissão de culpa. Recomendou um experiente advogado civil chamado Larry Feldman, a quem o casal contratou no início de setembro.

Menos de duas semanas depois, Feldman apareceu no Tribunal Superior da Califórnia, no Condado de Los Angeles, para registrar uma ação civil contra Michael Jackson em nome de Jordan Chandler. A queixa não poupava munição, alegando "agressão sexual, sedução, deliberada conduta imprópria, imposição intencional de sofrimento emocional, fraude e negligência".

Entre os detalhes mais picantes, a petição alega que Jackson ocupou-se de inúmeros "contatos ofensivos sexualmente", inclusive o "réu Michael Jackson copulando oralmente com a vítima, o réu Michael Jackson masturbando [a] vítima, e o réu Michael Jackson comendo o sêmen de [a] vítima."

Juntamente com a queixa formal, Feldman incluiu um depoimento juramentado de quatro páginas em que, pela primeira vez, as queixas de Jordan eram fornecidas em detalhes para todos verem em formato gráfico. Coisa altamente perturbadora. O depoimento juramentado começa descrevendo o encontro inicial com Jackson numa loja de Alugue-Um-Traste-Velho em maio de 1992, seguido por uma longa série de telefonemas de vários locais ao redor do mundo até fevereiro de 1993, quando ele havia passado o primeiro fim de semana em Neverland.

Em março de 1993, Jordan recordou-se que ele, sua mãe e Lily tinham voado num jato particular para Las Vegas como convidados de Jackson no Mirage Hotel.

> Uma noite, Michael Jackson e eu assistimos O *Exorcista* em seu quarto. Quando o filme acabou, eu estava apavorado. Michael Jackson sugeriu que eu passasse a noite com ele, o que eu fiz. Embora a gente dormisse na mesma cama, não houve nenhum contato físico.

— Daí em diante, sempre que a gente estava junto, dormia na mesma cama — ele acrescentou.

Dormiram na mesma cama juntos por mais duas ou três noites em Las Vegas, mas, novamente, não houve nenhum contato físico.

O contato sexual, ele declara, começou gradualmente.

> O primeiro passo foi só Michael Jackson me abraçando. O próximo passo foi ele me dar um beijo breve na face. Então, ele começou a me beijar nos lábios, primeiro rapidinho e depois por um período maior de tempo. Ele me beijava enquanto a gente estava na cama juntos.

O próximo passo aconteceu quando Jackson pôs a língua na boca do garoto.

> Eu disse pra ele que não tinha gostado da coisa. Michael Jackson começou a chorar. Disse que não havia nada de errado com isso. Disse que só porque a maioria das pessoas acreditava que algo está errado, não significa que a coisa seja assim.

Nesse momento, Jordan declara, Jackson citou outro de seus "jovens amigos" que lhe permitiam que pusesse a língua na boca.

— Michael Jackson disse que eu não o amava tanto quanto seus outros amigos.

Em maio, Jordan acompanhou Jackson a Mônaco junto com a mãe e a meia-irmã, Lily.

— Foi quando a situação realmente saiu de controle — disse ele. — A gente tomou banho juntos. Foi a primeira vez que a gente se viu pelado. Michael Jackson deu o nome de certos meninos, amigos seus, que se masturbavam na sua frente.

Nesse momento, Jordan declarou que Jackson se masturbou diante dele.

Ele me disse que quando eu estivesse pronto, ele faria isso pra mim. Enquanto a gente estava na cama, Michael Jackson enfiou a mão dentro da minha cueca. Então, me masturbou até eu gozar. Depois disso, Michael Jackson me masturbou muitas vezes, tanto com a mão como com a boca.

Em outra ocasião, quando os dois estavam na cama juntos, ele diz que Jackson agarrou sua bunda e o beijou, enfiando a língua em sua orelha.

— Eu disse a ele que não gostava disso. Michael Jackson começou a chorar. Me disse que eu não deveria contar a ninguém o que aconteceu. Disse que isso era um segredo.

Quando terminei de ler o depoimento juramentado de Jordan Chandler pela primeira vez, eu estava convencido, sem qualquer sombra de dúvida, de que Michael Jackson era um pedófilo doentio. Crianças não inventam coisas desse tipo. Imediatamente, jurei redobrar meus esforços para provar sua culpa.

Isso foi antes de eu ouvir falar de amital-sódio.

QUATRO

Se a história que Jordan Chandler contou ao pai pela primeira vez enquanto tinha o dente extraído, em 12 de julho de 1993, fosse verdadeira, o caso contra Michael Jackson estava selado. Ele era um pedófilo predatório que merecia ir para a prisão por seus crimes. É difícil acreditar que um garoto de doze anos pudesse inventar uma história daquelas. Porém, em maio de 1994, muito tempo depois de o caso ter sumido das manchetes, uma repórter de uma estação de TV local de Los Angeles, a KCBS, obteve novas informações que poderiam potencialmente lançar alguma luz sobre as acusações de Jordan. De acordo com a reportagem, o garoto recebeu uma droga chamada amital-sódio (ou amobarbital), sob cuja influência havia relatado ao pai o suposto abuso sexual.

O amobarbital é um barbitúrico que induz a pessoa a um estado hipnótico. Raramente é usado em procedimentos dentários. Os efeitos documentados da droga incluem sonolência, sensações de embriaguez, relaxamento, bem-estar, e uma disposição para falar sobre coisas que alguém normalmente não falaria com estranhos. Um dia foi considerado um "soro da verdade" efetivo no interrogatório de prisioneiros, tornou-se associado, em anos recentes, com algo bem mais sinistro — com a Síndrome da Falsa Memória.

Durante os anos 80, conforme o número informado de casos de abuso sexual de crianças subia às alturas, os terapeutas começaram a relatar algo chamado "memória reprimida". Envolvia adultos relatando casos de abuso sexual e incesto de seu passado que haviam sido enterrados por muito tempo em seus subconscientes. O conceito de memória reprimida, na verdade, data de Sigmund Freud e de seu histórico estudo A *Etiologia da Histeria*, no século XIX, no qual ele argumentou que o abuso sexual infantil era a única maior causa da "histeria" adulta. Diante de um movimento de reação da comunidade psicanalítica, mais tarde Freud abandonou sua "teoria da sedução". Porém, documentos desenterrados posteriormente em seus arquivos indicavam que ele fez isso apenas para manter sua reputação, não por duvidar da própria teoria.

Em 1992, um novo movimento contrário começou quando foi definido o termo *Síndrome da Falsa Memória* [na sigla em inglês FMS] para descrever uma teoria para muitos daqueles com memórias tardias falsamente implantadas de abuso sexual durante algo chamado Terapia de Memórias Recuperadas. A FMS implicava em que os terapeutas inadvertidamente teriam trazido à tona falsas memórias de abuso sexual numa tentativa de reunir memórias traumáticas reprimidas de seus pacientes. Para invocar as memórias traumáticas reprimidas, os praticantes dessa terapia usavam inúmeras técnicas, tais como hipnose, visualização conduzida, regressão de idade e entrevistas auxiliadas por drogas com barbitúricos, como o amobarbital.

Sob a influência dessas técnicas, o que em alguns casos se comprovou bastante efetivo, houve inúmeros casos importantes em que os pacientes recordaram-se de eventos que não havia qualquer possibilidade de terem acontecido. Num exemplo notório, uma auxiliar de enfermagem de Wisconsin foi convencida por um psiquiatra de que havia reprimido memórias de ter participado de um culto satânico, de comer bebês, de ser estuprada, de fazer sexo com animais e de ser forçada a observar a morte de sua amiga de oito anos.

Em outro caso, um terapeuta ajudou uma mulher de Missouri a "recordar" que seu pai — um pastor —, costumava violentá-la regularmente entre as idades de sete e quatorze anos, e que sua mãe algumas vezes o ajudava, segurando-a. Sob a orientação do terapeuta, recordou-se de que seu pai a engravidou e a forçou a abortar o feto, ela mesma, com um cabide. Quando as acusações tornaram-se públicas, seu pai viu-se obrigado a deixar o posto na igreja, totalmente desacreditado. Um exame médico posterior da filha, contudo, revelou que ela era, na verdade, ainda virgem com a idade de vinte dois anos, e nunca ficou grávida. A filha acionou o terapeuta e recebeu um milhão de dólares de um acordo, em 1996.

E, depois, há o caso de Elizabeth Carlson, a mulher de Minnesota cuja batalha com a depressão a levou ao amobarbital, a mesma droga que pode ter induzido Jordan Chandler a acusar Michael Jackson de atos hediondos. Quando Carlson tinha trinta e cinco anos, encontrou um respeitado psiquiatra no United Hospital em St. Paul, que assegurou que poderia ajudá-la. Em sua primeira consulta, o médico perguntou a Carlson se ela já ouvira vozes dentro da cabeça.

— Tipo como quando eu digo a mim mesma: Você não deveria fazer isso? — ela perguntou.

— Exatamente — disse o doutor. Quando estava dirigindo pela estrada, alguma vez Carlson perdeu uma saída por que estava pensando em alguma outra coisa?

— Claro — disse ela.

O diagnóstico: Carlson não estava deprimida. Em vez disso, tinha o Transtorno Dissociativo de Identidade, antes conhecido como Personalidade Múltipla (MPD).

Logo, o mesmo psiquiatra estava empregando inúmeras técnicas supostamente comprovadas para ajudar a paciente a superar seu transtorno. Primeiro veio a imaginação orientada, depois veio a hipnose e, depois, vieram as drogas. Um dia, o psiquiatra injetou amobarbital em Carlson, que descreveu como um "soro da verdade". Em pouco tempo, a paciente estava transformada em seu "alter ego demoníaco, rosnando e cuspindo como em O *Exorcista*". Ela convenceu-se de que seus pais a tratavam brutalmente como parte de um culto satânico. Depois de cinco hospitalizações, formou um grupo de outras sofredoras de MPD. E logo descobriram que tinham memórias idênticas extraídas dos mesmos filmes e livros. Carlson processou o terapeuta e foi contemplada com dois milhões e meio de dólares de indenização pelo júri.

O caso mais importante envolvendo amobarbital foi o de uma mulher de Napa, na Califórnia, chamada Holly Ramona, então com dezenove anos de idade. Durante o curso de seu tratamento para depressão e bulimia, Holly de repente recordou-se de que seu pai a violentava repetidamente durante a infância, depois que o terapeuta lhe disse que bulimia era normalmente causada por incesto e outros abusos sexuais. Quando Holly o confrontou e o caso tornou-se público, seu pai perdeu o posto de quatrocentos mil dólares anuais como executivo sênior de vendas em uma vinícola. Viu-se marginalizado pela comunidade, a esposa pediu o divórcio, e a filha registrou um processo contra ele.

Durante as medidas judiciais que foram ocorrendo, contestadas pelo pai, veio à tona que a recordação de Holly acerca do abuso surgira apenas depois que lhe fora administrado o amobarbital, que seu terapeuta dissera ser um "soro da verdade". Uma equipe diversa de especialistas foi convocada para analisar o caso. Todos desacreditaram a droga e sugeriram que ela poderia facilmente ser utilizada para "plantar" falsas memórias em um indivíduo.

Um dos mais convincentes especialistas foi um psiquiatra da Universidade da Pensilvânia chamado Martin Orne, pioneiro no uso do amobarbital e hipnose em seu próprio consultório. Orne testemunhou que a droga não é "nada útil em averiguar a verdade". O paciente torna-se sensível e receptivo a sugestões dadas ao contexto e aos comentários dos entrevistadores.

— O amital — disse ele — é ainda mais problemático que a hipnose em seus efeitos de produzir falsas memórias e confabulações.

O júri decidiu a favor do pai e indenizou-o com 500 mil dólares por danos, concluindo que o terapeuta realmente "plantou" as lembranças na cabeça de Holly. Tão importante quanto isso, o processo levou o amobarbital, mais conhecido por seu nome de marca Amytal, e tratamentos similares a ficarem sob intensa supervisão.

O Conselho de Interesses Científicos da Associação Médica Americana concluiu que tais tratamentos "não apenas falham em ser mais exatos, mas, na verdade, parecem ser, geralmente, menos confiáveis" que outros métodos. Em 1994, o Dr. August Piper, um psiquiatra pesquisador estabelecido em Seattle, reviu mais de vinte estudos médicos sobre o uso do amobarbital como meio de recuperar lembranças de abuso sexual infantil em pacientes.

— Quase todas as investigações revistas indicam que, sob o Amytal, os pacientes com frequência distorcem a realidade — ele concluiu. — Essa distorção causa uma séria dificuldade para aqueles que acreditam que entrevistas facilitadas pelo uso de barbitúricos tenham um papel na descoberta da verdade.

Sabendo que, depois da aplicação de Amytal, as pessoas podem fornecer depoimentos distorcidos ou mesmo psicóticos, as declarações dadas sob a influência da droga não podem ser interpretadas como representações exatas de algo que na verdade aconteceu com estes indivíduos.

— As entrevistas terapêuticas facilitadas por Amytal — ele concluiu — podem ser piores que inúteis, em razão de poderem encorajar as crenças dos pacientes em eventos completamente míticos.

Elizabeth Loftus, professora de psicologia da Universidade de Washington, é considerada uma das especialistas mais importantes do mundo no campo da Síndrome da Falsa Memória. Loftus conduziu mais de 200 experimentos envolvendo acima de 20 mil indivíduos, experimentos esses que documentam como as falsas memórias podem ser facilmente implantadas.

Ela usa com frequência grandes grupos de pessoas para demonstrar como qualquer um pode ser convencido de que se lembra de algo em seu passado que não poderia ter acontecido. Um de seus mais famosos experimentos envolveu um grupo de 120 pessoas, dividido em quatro grupos. Depois de o grupo ser exposto a um anúncio da Disneylândia caracterizando o Pernalonga, trinta por cento dos participantes recordou-se de encontrar Pernalonga quando visitara a Disneylândia, de ter lhe apertado a mão e mesmo lhe afagado o pelo. Claro, a situação é impossível porque Pernalonga é um personagem da Warner Brothers e nunca estaria presente na Disneylândia. Esse tipo de achados, Loftus explica, "confirma estudos anteriores de que muitos indivíduos podem ser levados a construir falsas memórias complexas, vívidas e detalhadas através de um procedimento bastante simples. Não é necessária, evidentemente, a hipnose".

Loftus sustenta que, se as memórias podem ser implantadas assim facilmente sem meios artificiais, o uso de drogas é especialmente perigoso.

As drogas poderiam ajudar a implantar uma falsa memória da mesma forma que uma lavagem cerebral. Obviamente, o uso de amobarbital no caso de Jordan Chandler leva ao questionamento da exatidão das acusações que ele fez depois de lhe ser dada a droga por seu pai. Na verdade, o caso por inteiro pareceu desabar sob o peso da história duvidosa da droga. Porém, quando a KCBS revelou o papel da droga no caso de Michael Jackson, era muito tarde para fazer muita diferença, a não ser na opinião pública.

Houve, porém, uma mulher que se tornou determinada a não deixar que a história da confissão induzida por droga eximisse Michael Jackson de culpa, mesmo na mente do público.

• • • •

Por mais de uma década, Diane Dimond tem se mostrado a arqui-inimiga das legiões de fãs de Michael Jackson que nunca acreditarão que seu herói seja capaz de fazer mal a uma criança.

Dimond era uma jornalista respeitada de rádio e TV que "ralou para aprender" jornalismo como correspondente em Washington para o carro-chefe da National Public Radio (Rádio Pública Nacional), o show de notícias *All Things Considered*. Durante anos, ela fez reportagens pelos corredores do Congresso e da Sala de Imprensa da Casa Branca, conquistando a reputação de uma repórter de credibilidade. Porém, em 1992, com o aceno de "muita grana", Dimond pulou para um novo show de TV em formato de tabloide, chamado *Hard Copy*, apresentando reportagens descompromissadas com a verdade sobre celebridades.

Menos de um ano depois de ela ter se juntado ao show, seu produtor lhe disse que o Departamento de Polícia de Los Angeles havia acabado de fazer uma batida em duas casas de propriedade de Michael Jackson. Mais tarde, no mesmo dia, uma "fonte confidencial" abordou o *Hard Copy* e pediu para se encontrar com uma repórter para compartilhar alguns documentos. Quando Dimond foi ao encontro da fonte num restaurante italiano em Santa Monica, mostraram-lhe um arquivo contendo acusações de que Michael Jackson havia molestado um garoto de doze anos repetidas vezes. Com os documentos em mãos, Dimond tornou-se a primeira locutora a divulgar a notícia de última hora sobre Jordan Chandler. Continuou obcecada com o caso desde então e, para o melhor ou pior, é provavelmente a repórter mais associada à história aos olhos do público, pelo menos nos Estados Unidos.

Desde meu primeiro encontro com Dimond, fiquei impressionado com sua integridade jornalística. Eu estava trabalhando em minha investigação sobre Kurt Cobain, quando um músico de Los Angeles, chamado Eldon Hoke, aproximou-se do *Hard Copy* com a notícia de que Courtney Love havia oferecido 100 mil dólares para matar o marido, quatro meses antes da morte do astro. Eu ia tomar um voo para Los Angeles depois do show para discutir o caso e tratar da acusação de Hoke. Antes de levar ao ar o segmento, Diane Dimond insistiu que a declaração de Hoke fosse verificada. Esse não era o tipo de comportamento que eu esperava de um programa tal como o *Hard Copy*, que já tinha conquistado uma reputação inconsistente nos círculos da mídia em virtude de táticas questionáveis. O show resolveu que colocaria Hoke para fazer um exame de polígrafo. Porém, a pessoa contratada para fazer o teste era, nada mais nada menos, que um picareta, um detetive particular com um kit detetor de mentiras barato, chamado Edward Gelb, reconhecido na época como o principal perito em polígrafo da América. Ele já havia dado um curso avançado de polígrafo para o FBI.

Hoke saiu-se otimamente no teste, de acordo com Gelb, com uma margem de 99,9 por cento de certeza de que estivesse dizendo a verdade. Porém, eu nunca soube se a meticulosa verificação do fato pelo programa era resultado dos padrões jornalísticos de Dimond, ou devido à insistência dos advogados do show, nervosos em levar ao ar uma acusação de que uma celebridade tentara mandar matar o marido.

Anos depois que ela noticiara pela primeira vez, e em primeira mão o "furo" sobre o acusador de Jackson, Dimond não fazia segredo do fato de que pensava que ele era um molestador de crianças. Sua reportagem sobre o caso, na verdade, beirava ao excesso de zelo.

O assessor de imprensa de Jackson descrevia isso como "abominável," e os fãs a faziam um alvo de ofensas e mesmo de ameaças de abusos.

Quando ela se aventurava em público, era muitas vezes acuada por fãs de Jackson, que gritavam: "Michael é inocente!" ou "Deixe-o em paz!" Num determinado momento, a Paramount — os produtores de *Hard Copy* —, contratou uma unidade de segurança para escoltar Dimond para ir e voltar ao trabalho todo dia.

Não muito depois de divulgar a história, Dimond declarou ter ouvido uma série de cliques suspeitos em sua linha telefônica. Sabendo que o detetive particular de Jackson, Anthony Pellicano, tinha reputação de instalar escutas clandestinas, ela imediatamente suspeitou que ele estivesse agindo com seus velhos truques. Assim, para testar sua teoria, pediu ao marido que ligasse para seu telefone do escritório e falasse sobre um "dossiê Pellicano" fictício que ela estaria preparando. Vinte minutos depois, um membro da equipe jurídica da Paramount telefonou perguntando sobre o suposto documentário. Dimond retrucou que não estava trabalhando em nenhum documentário do gênero e perguntou onde ele ouviu falar sobre isso. O advogado declarou que havia recebido um telefonema do escritório de um dos advogados de Michael Jackson. O pessoal de Jackson tinha bons motivos para estar nervoso...

De certa forma, posso simpatizar com as tentativas intermináveis de Dimond para retratar Jackson como um molestador de crianças. Por acreditar que ele era culpado de um crime terrível, ela assumiu para si a tarefa de expô-lo e alertar o público de que um predador em série estava às soltas. Posso me identificar e até mesmo compreender sua atitude. De muitas maneiras, eu tinha exatamente a mesma motivação quando embarquei pela primeira vez em minha própria investigação. Infelizmente, parece que Dimond levou sua cruzada longe demais, deixando muitas vezes o zelo interferir no caminho da verdade.

Um dos mais impressionantes exemplos desse fenômeno girou em torno de sua reportagem sobre o amobarbital. Por mais de uma década, a associação da droga com a Síndrome da Falsa Memória tinha sido um espinho para aqueles que, como Dimond, estavam convencidos de que Jordan Chandler era simplesmente a ponta do iceberg na longa carreira de Michael Jackson de abusar supostamente de crianças. Se as acusações de Chandler fossem verdadeiras, então eles poderiam certamente formar um padrão de comportamento, quando outros garotos aparecerem alegando terem sido molestados. Se as acusações fossem falsamente induzidas sob o efeito de uma droga poderosa, então isso ajudava a apoiar a afirmação de Jackson de que tinha sido vítima de extorsões por pessoas determinadas a tirar sua vasta fortuna.

Em 2005, Dimond escreveu um livro, *Be Careful Who You Love*, sobre a longa batalha de uma década de Jackson contra as acusações de abuso sexual. O livro investiga em profundidade o episódio do uso do amobarbital em Jordan. Realmente, Dimond reconhece que, se fossem corretas as acusações de que a droga foi aplicada em Jordan, então as queixas do garoto contra Jackson "teriam de ser vistas como não confiáveis, se não altamente questionáveis".

Ela até mesmo cita um psiquiatra de Cleveland, chamado Phillip Resnick, que admite que falsas memórias podem ser facilmente implantadas sob a influência do amobarbital.

— É bastante possível implantar uma ideia através da mera formalização de uma pergunta. A ideia pode tornar-se parte da memória das pessoas, e estudos mostraram que mesmo quando se diz a verdade a eles, vão jurar sobre uma pilha de Bíblias que aquilo aconteceu.

É quando Dimond deixa cair a outra bomba. Dez anos depois da história do amobarbital ser noticiada pela primeira vez, ela revela que obteve informações de "fontes confidenciais", do tio do garoto, Raymond Chandler, e documentos, inclusive o próprio relato do anestesiologista, que mostravam que não foi aplicado amobarbital a Jordan Chandler naquele dia.

Ela continua a afirmar que, nos registros do anestesiologista, não há "nenhuma referência ao barbitúrico amobarbital". Mais adiante, ela escreve: "A compra de amobarbital exige o preenchimento de formulários específicos do DEA — U.S. Drug Enforcement Administration. Nenhum formulário assim foi alguma vez localizado por qualquer integrante da lei ou da mídia".

Se as revelações de Dimond fossem verdadeiras, a credibilidade das queixas de Jordan Chandler permaneceria intacta. Porém, ela parece ter omitido alguns fatos cruciais.

Em outubro de 1994, uma veterana repórter da revista GQ magazine, Mary Fischer, publicou os resultados de uma investigação de muitos meses sob a manchete: "Was Michael Jackson Framed?" (Michael Jackson caiu numa Armação?). Entre as figuras que Fischer investigou para sua obra estava o anestesiologista, Mark Torbiner, que Evan Chandler chamou para administrar seja lá qual fosse a droga usada para que pudesse extrair o dente do filho naquele dia. Torbiner era um anestesiologista autônomo. De acordo com uma antiga paciente, Nylla Jones, ele se orgulhava de prestar serviços a vários consultórios dentários por toda Los Angeles como freelancer.

Quatro anos antes de tratar Jordan Chandler, de acordo com a GQ, Torbiner foi "pego numa mentira e solicitado a deixar a UCLA – Universidade da Califórnia, em Los Angeles, onde era assistente de professor de odontologia".

Na ocasião do artigo de Fischer, ele era investigado pelo DEA por administrar drogas a pacientes, tais como morfina e Demerol, para a sedação de dor não relacionada ao trabalho odontológico. Isso violaria sua licença junto ao Conselho de Odontologia da Califórnia, que limitava sua prestação de serviço apenas aos procedimentos dentários.

Na verdade, esse mesmo exercício não odontológico de Torbiner é que chamou a atenção de Evan Chandler; o profissional lhe tinha sido apresentado por Barry Rothman, que contratou Torbiner pelo menos oito vezes para aplicar anestesia geral durante procedimentos de transplante de cabelo. O Dr. James De Yarman, o médico que realizou esses transplantes de cabelo, disse a Fischer que havia ficado "espantado" ao saber que Torbiner não era um médico, como ele acreditava. Sendo assim, pode condizer com esse caráter "liberal" o fato de Torbiner deixar de manter registros meticulosos de seu uso de amobarbital e de violar os procedimentos normais. Mas também, não comprova que Torbiner tenha administrado a droga a Jordan Chandler.

No livro de Dimond, ela escreve que "perguntas com relação a se o Dr. Chandler implantou a ideia de assédio sexual no subconsciente de Jordan enquanto o garoto estava sob a influência da anestesia vieram à tona primeiramente numa história publicada na revista GQ."

Dimond pode não ter percebido de que as acusações foram noticiadas, não por Fischer primeiro, mas por um jornalista da KCBS-TV, cinco meses antes. Esse repórter perguntou a Evan Chandler se ele usou a droga no filho. Em vez de negar que o amobarbital estava envolvido, Chandler alegou que usou uma droga apenas para extrair o dente do filho e que, enquanto estava sob a influência dessa droga, o garoto surgiu com as acusações.

Essa admissão é notável por duas razões. Primeiro, os efeitos da droga em Jordan parecem ser consistentes com o uso de amobarbital. Igualmente importante, peritos no uso desse barbitúrico declaram que a droga não é costumeiramente utilizada em extrações dentárias.

— É incomum que ela seja usada [para extrair um dente] — explicou o Dr. John Yagiela, diretor do Programa de Residência em Anestesiologia Odontológica da Escola de Odontologia da UCLA. — Não faz sentido quando alternativas melhores e mais seguras estão disponíveis.

Fischer, porém, não se contentou em confiar na reportagem da KCBS-TV. Preferiu ir direto à fonte e perguntar a Mark Torbiner se ele usou amobarbital durante o procedimento de Jordan Chandler. Em vez de negar, ele disse a Fischer:

— Se usei, foi para finalidades odontológicas.

CINCO

Tão incriminadoras como são as revelações sobre o amobarbital para o caso contra Michael Jackson, Jordan Chandler também revelou detalhes que não era possível que seu pai soubesse e que, consequentemente, não poderia ter implantado no garoto sob a influência de drogas. Quando a polícia interrogou o garoto rapidamente depois da batida em Neverland, ele contou mais ou menos a mesma história contida em seu depoimento juramentado. Porém, desta vez, acrescentou um detalhe bizarro.

De acordo com um depoimento posterior sob juramento a Deborah Linden, a policial que o interrogou, Jordan forneceu uma descrição detalhada do corpo nu de Jackson para provar sua acusação de que a atividade sexual tivesse mesmo ocorrido. O cantor, ele declarou, tinha "manchas" inconfundíveis nas nádegas e uma no pênis, que eram de uma cor clara semelhante à cor do rosto.

Jordan até mesmo desenhou uma representação da genitália de Jackson. Além disso, escreveu: "Michael é circuncidado. Tem pelos pubianos curtos. Seus testículos são marcados com manchas rosadas e marrons. Como uma vaca, não branca, mas cor-de-rosa. Tem trechos marrons na bunda, na barriga do lado esquerdo."

Havia uma piscina em Neverland em que Jordan muitas vezes nadava, e Jackson já havia admitido que os dois dormiam na mesma cama com frequência. Era bastante possível que o garoto tivesse visto Jackson despir-se para ir deitar-se, ou no vestiário, de cuecas, quando estivesse se trocando. Linden procurou por detalhes que o garoto não pudesse simplesmente ter visto durante esses períodos de rotina de nudez. Sendo assim, Jordan descreveu onde era a mancha no pênis do cantor quando estava ereto.

• • • •

O promotor Tom Sneddon sempre afirmou que estava em casa, assistindo a um jogo de futebol americano entre faculdades, quando o Departamento de Polícia de Los Angeles revistou as casas de Michael Jackson, em 23 de agosto. Quando a BBC telefonou-lhe para perguntar por que faziam uma batida em Neverland, ele lhes disse honestamente que não sabia. Depois de alguns telefonemas, as autoridades policiais de Los Angeles deram-lhe uma dica. Como promotor de justiça de Santa Barbara, o condado onde Neverland se situava, Sneddon estava plenamente ciente das implicações das acusações levantadas contra o famoso superastro que vivia em sua jurisdição. Para seus difamadores, suas ações tinham jeito de ser apenas ambição política. Que melhor plataforma de lançamento para concorrer à Promotoria Geral, talvez mesmo a Governador, do que ir atrás do maior superastro do mundo? Para seus defensores, ele era um cruzado incansável cuja busca obstinada era proteger as crianças de um monstro. Quaisquer que fossem os motivos, não demorou muito até Sneddon assumir o caso como seu.

As batidas a Neverland tinham fracassado em levantar muitas evidências incriminatórias. O mandado inicial deixava claro que as autoridades fariam a busca segundo uma seção "itens a serem apreendidos":

1. Quaisquer fotografias, slides, negativos, ou gravação de vídeo de jovens do sexo masculino, vestidos, nus e/ou em poses sexualmente explícitas. Quaisquer filmes não revelados.
2. Diários, agendas de telefone, agendas de endereço, correspondência ou outros escritos visando a identificar jovens que tenham sido vítimas de abuso sexual.
3. Fotografar o interior e o exterior do local para identificar finalidades e para corroborar declarações e descrições de testemunhas.

A polícia terminou confiscando um total de cinquenta caixas cheias de fotografias, blocos de notas, arquivos e documentos e arrombou um cofre do astro. Anos mais tarde, muito se falou da apreensão de um livro de fotos chamado *A Boy: A Photographic Essay* (Um Menino: Um Ensaio Fotográfico). O livro aclamado pela crítica, publicado em 1963, retrata mais de quatrocentas fotografias ingênuas de meninos em várias poses, a maioria inocentes. Há também umas poucas fotos contendo plena nudez frontal, que foram tiradas em locação durante as tomadas de cena do filme de 1963, *O Senhor das Moscas*. Por causa dessas fotos, o livro era muitas vezes descrito em resenhas da mídia como de "pornografia infantil" ou "erotismo infantil". Mesmo que fosse esse o caso, a polícia relevou o valor do achado quando descobriu que não havia sido comprado por Jackson, mas enviado por uma admiradora. Dentro, havia uma dedicatória: "A Michael, de sua fã. Beijo, beijo, beijo, abraço, abraço, abraço, Rhonda".

A polícia havia chegado a um beco sem saída em sua investigação, fracassado em levantar qualquer evidência que fortalecesse as queixas de Jordan Chandler. Porém, quando Tom Sneddon leu a descrição detalhada de Jordan sobre a genitália de Jackson, convenceu-se de que havia encontrado a evidência incontestável que estava faltando. Agora, só precisava confirmar se a descrição era precisa. Não seria uma tarefa fácil, dado à caríssima equipe legal de Jackson.

Por sugestão de Bert Fields, o cantor tinha contratado um advogado de defesa criminal bastante respeitado, chamado Johnnie Cochran, que alcançaria notoriedade mundial um ano depois, ao defender vitoriosamente O.J. Simpson, no que parecia ser um caso aberto e encerrado de assassinato da esposa.

Quando Cochran soube que Tom Sneddon queria fotografar Michael Jackson nu, foi enfático. "Sobre o meu cadáver", rebelou-se, ao ouvir falar pela primeira vez da solicitação incomum do promotor de justiça.

Sneddon, porém, era alguém persistente. Depois de ter seu pedido rejeitado duas vezes, Sneddon convenceu um juiz do Tribunal Superior a expedir um "mandado de revista corporal" para fotografar os genitais de Jackson a fim de determinar se combinavam com a descrição de Jordan. Em virtude da natureza sensível da solicitação, a promotoria foi instruída a planejar os detalhes com a equipe jurídica de Jackson com antecedência, para assegurar que a revista fosse realizada com toda delicadeza possível.

O próprio Jackson ainda estava fora do país em turnê, mas Cochran conseguiu "cavar" várias concessões do escritório de Sneddon. Entre elas, o cantor poderia escolher o local do exame - Neverland. Teria seu próprio médico e fotógrafo presentes. Somente um detetive poderia comparecer, e nenhuma mulher teria permissão de ficar nas proximidades. Acima de tudo, todo o procedimento seria conduzido em estrito segredo. Durante as negociações, jamais foi informado à equipe de Jackson exatamente o que os investigadores procuravam. Na hora combinada, à tarde de 20 de dezembro de 1993, uma equipe da polícia desembarcou no rancho com um mandado que a autorizava a examinar e fotografar cada centímetro do corpo de Jackson, inclusive seu pênis, testículos e nádegas.

Jackson tinha voltado aos Estados Unidos dez dias antes para se preparar para a mais humilhante e dolorosa provação que já experimentou. Em novembro, o cantor havia cancelado o restante de sua turnê *Dangerous* depois que Elizabeth Taylor chegou à cidade do México com o marido, Larry Fortensky, para buscar Jackson num Boeing 727 fretado. Elizabeth Taylor estava profundamente preocupada com o amigo. Membros da equipe de Michael haviam lhe relatado o comportamento instável do cantor, que desenvolveu uma dependência a analgésicos, anos antes, depois que seu couro cabeludo foi horrivelmente queimado num acidente assustador durante a filmagem de um comercial da Pepsi, em 1984. O estresse do caso Chandler começava a cobrar um alto pedágio e, de acordo com um de seus auxiliares, "Michael estava tomando pílulas como doce". Ativan, Valium e Xanax eram suas drogas preferidas, causando-lhe perda de peso a ponto de ele parecer tão doente que mesmo sua maquiagem de tempo integral de artista não conseguia esconder a aparência decadente. Elizabeth Taylor estava determinada a convencer o amigo a entrar numa clínica de reabilitação para tratar do vício. E, em 12 de novembro de 1993, ela voou com Jackson para a Europa.

O 727 de Taylor fez paradas no Canadá e na Islândia antes de aterrissar no aeroporto de Luton, perto de Londres. Depois de uma breve estada com o gerente de Elton John em solo inglês, o avião partiu novamente, rumo a Genebra, onde uma limusine esperava para levar o astro ao chalé de Elizabeth Taylor em Gstaad, na Suíça. Nas proximidades, havia uma clínica particular suíça que proporcionava às celebridades um local para se desintoxicar com total privacidade.

À parte o alto preço cobrado sobre a saúde de Jackson, as acusações de Chandler já começavam a afetá-lo financeiramente. Recentemente, ele se viu impedido de comparecer a dois shows em novembro, em Dubai. Panfletos anônimos circulavam, incitando a um boicote dos concertos e do patrocinador de muitos anos de Jackson, a Pepsi-Cola.

O emirado disse que a interdição estava "alinhada com as tradições, valores, cultura e costumes da sociedade árabe nos Emirados Árabes Unidos".

Enquanto isso, temendo uma reação desgastante de sua imagem pública em razão das acusações de abuso sexual, a Pepsi também se mexeu e cortou o relacionamento com a celebridade até então intimamente associada ao seu produto.

Nove anos antes, Jackson tinha feito um acordo com a fabricante de refrigerantes, o que lhe rendera seis milhões de dólares. À época, era um recorde para qualquer celebridade. Desde então, a Pepsi patrocinava todas as suas três turnês, pagando-lhe honorários de mais de 20 milhões de dólares. Durante o mesmo período, a Pepsi, segundo as informações disponíveis, abocanhou duas fatias do mercado de sua arquirrival, a Coca-Cola — um salto que os analistas estimavam valer cerca de um bilhão de dólares em vendas anuais.

• • • •

Era hora de arcar com as consequências. Jackson estava quase catatônico por causa da humilhação que estava prestes a suportar. Durante dias, tinha dito a Johnnie Cochran que não permitiria isso, mas seu astuto advogado relembrou-o das manchetes que se seguiriam se ele se recusasse a cooperar.

— Vão dizer que você tem algo a esconder — Cochran insistiu, de um modo convincente. — Você estaria se jogando direto nas mãos de Sneddon.

A equipe de investigação chegou pouco antes das cinco da tarde numa limusine projetada para ocultar a presença dos ocupantes dos paparazzi que se aglomeravam nos arredores do rancho desde o retorno de Jackson da Europa, dez dias antes. Ao alto, helicópteros de reportagens pairavam sobre Neverland, sentindo que algo estava se passando.

Havia dois detetives acompanhando Sneddon naquele dia, um do Departamento de Polícia de Santa Barbara e um do Departamento de Polícia de Los Angeles, reflexo da competição entre as jurisdições, resultante das várias residências de Jackson. Também de serviço estavam um fotógrafo policial e um dermatologista, o Dr. Richard Strick, designado para examinar e relatar as diversas marcas de pele que Jordan havia descrito. Jackson atrasou a equipe pelo tempo que pôde, mas, finalmente, depois de uma longa espera, Sneddon ficou impaciente e ordenou que o exame começasse.

A equipe foi levada ao escritório da segurança de Neverland, onde foi apresentada a dois médicos pessoais de Jackson, inclusive seu dermatologista, o Dr. Arnold Klein. O fotógrafo pessoal de Jackson e seu chefe de segurança também estavam presentes. A equipe de investigação foi conduzida até um quarto no alto das escadas, onde Jackson esperava, nervoso, num sofá, usando um roupão de banho de cor clara. O detetive de Santa Barbara, Russ Birchim, e o detetive de Los Angeles, Frederico Sicard, apresentaram-se e deixaram claro o desejo de tornar o procedimento o menos penoso possível.

— Obrigado — foi a resposta de Jackson, quando um de seus advogados, Howard Weitzman, aceitou o mandado de busca e começou a examiná-lo, alarmado.

O mandado deixava claro que o promotor de justiça estava particularmente interessado nas descrições de Jordie das manchas na pele de Jackson. No decorrer dos anos, a aparência do cantor tornava-se cada vez mais bizarra conforme sua pele clareava. Um jornalista descreveu a evolução como uma transformação "de um garoto preto de aparência normal para uma mulher branca". Poucos meses antes, Jackson havia abordado essas mudanças durante sua entrevista televisiva com Oprah Winfrey, explicando que sofria de uma doença chamada vitiligo, que resulta em uma perda de pigmentação que provoca manchas brancas. Oprah começou a conversa perguntando a ele sobre os boatos que corriam fazia tempo de boca em boca de que ele descoloria a pele.

Michael: Número um, segundo eu sei, não existe tal coisa de descolorir a pele; eu nunca vi, não sei o que é.

Oprah: Bem, eles costumavam ter aqueles produtos, eu me lembro de crescer sempre ouvindo "Use Bleach e Brilhe", mas você precisaria usar mais ou menos uns 300 mil galões.

Michael: Ok, mas, número um, esta é a situação. Tenho uma doença de pele que destrói a pigmentação da pele. É algo que não posso evitar. Ok. Mas, quando as pessoas inventam histórias de que eu não quero ser quem eu sou, isso me magoa.

Oprah: Então, é...

Michael: É um problema para mim que não posso controlar, mas... e quanto a todas as milhões de pessoas que sentam ao sol para ficar mais escuras, para se tornarem outra coisa diferente do que são, ninguém diz nada sobre isso.

Oprah: Então, quando isso começou, quando sua... cor de pele começou a mudar?

Michael: Oh, puxa, eu não... algum tempo depois de *Thriller*, por volta de *Off the Wall*, *Thriller*, algum tempo em torno disso.

Oprah: Mas, o que você pensou?

Michael: É coisa de família, meu pai disse que é do lado dele. Não posso controlar. Não entendo, quero dizer, me deixa muito triste. Não quero entrar em meu histórico médico porque é particular, mas essa é a situação aqui.

Oprah: Então, tudo bem, eu só quero entender isso direito, você não está tomando nada para mudar a cor de sua pele...

Michael: Oh, Deus, não. A gente tenta controlar e usar maquiagem para compensar isso porque deixa manchas em minha pele. Tenho de igualar minha pele. Mas, sabe o que é engraçado? Por que isso é tão importante? Não é importante para mim. Sou um grande admirador de arte. Amo Michelangelo, se eu tivesse a chance de conversar com ele ou ler sobre ele, eu gostaria de saber o que o inspirou a se tornar quem é, a anatomia de sua habilidade artesanal, não sobre com quem ele saiu a noite passada... o que há de errado com... quero dizer, isso é o que é importante para mim.

Se Jordan Chandler ou seu pai viram a entrevista de Oprah, teria exigido pouco esforço procurar vitiligo num dicionário médico e descobrir que resultava em "manchas" de pele, a descrição que Jordan havia dado em seu depoimento ao Departamento de Polícia de Los Angeles. Mas Sneddon estava convencido de que as fotografias revelariam características que Jordan possivelmente não teria como saber sem se entregar ao tipo de intimidades que o garoto tinha descrito.

Quando o advogado de Jackson leu o mandado e percebeu pela primeira vez o que as autoridades estavam procurando, murmurou ao ouvido de Jackson. De repente, a calma acabou, e o cantor, vermelho de fúria, começou a ordenar aos policiais que fossem embora.

— Saiam daqui! Saiam daqui! — ele soluçava, xingando. Tanto seu médico como o advogado procuravam contê-lo, mas Jackson estava quase incontrolável.

Johnnie Cochran foi convocado no andar de baixo onde estava conversando com Tom Sneddon, este último proibido de presenciar o exame.

Cochran reuniu-se com Jackson e Weitzman e, depois, voltou para baixo e pediu um favor a Sneddon. Jackson estava disposto a cooperar totalmente com o exame e a submeter-se a tantas fotos quando fosse exigido, mas não queria que os detetives estivessem presentes porque isso o fazia sentir-se como um criminoso. Depois de consideráveis idas e vindas, Sneddon concordou com o pedido e o exame começou.

Em seu depoimento ao tribunal, o detetive Birchim descreveu o que aconteceu a seguir.

> Aproximadamente às 18h08min, a porta de repente se abriu e eu vi Jackson na soleira, lutando para sair do quarto e sendo fisicamente contido pelo Dr. Klein. O Dr. Klein implorava a Jackson que se acalmasse, e lhe disse:
> — Michael, você pode usar seus shorts.
> Jackson, lutando com o Dr. Klein, vários passos longe de mim e do detetive Sicard, me apontou e gritou:
> — Quero fotos de vocês dois em seguida.
> O Dr. Klein foi bem-sucedido em puxar Jackson de volta para dentro do quarto, e a porta foi fechada outra vez.

De acordo com o fotógrafo do delegado, o sargento Gary Spiegel, o comportamento de Jackson era "uma combinação de hostilidade e raiva" quando, soluçando baixinho, ele abaixou a sunga de cor cinza que usava debaixo do roupão.

Conforme cada olhar no quarto se concentrava em sua área genital, o médico, de posse da descrição de Jordan Chandler, imediatamente perguntou:

— O indivíduo é circuncidado?

Quando todo mundo se aproximou para um olhar mais atento, a resposta tornou-se evidente.

— Bem, o indivíduo, claramente, não é circuncidado — atestou o médico.

Ele tinha mesmo a pele manchada, colorida nas nádegas, como o garoto descreve, e tinha mesmo pelos pubianos curtos.

— Eu então tirei fotografias do pênis de Jackson — recordou-se Spiegel. — Primeiro do lado direito, depois do esquerdo. Quando estava fotografando o esquerdo, o médico da promotoria disse a Michael Jackson para erguer o pênis. Ele não queria e, assim, houve um bocado de discussão a respeito. Finalmente, ele fez isso. Depois, bravo, saltou da plataforma.

— Chega — disse Jackson. — Já basta. — Conforme corria para fora da sala, virou-se para seu chefe da segurança, Bill Bray, e disse: — Nunca mais deixe isso acontecer outra vez.

Tom Sneddon tinha conseguido o que queria. Se o exame pudesse comprovar a descrição de Jordan, então, ele contava com a evidência incontestável de que precisava para propor um indiciamento. Apesar disso, o escritório do promotor de justiça permaneceu em silêncio.

Deixaram a cargo de Jackson falar primeiro sobre o que ocorreu e, em 22 de dezembro, dois dias depois da provação, ele comprou tempo de satélite para contar seu lado da história. Aquele dia, falando de Neverland, ele olhou para as câmeras usando uma camisa vermelha e maquiagem branca e prestou um depoimento emocionado.

> Estou passando bem e sou forte. Como já devem saber, depois de terminada minha turnê, permaneci fora do país submetendo-me a tratamento para a dependência de medicação contra dor. Essa medicação foi inicialmente prescrita para acalmar a dor excruciante que eu vinha sofrendo depois da recente cirurgia reconstrutiva em meu couro cabeludo. Houve muitos depoimentos odiosos feitos recentemente relativos a acusações de conduta imprópria de minha parte.
> Esses depoimentos sobre mim são totalmente falsos. Como tenho afirmado desde o princípio, estou esperançoso num fim rápido para essa experiência horrível a qual estou sendo submetido. Não responderei, neste depoimento, a todas as falsas acusações feitas contra mim, já que meus advogados me advertiram não ser este o fórum apropriado para isso. Direi que estou particularmente aborrecido com a manipulação dessa matéria por parte da inacreditável e terrível mídia de massa. A cada oportunidade, a mídia tem dissecado e manipulado essas acusações para ir de encontro às suas próprias conclusões. Peço a todos você que aguardem para conhecer a verdade antes de me rotularem ou me condenarem. Não me tratem como um criminoso porque eu sou inocente. Fui obrigado, anteriormente, esta semana, a me submeter a um exame desumano e

humilhante pelo departamento subordinado ao delegado do condado de Santa Barbara e pelo Departamento de Polícia de Los Angeles. Apresentaram-me um mandado de busca que lhes permitia ver e fotografar meu corpo, inclusive meu pênis, minhas nádegas, meu baixo ventre, coxas e quaisquer outras áreas que quisessem. Estavam supostamente procurando por qualquer descoloração, mancha, ou outra evidência de uma disfunção da cor da pele chamada vitiligo, da qual eu previamente falei a respeito. O mandado também me obrigava a cooperar em qualquer exame de meu corpo a ser feito pelo médico deles, para determinar a condição de minha pele, inclusive se tenho vitiligo ou qualquer outra doença de pele.

O mandado estabelecia mais, que eu não tinha direito de recusar o exame ou as fotografias e, se eu deixasse de cooperar com eles, apresentariam essa recusa diante de qualquer julgamento como uma indicação de minha culpa. Foi a provação mais humilhante de minha vida, uma que nenhuma pessoa deveria algum dia ter de sofrer. E mesmo depois de experimentar a indignidade dessa busca, as partes envolvidas ainda não estavam satisfeitas e queriam tirar ainda mais fotos. Foi um pesadelo, um horrível pesadelo. Mas, se isso é o que eu tenho de suportar para comprovar minha inocência, minha completa inocência, então, que assim seja. Através de toda minha vida, eu apenas tentei ajudar milhares e milhares de crianças a viverem vidas felizes. Traz lágrimas aos meus olhos ver qualquer criança que sofra. Não sou culpado dessas acusações. Mas, se sou culpado de alguma coisa, é de dar tudo que eu tenho a fim de ajudar as crianças do mundo inteiro. É de amar as crianças de todas as idades e raças. É de alcançar a alegria absoluta ao ver crianças com suas faces inocentes e sorridentes.

É de desfrutar através delas a infância que eu mesmo perdi.

Se sou culpado de alguma coisa, é de acreditar naquilo que Deus disse sobre as crianças: "Deixem vir a mim as criancinhas e não as impeçam, pois delas é o reino dos céus". De maneira alguma eu creio que sou Deus, mas tento realmente ser como Deus em meu coração.

Sou totalmente inocente de qualquer delito, e sei que essas acusações terríveis se comprovarão falsas. Novamente, aos meus amigos e fãs, muito obrigado por todo seu apoio. Juntos, veremos tudo isso chegar ao fim. Eu os amo muito, e possa Deus abençoar a vocês todos. Eu os amo. Até logo.

Neste momento, inúmeros relatos de tabloides já noticiavam que o exame tinha confirmado a descrição de Jordan. Diane Dimond declarou, mais tarde, que fontes lhe contaram que a mancha escura nos genitais de Jackson tinha sido "encontrada exatamente onde o jovem Jordan Chandler disse que encontrariam tal marca".

Porém, em janeiro de 1994, a *USA Today* e a *Reuters* citaram fontes da equipe de execução legal confirmando que "fotos da genitália de Michael Jackson não batem com as descrições dadas pelo garoto que acusou o cantor de má conduta sexual".

SEIS

Se a revista a nu tivesse revelado a evidência que Tom Sneddon procurava, é provável que o promotor convocasse um júri em busca de um indiciamento.

Até dezembro de 1993, pelo menos doze investigadores de Santa Barbara e Los Angeles trabalhavam em tempo integral no caso. Tinham o depoimento juramentado da suposta vítima e, agora, a evidência visual para combinar com as queixas. Apesar disso, Sneddon hesitou.

A essa altura, a equipe já tinha gasto mais de dois milhões de dólares na investigação. Haviam entrevistado mais de duzentas testemunhas, inclusive dezenas de crianças que tinham dormido com Jackson em Neverland. Vasculharam cada centímetro de sua casa e examinaram seus genitais. Porém, por tudo que se sabia, Sneddon ainda não encontrava a evidência de que precisava para ir adiante.

O que ele precisava era de uma testemunha ocular que tivesse visto Jackson molestar uma criança. Porém, para frustração dos investigadores, nenhuma testemunha assim havia aparecido ainda. Acima de tudo, ainda não contavam com uma única evidência confiável para confirmar a acusação. A equipe aparentemente tinha chegado a um beco sem saída. E, então, deram sorte a doze mil quilômetros de distância.

Logo depois de as acusações de Jordan Chandler tornarem-se públicas, um filipino chamado Mark Quindoy convocou a imprensa, em Manila, para confirmar que tinha testemunhado Jackson molestando crianças quando ele e a esposa, Faye, trabalhavam como caseiro e cozinheira, respectivamente, em Neverland, entre 1989 e 1991. O casal ou pediu demissão ou foi despedido numa disputa a respeito de pagamento de horas extras, alegando que Jackson lhes devia quase 280 mil dólares. Agora, porém, Mark Quindoy — que disse estar escrevendo um livro sobre o cantor —, declarava que, na verdade, os dois haviam pedido as contas porque não tinham estômago para testemunhar o que acontecia entre Michael e as crianças enquanto ele as carregava pelo rancho diariamente.

Quindoy declarou que setenta e cinco garotos tinham visitado a propriedade de Jackson durante seus dois anos por lá, e que ele havia registrado os nomes e endereços dos visitantes. Além disso, mantinha um diário dos acontecimentos juntamente com duzentas fotografias. Também alegou que fez anotações detalhadas do que via diariamente em Neverland. Estrelas nas páginas, disse, significavam ocorrências de abuso. Perguntado por que permanecia calado por tanto tempo e não foi procurar as autoridades para informar o ocorrido, Quindoy alegou que ficou com medo das "ameaças dos associados de Jackson". E acrescentou:

— Michael é um homem muito importante. Eu estava tentando protegê-lo, mas persistia em minha mente a ideia de que era um dever cívico contar a verdade.

Então, ele soltou a bomba. Jackson, ele declarou, era um "gay pedófilo". Alongou-se na acusação, dizendo que "seja lá o que um homossexual faz com seu parceiro durante o sexo, Michael faz a uma criança".

Descreveu, como exemplo, uma cena da qual supostamente tinha sido testemunha, envolvendo Jackson e um de seus "amigos especiais":

— Juro que vi Michael Jackson acariciando o garotinho, passeando as mãos pelas coxas, pelas pernas do garoto, em torno do corpo. E durante o tempo todo, o garoto estava brincando com seus brinquedos.

Em outra ocasião, Quindoy recordou-se, levou Michael e um amigo de sete anos de carro até uma cidade vizinha; quando olhou para trás, deparou-se com a cena de Jackson beijando o menino "como um namorado". O menino não estava protestando, mas, em vez disso, continuava sentado lá sem se mexer.

— Era como um garoto beijando uma menina no banco de trás — disse. — Fiquei completamente estarrecido — chocado de que ele pudesse fazer isso a um garoto de sete anos.

Não demorou muito, Quindoy apareceu no programa de fofocas de TV, *A Current Affair*, quando levou adiante as acusações, dizendo que tinha visto Jackson pondo as mãos dentro da cueca de um garoto.

— Michael Jackson, eu acho, não tem compaixão. É insensível. É uma pessoa calculista. É um pedófilo. E eu fiquei chocado quando o vi na televisão declarar que é inocente, que não cometeu nenhum crime. Penso que Michael Jackson é culpado pra caramba.

Tom Sneddon e sua equipe ficaram eufóricos quando os Quindoys surgiram com a evidência de que precisava para mover uma ação contra o cantor.

Dois investigadores — o detetive Fred Sicard, da unidade de abuso infantil de Los Angeles, e a sargento Deborah Linden, da Delegacia de Santa Barbara — voaram imediatamente para Manila, onde interrogaram Mark Quindoy durante três horas. Depois da sessão, Quindoy contatou os repórteres. E isso estava se tornando um hábito.

— Indiquei minhas intenções de ir [aos Estados Unidos], se for solicitado — disse. Nunca foi convocado.

Quando os Quindoys surgiram pela primeira vez, Anthony Pellicano os descreveu como "ratos" e "chantagistas". Agora, o promotor de justiça concluía que o testemunho do casal era sem valor e a credibilidade de suas acusações altamente questionável.

Mais tarde, veio à tona que os Quindoys contavam sua história segundo o lance mais alto — uma história que mudava constantemente dependendo de quanto dinheiro estava em jogo. Num determinado ponto, estavam pedindo 900 mil dólares pela história, até que o tabloide de Rupert Murdoch com sede em Londres, o *The News of the World*, ganhou a história de graça com base num acordo prévio de 25 mil dólares com o casal para que fornecessem uma descrição completa e honesta da vida com os Jacksons.

Quatro anos depois, Mark Quindoy contratou um agente literário e tentou vender seu suposto diário pela soma absurda de 15 milhões de libras, prometendo expor sua "visão pessoal" das preferências sexuais do cantor através de seu livro *Malice in Neverland*. Entre os destaques sensacionalistas do livro estava a história de que Jackson tinha voado para Londres onde cirurgiões removeram marcas características de seu pênis. Não houve ofertas de interessados.

• • • •

Os tabloides estavam delirando. As acusações contra Jackson começaram a pipocar, e a mídia sentiu ali uma oportunidade única. Caroline Graham, do maior tabloide em língua inglesa do mundo, publicado em Londres, o *The Sun*, resumiu o "espírito da coisa". A saga de Jackson, ela escreveu, era "provavelmente uma das melhores histórias do século". Suas vendas estouravam a cada manchete picante. E os tabloides estavam dispostos a pagar por isso.

Ninguém sabia melhor quanto dinheiro eles estavam dispostos a pagar que Paul Barresi. O antigo astro pornô gay — conhecido por seus papéis em filmes, tais como *Men of the Midway* e *What the Big Boys Eat* — tinha estabelecido uma nova e lucrativa carreira intermediando histórias sensacionalistas para tabloides americanos, tais como o *National Enquirer* e o *Globe*, conhecidos por pagar seis dígitos pelas histórias certas.

Barresi tinha saído algumas vezes com uma francesa chamada Stella LeMarque, uma mulher que administrava com seu marido, Philippe, a equipe doméstica de Neverland para Michael Jackson, depois que os Quindoys tinham ido embora. Agora, Barresi havia procurado seus contatos no tabloide, prometendo que os LeMarques tinham uma história apimentada pra contar — se o preço fosse justo.

Philippe estava disposto a ir a público com uma declaração de que tinha visto Jackson apalpando seu jovem amigo Macaulay Culkin em Neverland logo pela manhã. O *National Enquirer* queria muito a história de LeMarque. Já tinha escolhido a manchete para estampar na capa da edição seguinte: "Eu vi M.J. Molestando o Garoto Culkin". Um ano antes, Barresi vendeu uma história ao *Enquirer* por 100 mil dólares. E convenceu os LeMarques de que poderia conseguir mais pela história deles.

Na verdade, o casal já tinha um relacionamento com a notória revista de fofocas, tendo aceitado dinheiro, em outubro de 1991, para infiltrar alguns repórteres do *Enquirer* no rancho a fim de flagrarem o casamento de Elizabeth Taylor com seu sétimo marido, Larry Fortensky. Não muito tempo depois, foram despedidos do emprego.

— Meu interesse em ajudar os dois foi porque eles me ofereceram uma porcentagem do que conseguissem — Barresi confidenciou mais tarde. — Eu não estava empenhado em levar alguém à justiça. E se Michael era culpado ou inocente, a essas alturas, era irrelevante. Meu interesse era estritamente o dinheiro, assim como era interesse deles também.

Logo, o lance estava em 150 mil dólares, e Barresi julgou que tinha um acordo. Sua parte seria de dez por cento. Mas, então, os LeMarques ficaram gananciosos. Foram abordados por um advogado de Beverly Hills chamado Arnold Kessler, que afirmou que poderia conseguir pelo menos 500 mil dólares pela história. Quando puseram Barresi de lado e se uniram a Kessler, Barresi subiu pelas paredes. Foi quando imaginou um jeito de fazer dinheiro sem a cooperação do casal. Decidiu gravar furtivamente uma fita com a história dos dois e vendê-la ele mesmo.

A história, como eles contaram mais tarde, era que uma noite, em Neverland, por volta das três da manhã, LeMarque tinha recebido um telefonema de que "Silver Fox queria algumas batatas fritas". Silver Fox, explicou ele, era o "codinome" de Jackson em Neverland.

LeMarque disse que preparou o lanche tarde da noite e levou ao quarto de jogos onde encontrou Jackson e Culkin jogando um jogo baseado no álbum *Thriller* do cantor.

— Ele estava segurando o garoto porque o garoto era pequeno e não conseguia alcançar os controles. Sua mão direita segurava o garoto talvez no meio da cintura. E a mão esquerda estava embaixo das calças. Quase derrubei as batatas fritas — ele se recordou.

Sua esposa, Stella, acrescentou detalhes sobre um garoto australiano que Jackson tinha apalpado no escuro num cinema em Neverland, enquanto a mãe do menino estava sentada ali perto.

— No cinema, ele fez a mesma coisa. E a mãe estava duas ou três fileiras na frente. Eram como namorados. Isso não é normal.

Stella também alegou que o cantor tinha um quarto de dormir dentro de seus aposentos, onde levava seus "amigos especiais". Naqueles quartos, disse ela, ele assistia a filmes pornôs com os garotos durante a noite inteira.

Em outra ocasião, de acordo com Philippe, o corpo de bombeiros local chegou a Neverland depois que um alarme no rancho havia disparado.

— Quando o bombeiro chefe chegou, Stella e eu estávamos lá, e Jackson desceu as escadas — disse ele. — O bombeiro estava tentando saber a situação de todos, e perguntou onde Macaulay estava dormindo. Michael foi ríspido com ele.

— Isso importa? O que isso tem a ver com você? Por que está me perguntando isso?

— Todo mundo sempre diz, "Oh, o Michael, ele adora crianças" — disse Stela. — Eu digo que é besteira.

— Todo mundo sabe o que está se passando no rancho — seu marido emendou. — Todo mundo sabe, mas ninguém fala.

Na conversa gravada secretamente, o casal contou a Barresi que o relacionamento de Jackson preocupava profundamente seu bom amigo Marlon Brando.

— O único que sempre disse alguma coisa foi Marlon Brando — relatou Stella. — Ele chegava ao rancho e sempre via Michael brincando de desaparecer com as crianças. Michael nunca passava tempo com os adultos que iam ao rancho. Ele [Brando] era o único. Disse:

— Que diabos Michael está fazendo com esses garotos?

Para acertar as contas com os LeMarques por aquilo que chamou de "traição de parceiro", Barresi entregou as fitas a Anthony Pellicano, que usou as inconsistências para desacreditar o casal e assegurar que ninguém comprasse a história dos dois.

— Não ganharam merreca nenhuma, os sacanas.

Ele também entregou as fitas ao promotor público, ocasião em que as conversas ilegalmente gravadas tornaram-se legais sob as leis da Califórnia, porque passaram a fazer parte agora da documentação de caso.

Barresi, mais tarde, deu inúmeras entrevistas demonstrando como os LeMarques mudaram sua história depois da primeira vez em que o procuraram.

— Cada vez que contavam a história, acrescentavam um pouco a mais — disse. A mão [de Jackson] foi de fora das calças do garoto para dentro das calças do garoto. Estava do lado de fora das calças do garoto quando o preço que pediam era de cinquenta paus, e dentro das calças do garoto quando o preço que pediam subiu para cem mil.

Mesmo assim, Tom Sneddon ficou intrigado o bastante com o relato para levar o casal diante de dois grandes júris separados que convocou para tratar das acusações contra Jackson.

Evidentemente, os jurados não acharam a história assim tão confiável, muito embora na ocasião não tivessem ideia de que o casal havia tentado vendê-la várias vezes pelo lance mais alto.

Porém, houve pelo menos outro fator pesando sobre a credibilidade do casal. Se os LeMarques tivessem alguma vez se apresentado ao tribunal para testemunhar contra Jackson, o interrogatório teria se concentrado em algo além das tentativas de vendas da história ao tabloide.

Parece que algum tempo depois de terem tentado e fracassado em vender sua história tendenciosa sobre Michael Jackson, eles também lançaram um site de pornografia explícita na Web chamado

"Virtual Sin" (Pecado Virtual), anunciado como o "mais pecaminoso site da Internet". Os visitantes do site eram saudados por uma amistosa saudação de boas-vindas: "Welcome Beaver Hunters" (Bem-vindos, Caçadores de Bocetas). Surfando pela vasta galeria de fotos e vídeos, era possível encontrar inúmeros títulos tentadores, dependendo da categoria: "um boquete é bom demaaais!" ou "Vamos lhe dar uma bela lambida no pau, grande ou pequeno".

Outra página prometia "a busca da boceta perfeita" assim como exibia as reflexões do senhor LeMarque, tais como "Por que gosto de putas".

Nessa lista, ele expunha o que considerava serem as virtudes importantes das prostitutas:

- Putas são musicistas que conseguem tocar a flauta da pele.
- Putas sabem como compartilhar com outros até mesmo suas partes mais particulares!
- Putas são excelentes terapeutas de reabilitação de cálcio, podem conseguir uma ereção de vinte centímetros do nada.

O Virtual Sin não era a única iniciativa empresarial do casal. Outro site, o Galaxy 2001, oferecia um tutorial para aspirantes ao comércio de pornografia online. "Vender sexo não é difícil, se você souber como manejar seu barco através da complexidade da Internet", declarava o site. Também continha um link para outro site pornô prometendo "ADOLESCENTES, ADOLESCENTES, ADOLESCENTES". O senhor LeMarque proclamava que o Galaxy 2001 funcionava como um web host (um hospedeiro) e abrigava "centenas de websites adultos" em seus servidores.

Depois de esses sites fracassarem, Philippe e Stella tentaram outra vez ganhar dinheiro através de sua ligação com Jackson. Num site que criaram sobre comida e vinho na Califórnia, Philippe fala de um livro que escreveu sobre o período de emprego no rancho de Neverland, destacando "especialmente o comportamento de Michael que às vezes intriga o público".

O livro, ele acrescenta, aborda "o assunto mais altamente confidencial do rancho que dificilmente alguém algum dia revelaria — os Fantasmas de Never[l]and Valley (referindo-se ao "vale" entre as nádegas)". Por 4 dólares e noventa e cinco centavos, os visitantes poderiam fazer o download "do Capítulo Completo de nossa estada no Never[l]land Valley de Michael Jackson".

• • • •

Com testemunhas de caráter duvidoso, tais como os LeMarques e os Quindoys, Tom Sneddon sabia que estava num beco sem saída. Ainda não tinha uma testemunha ocular confiável capaz de convencer um júri.

E, então, de repente, deu sorte, graças a uma repórter que estava se tornando rapidamente o maior patrimônio da promotoria pública.

Em 15 de dezembro de 1993, quando Tom Sneddon se preparava para apresentar seu mandado de revista corporal contra Michael Jackson, o programa de fofocas de TV *Hard Copy* levou ao ar um segmento especial apresentado por Diane Dimond chamado "The Bedroom Maid's Painful Secret" (O Doloroso Segredo da Criada de Quarto). Numa entrevista potencialmente devastadora, a ex-criada de Jackson, Blanca Francia, uma imigrante ilegal de El Salvador que havia trabalhado por cinco anos para Jackson desde 1986, contou a Dimond que viu Jackson tomando banho nu com pelo menos dois garotos no chuveiro e na banheira de hidromassagem de Neverland. Declarou que Jackson certa vez tinha pedido sua opinião a respeito do que presenciou.

— Eu disse que não era da minha conta — revelou ela. — Ele gostou disso. Por fim, confessou: — Eu aceitaria uma recompensa. Dinheiro, ou um presente... Fiquei com a boca fechada para manter meu emprego.

Também alegou que via com frequência Jackson dormindo no mesmo saco de dormir que os garotos. Além do mais, disse, ele mantinha um apartamento secreto em Neverland especificamente para entreter seus jovens amigos.

Declarou que, com frequência, Jackson recebia garotos que ficavam com ele durante semanas de uma vez, e que sempre lhes dava o mesmo apelido — Rubba.

— Vi coisinhas como esfregar um garoto contra seu corpo — disse ela. — Ele sentava os garotos no colo e se esfregava neles. — Essa, ela deduziu, era a explicação por trás do apelido incomum, já que "rubba" seria uma corruptela de "rub" — esfregar, em inglês.

Entre as acusações mais bizarras que fez, estava a alegação de que Jackson muitas vezes tinha preguiça de ir ao banheiro e, assim, simplesmente, ele se aliviava nas calças.

— Não fique surpresa se encontrar alguma cueca suja — ela recordou-se de Jackson lhe dizendo. — Às vezes não consigo segurar, então faço na cueca.

Com relação ao assunto dos hábitos de higiene, disse que ele também passava dias inteiros falando em "cocô," chamando a si mesmo e a todos ao redor de "cabeça de cocô".

A parte mais contestável da entrevista, no entanto, foi a insinuação de Francia de que Jackson havia molestado seu filho, Jason.

— Nossa conversa a respeito do que tinha acontecido exatamente com o filho dela foi confusa — Dimond admitiu, anos depois. — Em alguns momentos, ela afirmou que não achava que tivesse acontecido alguma coisa. Porém, instantes depois, estava em lágrimas, preocupada de nunca ser capaz de conseguir curar o trauma do filho.

Francia declarou que não queria que seu filho se tornasse um dos "amigos especiais" do cantor.

— Sei sobre aqueles amigos especiais que ele tem — disse. — Ele larga um e pega outro e pega outro... Acho que está planejando fazer de meu filho seu amigo especial.

Quando Dimond perguntou-lhe com franqueza se ela julgava que Jackson realmente havia molestado seu filho, ela retrucou:

— Não acho que dei chance a ele de fazer isso — emendando que estava insegura porque seu filho Jason estava "muito quieto e bravo".

Por fim, disse, ela tinha pedido demissão, desgostosa ao encontrar Jason sentado no colo de Jackson. Quando ela os questionou sobre isso, recebeu o que chamou de "respostas vagas".

Na noite seguinte, a mãe de Jackson, Katherine, deu uma entrevista à Black Entertainment Television para criticar duramente a história da criada e sair em defesa de seu filho. Chamou Francia de "empregada ressentida por ter sido despedida", acrescentando que "a maior parte das vezes, quando as pessoas são despedidas, sempre tentam se vingar de Michael".

Se Francia demitiu-se, como alegou, ou foi despedida, como Katherine Jackson declarou, o que a maioria das pessoas queria saber era porque a mulher tinha contado sua história pela primeira vez para um programa de fofocas de TV em vez de informar às autoridades, principalmente se suspeitava que seu próprio filho pudesse ter sido vítima de abuso sexual.

Essa não foi a única questão crítica na esteira da entrevista explosiva de Dimond. O *Hard Copy* alcançou a reputação de pagar suas fontes. Será que Francia foi paga para contar sua história ao programa?

Esse tópico tornou-se o assunto de uma troca mal-humorada de palavras quando ela apareceu, uma semana mais tarde, no respeitado programa da CNN, *Reliable Sources* (Fontes Confiáveis). E sua resposta só levantou mais suspeitas. No programa, o moderador, Bernard Kalb, apresentava Dimond, o colunista da *People*, Mitchell Fink, e o veterano correspondente da *Newsweek*, Jonathan Alter, para discutir a cobertura da mídia a respeito das acusações de abuso contra Jackson. Alter, em particular, estava claramente irritado pela maneira com que o caso dominava o noticiário nos últimos tempos.

Alter: Pusemos Michael Jackson na capa no início de setembro quando uma porção de gente ignorava a história, e eu pensei então que era a decisão certa. Você tinha naquela altura seus defensores refutando as acusações criminais; você tinha seus próprios defensores sentados em Neverland, sua propriedade, dizendo que aquele homem de trinta e cinco anos dormia na mesma cama com pré-adolescentes. Portanto, naquela hora - deixando de lado se haviam sido levantadas contra ele quaisquer acusações — naquela hora, seus próprios defensores haviam transformado aquilo num tipo de história. A questão é: que tipo de história, de que tamanho, e o que estou procurando aqui é apenas algum senso de perspectiva, não melindrosamente, do jeito que o *The New York Times* não abordará; acima disso. Esta é uma grande história. Ele é o maior astro do mundo. Mas não merece dominar o *Hard Copy* toda noite com novos acusadores pagos todo santo dia.

Dimond: Ora, espere um minuto. Espere um minuto.

Kalb: Sim, Diane. Falando nisso...

Dimond: Espere um minuto, espere um minuto. Espere um minuto.

Kalb: Dinheiro?

Dimond: Cada pessoa em particular nesta história — e o *Hard Copy* deu em primeira mão esta história — congratulem-se por isso... Cada pessoa em particular nesta história tem o dinheiro como motivação, dos advogados regiamente pagos, dos detetives particulares regiamente pagos de ambos os

	lados. Todo mundo botou a mão nessa coisa, e todo mundo está ganhando dinheiro.
Kalb:	Sim, mas a pergunta...
Dimond:	Agora, sei que a pergunta vai ser...
Kalb:	Diane, isso eu vou perguntar a você - todo mundo pode ter repartido, mas quem está recheando o bolo? Por exemplo, o que o *Hard Copy* pagou à criada pessoal de Michael por aquela longa entrevista que você fez?
Dimond:	Sabe, vou lhe contar, todo mundo tem me dito: "Bem, ela só apareceu porque ela a pagou. Errado. Ela apareceu porque eu passei sete semanas..."
Kalb:	Você pagou a ela?
Dimond:	Passei sete semanas tentando encontrá-la. Não vou comentar se paguei ou não a ela...
Alter:	Oh, é claro.
Dimond:	Porque, se eu paguei, então, a toda e qualquer entrevista que fizermos, eu teria de responder a essa pergunta.
Alter:	Bem, o que há de errado em responder a isso?
Dimond:	Não é essa a questão.
Alter:	Por que não revelar? Se você vai pagá-los, ótimo.
Dimond:	A questão é...
Alter:	Se quer defender isso... mas, por outro lado, diga o que pagou a eles. Então, poderemos julgar. Poderemos então avaliar esses acusadores de uma maneira melhor. Está ótimo, se você quer dizer que vai pagá-los, vai se sujeitar a isso, e dizer: Nós...
Dimond:	Se quer julgar esses acusadores...
Alter:	...pagá-los, então poderíamos incluir isso como fator que, em...
Dimond:	Se quer julgar esses acusadores...
Alter:	Mas você nunca disse que os pagou quando você os apresentou. Isso...
Dimond:	Se quer julgar esses acusadores...
Kalb:	Com licença, Diane. Por favor, Jonathan, espere. Diane – deixe Diane – ela está na cadeira das testemunhas no momento, portanto, fale. Diane, a palavra é sua.
Dimond:	Se quiser julgar a veracidade dessas testemunhas, converse com o promotor público, converse com a polícia de Los Angeles, a polícia de Santa Barbara, fale com o advogado

	do garoto de treze anos e, se você está falando sobre a criada que pusemos no ar recentemente, Blanca Francia, eles dizem que ela é uma testemunha muito significativa, e eu a encontrei e a coloquei no ar e...
Fink:	Não estou tentando defender Michael Jackson agora.
Dimond:	Eu acho que parte disso...
Fink:	Diane...
Dimond:	Acho que parte disso é ciúme profissional porque o *Hard Copy* — goste você ou não de nosso show, saiu na frente com essa história.
Fink:	Ninguém...
Kalb:	Diane, deixe mais alguém...
Fink:	Desculpe. Ninguém tem ciúme do *Hard Copy*. Esta história não é sobre quem é pago e quem não é.
Dimond:	É exatamente isso.
Fink:	Esta história é sobre Michael Jackson e o que ele fez em cada passo dessa história e, se Michael Jackson tivesse se apresentado e voltado aos Estados Unidos quando essas acusações vieram à tona pela primeira vez, isso poderia ser uma história completamente diferente, porém Michael Jackson ficou fora dos holofotes, quero dizer, até foi... — antes de partir para Londres em meio a uma suposta dependência de drogas; quando partiu, ele estava na cidade do México. Foi sequestrado num quarto de hotel.
Kalb:	Mitchell, não quero percorrer o itinerário todo. Eu só...
Fink:	Mas você tem de entender, Bernie, que foi comportamento dele que ditou como essa história prosseguiu.
Alter:	Claro, o comportamento dele ditou, mas a questão jornalística é, se vão pagar, merecemos saber que vocês pagaram. Em outras palavras, no início de cada um desses episódios do *Hard Copy* — e alguns deles trouxeram em primeira mão alguns desenvolvimentos muito importantes dessa história; e acho que Diane fez um bom trabalho, mas se vocês forem apresentar novos elementos da história e pagaram por eles, no interesse da plena divulgação, vocês deveriam apresentar cada um desses acusadores com uma advertência que diz: "Vocês devem — vocês, telespectadores - devem estar cientes de que esta pessoa foi paga. Isso não quer dizer que não esteja falando a verdade, mas, vocês devem

estar cientes de que [...] o dinheiro está envolvido". O motivo é muito importante para a compreensão disso.

A recusa de Dimond em responder à pergunta sobre se Francia havia sido paga para contar sua história deixou curioso o staff jurídico de Jackson. A equipe rapidamente descobriu que o *Hard Copy* realmente dera 20 mil dólares à criada pela entrevista. Dimond, mais tarde, alegou que a quantia viera de seu empregador, a Paramount Pictures, como parte de uma "decisão corporativa".

— Só porque alguém pega dinheiro não quer dizer que esteja mentindo — disse Dimond.

Realmente, o fato de o *Hard Copy* pagar Francia por uma entrevista não invalida, por si mesmo, a veracidade de sua história, embora certamente proporcione uma excelente oportunidade para a defesa de minar a credibilidade da depoente, o que também provocou faíscas num acalorado debate na mídia americana a respeito da ética e das implicações de fontes pagas.

— Acho que presente em dinheiro é uma indução para se contar a pior e mais indecente história — quem sabe mesmo inventá-la — escreveu o crítico de mídia do *Los Angeles Time*, Tom Rosenstiel.

— Qualquer um que não pague em dinheiro, é como a cavalaria seguindo para o fogo de metralhadora. É anacrônico — disse Stuart White, do londrino *News of the World*, que tem há muito tempo reputação de pagar fontes. — O jornalismo não pode ser feito, hoje em dia, em nosso nível, sem, em algum momento, alguém pegar um cheque e ir a um dos envolvidos — que estará exigindo esse dinheiro — e, esperançoso, fazer-lhe a melhor oferta.

Um ano depois de a ação civil de Chandler ser registrada, a disposição do *Hard Copy* de pagar suas fontes — e o golpe resultante à credibilidade da testemunha paga — foi citada como um dos mais importantes fatores na absolvição de O.J. Simpson. Uma mulher chamada Jill Shively era a única testemunha ocular a colocar Simpson perto da cena do assassinado de sua ex-esposa Nicole. Tinha declarado que o tinha visto dirigindo um Ford Bronco branco com as luzes apagadas nas proximidades, ao mesmo tempo em que sua ex-esposa e Ronald Goldman eram esfaqueados até a morte. Mas os promotores desistiram de chamar Shively para o banco de testemunhas quando souberam que ela aceitara 5 mil dólares para contar sua história ao *Hard Copy*.

O biógrafo de Michael Jackson, J. Randy Taraborrelli, que estava trabalhando em seu livro *The Magic and the Madness* à época em que as acusações de Jordan Chandler tornaram-se públicas, acabou cheio de suspeitas quanto às acusações, por causa do número total de "testemunhas" pedindo dinheiro.

— Tenho visto tantas tentativas de extorsão contra o grupo de Jackson, e elas nunca mostram que valem alguma coisa — disse Taraborrelli à revista *Time*, lamentando que durante o curso de sua pesquisa, cada mordomo, criada, chofer e chef quisesse 100 mil dólares pela "visão intimista" da vida privada do astro. — Escrevi sobre Diana Ross, Cher, Carol Burnett, e Roseanne Arnold, mas nunca tive essa experiência com qualquer de meus outros livros. E isso aconteceu comigo, um biógrafo. Você pode imaginar como é para ele, com seus milhões.

No fim, não foi necessariamente a aceitação de 20 mil dólares por Blanca Francia que prejudicou sua credibilidade como testemunha. Em vez disso, foi seu depoimento tomado pelo staff jurídico de Jackson, no qual ela admitiu "enfeitar" sua história para o *Hard Copy*. Sob juramento, ela admitiu que na verdade, jamais tinha visto Jackson tomar banho de chuveiro com alguém, ou nu com garotos em sua banheira jacuzzi. Estavam sempre vestidos, ao contrário da história que ela contara a Diane Dimond.

Além disso, o *Hard Copy* pode não ter sido a única fonte de mídia a pagar por sua história. Em 1997, um veterano repórter do *National Enquirer*, chamado Jim Mitteager, deixou como herança uma grande coleção de fitas que coletou para Paul Barresi.

Numa das fitas, Barresi descobriu que uma repórter da National Enquirer, chamada Lydia Encinas, estava com Blanca Francia quando a polícia chegou para interrogá-la sobre Michael Jackson no princípio de 1994. Encinas, verificou-se, atuou como intérprete, traduzindo o relato de Francia do espanhol para o inglês para a polícia.

Numa fita datada de 23 de marco de 1994, ouve-se o editor da *Enquirer*, David Perel, dizendo a Mitteager:

— A razão de Lydia Encinas estar envolvida é porque ela fala espanhol e estabeleceu um relacionamento muito bom com Blanca. Os policiais levaram Lydia ontem à casa de Blanca.

— Ela [Blanca] só tem até o sexto grau escolar, portanto há um problema ali. Blanca é muito pouco confiável... Os policiais estão procurando cópias de acordos entre Jackson e os pais.

Num certo momento, nas fitas, ouve-se Perel dando instruções a Mitteager, o que dá uma excelente percepção de até onde os tabloides se dispunham a chegar para conseguir novas sujeiras sobre Jackson.

Jim, quando entrar para negociar, fale de dinheiro grosso e não recue. Quero dizer, fale em cinquenta mil paus. Precisamos de Frank DiLeo [antigo manager de Jackson] contando tudo, por 100 mil dólares, se a gente conseguir pegá-lo. Precisamos de todas as celebridades amigas de Jackson. Qualquer coisa que digam. Cada garotinho que alguma vez foi visto com Jacko, queremos saber quem é... de onde vem... qualquer foto disponível. Vamos fazer ofertas generosas a qualquer membro da família. Precisamos chegar com dinheiro grosso. As melhores ofertas. É a maior história desde a morte de [Elvis] Presley.

Enquanto isso, duas outras ex-empregadas domésticas de Neverland se apresentaram para desacreditar as acusações de Francia, dizendo à CNN que as histórias eram inventadas.
— Acho isso ridículo — declarou Shanda Lujan, que trabalhou em Neverland por quase um ano. — Quero dizer, não tem jeito de Michael poder ter feito isso. Michael é não esse tipo de pessoa.
Francin Orosco tinha trabalhado para Jackson durante dois anos e também disse que Jackson era incapaz do tipo de comportamento do qual estava sendo acusado.
— Acho que é pura mentira. É revoltante que eles... que eles pudessem acusar alguém disso, e acho é tudo é só por dinheiro. Michael jamais faria algo assim. Nunca, jamais.
Tanto Orosco como Lujan declararam que Francia na verdade foi despedida por causa de uma má atitude, e era obcecada pelo superastro pop.
— Você podia dizer com certeza que ela estava um pouco deslumbrada com ele. [Era] muito ciumenta das outras empregadas e não queria nenhuma perto de Michael. Tinha... tinha muito ciúme envolvido ali — disse Orosco.
— Ele era excelente com crianças — acrescentou Lujan. — Quero dizer, você sabe, se... Eu acho que ele seria um pai muito bom. Quero dizer, ele é absolutamente maravilhoso com eles.

As antigas criadas disseram que suas tarefas no rancho envolviam entrar no quarto de Jackson, às vezes, mas que nunca tinham visto qualquer coisa suspeita.

O mais notável a respeito dessas declarações foi que, na ocasião de suas entrevistas, cada uma das duas mulheres não estava mais na folha de pagamento de Jackson, e não foram pagas pelas entrevistas - consequentemente, não tinham nenhum incentivo para mentir.

• • • •

O cenário no escritório de Tom Sneddon era de desespero. Durante semanas, a promotoria pública chocara-se contra uma barreira depois da outra em sua busca para indiciar Jackson. Testemunha após testemunha era interrogada por seus investigadores, um garoto atrás do outro. Cada um contava a mesma história. Nada impróprio acontecera. Seus pais diziam a mesma coisa. A busca no condomínio Century City de Jackson não havia revelado nada de valor. Tinham vasculhado Neverland com um pente fino. Mesmo assim, nada. Sneddon, porém, recusou-se a desistir. Tinha certeza de que uma testemunha apareceria com a evidência incontestável.

Num esforço para descobrir tal testemunha, os investigadores haviam se tornado cada vez mais agressivos, talvez ao ponto da desesperação.

Os pais dos antigos amigos especiais de Jackson começaram a se queixar ao advogado de Jackson, Bert Fields, dos policiais chegando em suas casas e dizendo-lhes que seus filhos haviam sido molestados pelo cantor, apesar das contínuas negativas das crianças.

Indignado, Fields fez a minuta de uma carta ao chefe de polícia de Los Angeles, Willie Williams, reclamando da tática de seus policiais.

— Estou informado de que — escreveu Fields — seus policiais contaram mentiras assustadoras e ultrajantes aos jovens, tais como "temos fotos de vocês pelados", a fim de pressioná-los a fazer acusações contra o senhor Jackson. Não existem, naturalmente, tais fotos desses jovens, e eles não têm nenhuma acusação verdadeira a fazer... Urge que o senhor ponha um fim a esses abusos. Investigue essas acusações tão a fundo quanto possível, porém o faça de uma maneira mais consistente com a honestidade, a decência comum e os altos padrões que um dia me deixaram orgulhoso do departamento [de Polícia de Los Angeles].

Um policial, Federico Sicard, admitiu depois ao advogado de Jackson, Michael Freeman, que havia mentido às crianças que ele havia entrevistado contando a elas que ele próprio foi molestado quando criança.

Mesmo com essas táticas questionáveis, nem um único jovem alguma vez sugeriu que Jackson tivesse lhe feito algo condenável.

Porém, quando Sneddon assistiu a uma notícia de última hora pela CNN, acreditou que finalmente havia encontrado aquilo que estava esperando. Numa conferência de imprensa num hotel de Tel Aviv, a irmã mais velha de Jackson, La Toya, havia acabado de acusar seu irmão de molestar crianças.

— Não posso mais permanecer como uma colaboradora silenciosa dos crimes de Michael contra crianças pequenas e inocentes — disse ela aos repórteres reunidos.

La Toya, que havia acabado de chegar a Israel com seu marido/agente, Jack Gordon, foi ferina em seus comentários.

— Se eu continuar em silêncio, então isso significa que sinto a culpa e a humilhação que essas crianças estão sentindo, e acho que isso é muito errado — declarou. Também disse que vira "prova" do envolvimento ilícito de Michael com crianças. — Vi cheques nominais aos pais dessas crianças — disse La Toya.

Não demorou muito para o resto da família de Jackson entrar na parada.

— La Toya está mentindo e eu direi a ela, na cara, que está mentindo. E ela sabe disso — mamãe Katherine Jackson respondeu, brava, numa entrevista a uma estação de TV de Los Angeles, a KCBS.

— Ela mente o tempo inteiro — o pai de Michael, Joe Jackson, esbravejou. — É assim que eles [La Toya e o marido] ganham a vida, mentindo.

Ambos acusaram o marido de LaToya, Jack Gordon, de tramarem para que ela fizesse as acusações numa tentativa de ganhar dinheiro. Katherine chamou Gordon de "vigarista" e de um "gângster" e acusou-o de bater e de fazer "lavagem cerebral" em sua filha.

La Toya havia se tornado quase uma exilada desde que se casou com seu violento agente, em 1989. Imediatamente, tinha se distanciado do resto da família e, pouco tempo depois do casamento, posou nua para a *Playboy*, resultando numa das edições de maior vendagem na história da revista.

Tom Sneddon imediatamente fez planos para tomar o depoimento de LaToya, convencido de que seu testemunho constrangedor impressionaria um júri. Porém, antes que ele tivesse a chance de fazer os arranjos, ela já havia mudado de ideia. Anunciou que só havia dito o que disse sobre o irmão sob ameaça de violência por parte do marido.

Realmente, inúmeras mídias noticiosas, inclusive a CNN, relataram que Gordon tinha sido visto negociando a história de La Toya sobre o abuso de Michael por um mínimo de 250 mil dólares.

Mesmo assim, o recuo repentino foi difícil de engolir. O pessoal de Michael teria dado um aperto nela? Será que ela recebeu dinheiro para mudar sua história? Os primeiros indícios do tormento que La Toya vinha sofrendo durante anos nas mãos de Jack Gordon surgiram quando ela deixou o marido por um curto período de tempo, em 1994. Enquanto esteve separada, ela apareceu num talk show de Londres, apresentado por Frank Skinner, que lhe perguntou sobre sua repentina reviravolta.

A princípio, ela disse que estava contratualmente obrigada a não falar sobre isso, mas depois concluiu que essa obrigação só era válida nos Estados Unidos. Sem mencionar Gordon pelo nome, abriu-se pela primeira vez.

> Eu estava sob o controle desse indivíduo, numa situação em que, se eu não fizesse ou dissesse o que ele dizia, ele me ameaçava, muitas vezes, não apenas de me matar, mas mataria meu irmão, e mataria minha irmã.
> Por mais estranho que isso possa soar, eu acreditava nesse homem porque tinha visto coisas antes, e via as coisas que podem acontecer. Não tinha escolha... [Meus irmãos disseram] que "não era ela, que ela não diria isso, alguém a estava controlando". Porém, nenhum deles realmente deu um passo à frente para tentar impedi-lo durante o tempo todo. Deram, mas ele os cortou, todas as vezes, mantendo-os longe de mim. E chegou a esse ponto em que eu sabia que ele iria me matar. Assim, telefonei para um de meus irmãos e disse: "Venha me pegar. Estou cansada desse controle. Estou cansada disso tudo."
> Basicamente, foi isso que aconteceu, ele veio, ele me resgatou. Bateu na porta e disse "vamos", e fugimos, e tomamos o avião e eu fui embora. Estava com medo de que se ele me pegasse no ato, fosse me matar. Prometeu que me mataria. Prometeu que se eu não dissesse certas coisas, ele mataria meu irmão, minha irmã. Assim, o que você faz num caso como esse? Você diz: "Não ligo, pode matá-los." Ou diz mesmo: "Bem, deixe eu fazer isso agora, e explicarei a eles depois?"

Inexplicavelmente, La Toya acabou reatando com Gordon por um período curto até que finalmente afastou-se dele para sempre quando ele tentou obrigá-la a dançar num clube de strip tease em Cleveland, em 1996.

Quando ela se recusou, a plateia insultou-a com vaias e assobios estridentes, e La Toya fugiu do clube. Quando voltou para casa aquela noite, foi cruelmente surrada.

Os procedimentos de divórcio que se seguiram forneceram um vislumbre significativo do casamento deles e parecem embasar as alegações de La Toya de que seu marido a havia obrigado a inventar histórias sobre Michael. O que começou como um relacionamento produtivo de negócios tinha degenerado bem depressa num padrão de abuso cruel, tanto emocional como físico. Gordon foi, na verdade, preso duas vezes durante o casamento por agredir a esposa. Em sua autobiografia, La Toya também declarou que o casamento em si foi ao mesmo tempo não planejado e contra sua vontade. Gordon, ela alegou, a "sacaneou", levando-a a um casamento através de uma lavagem cerebral que a fez acreditar que sua família tentaria sequestrá-la.

Apesar da breve reconciliação com Jack Gordon, ela continuou a repudiar seus comentários sobre Michael, que confirmou serem literalmente frutos de um "script" feito pelo ex-marido. E a virada de La Toya significou mais uma frustração para Tom Sneddon.

SETE

Como Tom Sneddon, eu passei um bom tempo tentando rastrear os "amigos especiais" de Michael Jackson. Quanto mais eu lia sobre as tentativas malsucedidas do promotor público, mais eu imaginava se não teriam sido as táticas tumultuadas de seus investigadores que assustaram as potenciais fontes. Talvez, eu pensei, uma abordagem mais educada e mais gentil produzisse melhores resultados.

Debruçando-me no estudo dos relatos da mídia atual e entrevistando amigos e o antigo staff, fomos capazes de localizar mais de quarenta pessoas que tinham dormido em Neverland pelo menos uma vez quando criança. Estava bem longe das duzentas que a equipe de Sneddon identificou com seus vastos recursos financeiros. Porém, assim como ele, não consegui encontrar uma única pessoa que pelo menos insinuasse que Jackson tivesse agido impropriamente. Cada uma das quarenta e duas pessoas que entrevistamos era agora adulta, a maioria com carreiras profissionais, a maior parte vivendo na Califórnia.

Porém, nenhuma concordou em ir para frente das câmeras e defendê-lo em meu documentário, exceto uma única pessoa que só concordou em aparecer se sua voz e as feições fossem disfarçadas. Esse jovem senhor, chamado Joseph, com seus trinta e poucos anos, explicou sua relutância.

— É embaraçoso — disse. — A maioria das pessoas presume que alguma coisa pervertida aconteceu, não importa o quanto eu jure que era tudo inocente. É irônico porque, na ocasião, eu me vangloriei um bocado disso, e todos os meus amigos ficaram com inveja. — Olhando para o passado, ele admite —, a coisa toda era surreal. Ali estava aquele mega, mega astro levando a gente para fazer compra, brincando de batalhas de bolhas de sabão, assistindo a filmes e jogando videogames, e tudo que eu podia pensar na ocasião é como era legal. Nunca imaginei por um segundo que houvesse alguma coisa estranha rolando. Nem minha mãe ou meu pai.

— Depois, quando toda essa coisa surgiu, meu pai ficou me perguntando vezes e vezes seguidas se ele fez alguma coisa comigo. Até mesmo queria saber se, talvez durante uma brincadeira de cócegas ou algo assim, ele poderia ter "acidentalmente" enfiado as mãos em meu pijama. Não houve nada parecido com isso. Michael era apenas aquele menino crescido, grande demais.

Joseph diz que seu único pesar a respeito de seu tempo com Jackson é que foi difícil de aceitar que tudo chegou a um fim.

— Ele meio que parou de mandar buscar a gente num certo momento, e eu me lembro de ficar muito triste por um bom tempo, um tipo de um retraimento, embora ele mandasse ótimos presentes pelo meu aniversário por uns dois anos depois disso.

Eu já havia me encontrado com um dos mais famosos amigos especiais de Jackson, Macaulay Culkin, porém, quando estava pesquisando a localização das crianças, percebi que conhecia uma delas.

Eu estava trabalhando num projeto dissociado com Sean Lennon quando topei com uma grande quantidade de artigos de jornais de um período em que ele e Michael eram inseparáveis. Lennon, na verdade, apareceu no filme de Jackson, *Moonwalker*, quando tinha treze anos, embora visitasse Jackson com frequência desde que tinha oito. Eu não tinha certeza de como ele reagiria se eu levantasse o assunto, mas os olhos de Sean se iluminaram quando mencionei Jackson. Em seu amplo loft no Soho, onde eu trabalhava num projeto de vídeo para sua namorada, casualmente perguntei a ele sobre aqueles dias.

— A gente costumava se divertir pra valer — ele me contou.

Fiquei relutante em levantar a questão do abuso sexual de crianças, mas, na verdade, foi Sean que terminou abordando o assunto.

— É engraçado — disse. — As pessoas que pensam que Michael é um pervertido sempre presumem que ele comprou as famílias das crianças que molestou. Você ouve isso o tempo todo. Dizem que ele deve ter assinado um milhão de dólares em cheque para todas as crianças que ameaçaram aparecer. Mas olhe para mim. Eu fui uma dessas crianças de quem ele foi amigo quando pequeno. Posso ter passado mais tempo com ele que quase qualquer outro. Tenho visto todos os tipos de pessoas surgirem em público para especular se ele abusou de mim. Mas creio que minha família é, na verdade, mais rica que ele. Assim, seria uma infantilidade e tanto tentar me comprar ou comprar minha mãe. É ridículo. De jeito nenhum Mike é um molestador de crianças. Deduza isso por mim. Eu conhecia as crianças que ele conhecia. Eu saberia se algo estranho estivesse acontecendo.

Não era muito diferente daquilo que Culkin havia me dito, mas Lennon realmente me disse uma coisa que eu nunca tinha ouvido antes.

— Não eram só meninos, sabe. Havia meninas por lá também, e não apenas as irmãs.

Isso me pegou de surpresa. Um dos temas recorrentes na cobertura das acusações contra Jackson era que ele escolhia apenas garotos para serem seus amigos especiais. De vez em quando, as pessoas se questionavam por que ele nunca teve amigos que fossem meninas. Lembro-me de ficar um pouco invocado com isso.

— Ele é um gay pedófilo — Mark Quindoy havia dito em sua conferência de imprensa em Manila. — Sempre se rodeou de meninos.

E, pouco depois de La Toya levantar suas acusações contra Michael, seu marido Jack Gordon deu uma entrevista à CNN onde também acusou o cunhado de ser um homossexual pedófilo.

— Eu via os meninos constantemente andarem pela casa — disse Gordon. — Nunca vi meninas. E eu costumava me perguntar: "Por que há meninos aqui e não há meninas?" Nunca obtive uma resposta.

Em seu corrosivo artigo de setembro de 1995 para a *Vanity Fair*, "The Jackson Five", Maureen Orth também nota a ausência de garotas na vida de Jackson.

— Investigadores que contataram aproximadamente quatrocentas testemunhas dizem que ninguém encontrou uma única menina que fosse convidada para se deitar com Jackson. Ele dormia apenas com meninos — escreveu Orth, que regularmente expunha as vísceras de Jackson na imprensa.

De acordo com Lennon, Jackson era muito tímido com garotas, como um "adolescente desajeitado". Porém, ocasionalmente, ele topava com uma e a convidava para passar a noite em sua casa.

Durante o curso de minha investigação, encontrei quatro dessas garotas. Uma delas, Allison V. Smith, é agora uma fotógrafa reconhecida mundialmente que tira fotos para o *The New York Times*, o *Esquire*, e o *The New Yorker*, entre outros. É também herdeira da fortuna da loja de departamento de luxo Neiman Marcus como neta do falecido Stanley Marcus, lenda do varejo.

— Durante o julgamento [de 2005, de abuso sexual infantil], continuavam falando sobre todos os meninos que dormiam em sua cama. Bem, sou uma garota, e dormi na cama de Jackson quando era pequena. O promotor deve saber que havia garotas por lá, mas nunca mencionou isso — disse, acrescentando que sua amizade com Jackson era "muito divertida", mas que não gosta de falar sobre isso publicamente.

— Fiquei tentada em me oferecer como testemunha de defesa — recordou-se —, mas não confiava no circo da mídia.

Em 1993, conforme o caso de Jordan Chandler dominava as manchetes, o apresentador de talk show dos Estados Unidos, Geraldo Rivera, encenou seu próprio julgamento simulado em rede nacional, na qual testemunhas reais foram chamadas para expor o caso a favor e contra Michael Jackson na frente de um júri. Entre os momentos mais comoventes do julgamento, estava o testemunho de uma garota de dezessete anos chamada Amanda Porter, que tinha sido uma "amiga especial" de Jackson desde os onze. O advogado de defesa era o importante advogado de Nova York, Raoul Felder, que havia acabado de chamar a mãe de Amanda, Carol Nilwicki, para o banco das testemunhas.

Rivera: [*Narração*] Quando conversamos pela última vez, o conselheiro da defesa de Michael Jackson chamou uma dona de casa de Saint Louis, Carol Nilwicki. Carol está aqui na corte com Mandy, sua... sua filha. Conselheiro?
Felder: Carol, você é mãe de Mandy, correto?
Nilwicki: Sim.
Felder: Deixe-me levar sua mente de volta, seis anos atrás, a Saint Louis, num dia muito frio. Você se recorda?
Nilwicki: Eu me recordo.
Felder: Vinte dois graus abaixo de zero. O que você estava fazendo nesse dia?
Nilwicki: Estava de pé na fila esperando para pegar os ingressos de Michael Jackson.
Felder: E conseguiu algum ingresso?

Nilwicki: Não.
Felder: Ok. Agora, vamos deixar você lá, e poderíamos pedir para Mandy aparecer? Porque ela entra nesta história.
Rivera: Tudo bem. Mandy Porter. Mandy, a filha adolescente de Carol, é uma mocinha que sofre de uma doença — não sei o nome latino — mas o resultado final é que Mandy está perdendo a visão, eu creio, em ambos os olhos. Era uma condição da qual Michael Jackson estava ciente. Conselheiro?
Felder: Carol, então você não conseguiu os ingressos. O que aconteceu depois disso?
Nilwicki: Fui para casa e ela estava parada no alto da escada toda empolgada. [Ela perguntou] "Conseguiu meus ingressos?"
Felder: Sim.
Nilwicki: E eu fiquei meio... Não. E ela disse: "Bem, se Michael souber de tudo isso, vai ficar realmente chateado".
Felder: O que... o que ela fez?
Nilwicki: Eu tenho um amigo que estava em casa na hora, e ele fez uma gravação de vídeo. Três dias se passaram. Eu toquei a vida em frente e fui à igreja aquela noite. E, quando voltei pra casa, eu a encontrei de pé no alto da escada, e foi dizendo logo de saída. "Meu amigo Mikey telefonou". E eu fiquei meio, "Bem, que ótimo, querida". E meu marido estava parado lá. Ele disse que Michael Jackson tinha telefonado, deixando uma mensagem para nós — para Amanda — na secretária eletrônica. E eles ficaram amigos. Começaram a conversar por telefone. Ele falou com meu marido e comigo mesmo para pedir permissão.
Felder: Ele pediu sua permissão para conversar com sua filha?
Nilwicki: Michael é sempre respeitoso.
Felder: Sua filha tem alguns problemas de saúde. Michael alguma vez a ajudou?
Nilwicki: Sim, Michael tem ajudado com as receitas médicas.
Felder: Ok. Ela ainda tem amizade com Michael?
Nilwicki: Oh, sim.
Felder: Antes que eu faça a ela umas duas perguntas, você tem um garotinho, não tem?
Nilwicki: Sim, tenho.
Felder: Quantos anos tem esse garoto?

Nilwicki: Sete.
Felder: Você teria algum problema em deixar que Michael tomasse conta desse garoto ou saísse com esse garoto?
Nilwicki: Eu confiaria a Michael Jackson a vida de meu filho.

Conforme o tribunal simulado prosseguia, ficou claro que Jackson seria isentado de todo e qualquer delito. O promotor tentou, sem sucesso, condenar Jackson, embora se tornasse cada vez mais evidente que Jackson era a vítima de falsas acusações. No final da transmissão, o júri declarou Jackson inocente.

• • • •

Em agosto de 1993, dois oficiais de polícia de Los Angeles encontraram-se com June Chandler Schwartz para discutir as acusações do filho dela contra Jackson.

June ainda acreditava que Jackson era inocente das acusações porque nunca viu nada nem ligeiramente suspeito durante todo o tempo em que Jackson e Jordan estavam juntos. Mudou de ideia depois de ouvir o que os oficiais lhe contaram aquela tarde.

De acordo com o advogado dela, Michael Freeman, que estava presente à reunião, eles (os oficiais) admitiram que contavam somente com um garoto, mas disseram:

— Estamos convencidos de que Michael Jackson molestou este garoto porque ele se encaixa perfeitamente no perfil clássico de um pedófilo.

— Não existe essa coisa de perfil clássico. Eles cometeram uma tolice completa e um erro ilógico — declara o Dr. Ralph Underwager, um psiquiatra de Minneapolis que tem tratado de pedófilos e vítimas de incesto desde 1953.

— "Puseram as mãos" em Michael Jackson por causa de "conceitos equivocados" como esse, que tiveram permissão de exibir como fato numa era de histeria — Underwager disse à revista GQ.

— Acho esse caso suspeito precisamente porque a única evidência veio de um só garoto. Isso seria altamente improvável. Pedófilos reais têm uma média de 240 vítimas em sua existência. É um distúrbio progressivo. Nunca ficam satisfeitos.

Realmente, encontrei estudos alegando que o número de vítimas do pedófilo médio que abusa de garotos é de mais de 280, embora outros coloquem o patamar em 150. Porém, com o enorme acesso que

Jackson tinha a crianças, certamente esse número teria sido muito mais alto em seu caso.

Por que Tom Sneddon ou eu mesmo não pudemos encontrar uma única outra vítima? Por que não emergiram da obscuridade como as vítimas dos padres católicos romanos depois que o escândalo de abuso sexual atingiu a Igreja?

Para seu livro de 2005, sobre o caso, Diane Dimond entrevistou um agente do FBI chamado Ken Lanning, que escreveu uma norma do Bureau chamada *Child Molesters: A Behavioural Analysis* (Molestadores de Crianças – Uma Análise Comportamental). Ela perguntou como um múltiplo molestador poderia assegurar-se de que todos ficariam quietos, e Lanning respondeu:

> Em um dia qualquer, o pedófilo está tentando fazer quatro coisas: está recrutando, seduzindo, molestando e – para ser franco – livrando-se de pessoas indesejáveis. Em outras palavras, ele recruta a criança, ele seduz a criança, ele molesta a criança e, depois, num determinado ponto, a criança fica muito velha e, portanto, ele quer que a criança vá embora... para pegar sua próxima vítima. A parte difícil é quando você termina com a criança, e a criança começa a sentir e pensar... a única razão de esse cara ter sido legal comigo e fazer todas aquelas coisas maravilhosas para mim é porque eu era uma criança... E assim que eu perdi essa aparência e característica de criança, ele não está interessado mais em mim. E é quando surgem as ameaças, a chantagem, a violência; a ameaça de violência pode entrar em jogo como parte do esforço de manter agora aquela criança quieta.

Como sem dúvida era intenção de Dimond, ao citar a descrição de Lanning, algumas das atitudes eram semelhantes às que eu já conhecia sobre o modus operandi de Jackson com seus amigos especiais. Ele, por certo, tinha por hábito livrar-se desses amigos quando ficavam muito velhos. Porém, por outro lado, pensei, por que eles não o procurariam mais tarde, farejando um gigantesco cheque, quando chegavam à idade adulta e se davam conta de que tinham sido usados da maneira que o agente do FBI descreveu?

Será que Jackson realmente se encaixava no resto do perfil, se é que alguém sabia que isso existia?

O Departamento de Justiça dos Estados Unidos identificou 25 características comportamentais e indicadoras de um pedófilo:

1. Normalmente um adulto do sexo masculino, porém algumas mulheres também abusam sexualmente de crianças
2. Com frequência ele ou ela é uma vítima de abuso sexual infantil
3. Procura por crianças do grupo de idade que tinha quando foi vitimado
4. Normalmente casado e trabalhador dedicado
5. Empregado dentro de uma ampla classe de ocupações
6. Normalmente membro bastante estimado e respeitado da comunidade
7. Muitas vezes, bem educado e frequentador regular de igreja
8. Relaciona-se melhor com crianças que com adultos
9. Alguns preferem garotos, alguns preferem meninas
10. Normalmente prefere um grupo específico de idade de crianças
11. Tira e coleciona fotografias de vítimas quando vestidas, nuas ou em poses sexuais
12. Coleciona pornografia adulto-infantil
13. Procura reduzir as inibições das vítimas potenciais
14. Comparece regularmente a eventos de crianças na comunidade
15. É voluntário em organizações de jovens
16. É treinador de esportes infantis
17. É acompanhante em camping ou passeios noturnos
18. Frequenta casas de jogos eletrônicos, playgrounds ou shoppings
19. Oferece serviços de babá
20. Procura empregos onde crianças são facilmente acessíveis
21. Faz amizade com pais, principalmente mães solteiras, para ter acesso às crianças
22. Participa de jogos de internet com crianças
23. Faz parte de redes sociais em sites da Web, como MySpace, Facebook, ou outra mídia social
24. Torna-se pai adotivo
25. Procura oportunidades de emprego onde crianças são facilmente acessíveis.

E, embora Jackson só se encaixe em algumas dessas categorias, especialistas em pedofilia também identificam que molestadores infantis atraem crianças para dentro de seu mundo. É essa categoria que parece aplicar-se mais intimamente a Jackson.

— Molestadores de crianças são "profissionais da malandragem", manipulando crianças com vários "métodos de preparação", de forma a criar um vínculo especial de cordialidade e confiança — escreve a escritora freelancer Lin Burres. — Isso pode envolver uma prodigalidade em atenção e presentes, dinheiro, álcool ou drogas, toques ou cócegas de brincadeira, tudo num esforço de criar uma atmosfera de manter segredo. É importante notar que a maioria das vítimas de abuso sexual infantil não conta que foi sexualmente abusada, mesmo quando perguntada diretamente por um pai ou outras figuras de autoridade.

Respondendo se o próprio Michael Jackson se encaixava no perfil, a psicóloga clínica Nicholas Groth declarou:

— O que vemos no padrão de um ofensor fixado é que ele parece entender-se bem com pessoas significativamente mais velhas que ele e aquelas que são mais jovens. Tem uma significativa ausência de pares. Mora mais no mundo da infância que no mundo adulto.

E quando o sexo é homossexual, diz Groth, coautora do livro *Sexual Assault of Children and Adolescents* (Assédio Sexual a Crianças e Adolescentes), o ofensor é com frequência homofóbico.

— Em vez de ver um garoto como homossexual, ele tem uma identificação narcisista.

Porém, mesmo que as acusações contra Michael Jackson sejam verdadeiras, isso não significa de todos os seus feitos de bondade para com as crianças sejam motivados simplesmente pela intenção de seduzi-las. Ele certamente tem um amor sincero pelas crianças, que vai além de qualquer interesse sexual.

• • • •

Ao montar seu caso contra Jackson, Tom Sneddon não poderia contar com esse tipo de estudo muito subjetivo sobre o que constitui um molestador infantil. Porém, sabia que a defesa recorreria sem dúvida a estudos de sua própria escolha. Em seu artigo de certa forma tendencioso de 1994 para a revista GQ "Was Michael Jackson Framed?" (Michael Jackson caiu numa Armação?), Mary Fischer cita um estudo do Departamento de Serviços Humanos e de Saúde dos Estados Unidos, cujos dados mostram que muitas alegações de abuso infantil — 45% daqueles registrados em 1990 — comprovam-se infundadas.

Sendo eu mesmo pai de uma criança, julgo a citação desse tipo de estatística preocupante por duas razões. Primeira, pode resultar nas pessoas duvidando de crianças quando aparecerem alegando que foram molestadas. O abuso sexual infantil é um crime muito grave, e as crianças deveriam ser levadas a sério quando têm coragem suficiente para relatar o fato. Segunda, acho difícil de acreditar que os números sejam tão altos.

Por outro lado, molestadores acusados têm direitos legítimos e precisam ser protegidos contra falsas queixas de abuso, quando ocorrem. Resolvi fazer algumas pesquisas. O que descobri é que grupos dos direitos dos pais assumiram por muitos anos um hábito de interpretar intencionalmente de maneira incorreta a incidência de queixas falsas de abuso infantil. Muitas vezes isso envolve avaliar a incidência de queixas "infundadas" e interpretá-las como falsas, o que não é a mesma coisa, afinal. Na verdade, comprovar o abuso infantil ocorrido é muitas vezes muito difícil, ausentes as evidências físicas.

Não se questiona que ocorram realmente acusações falsas de abuso infantil principalmente em casos de divórcio e de guarda, quando um dos pais coage uma criança a apontar a arma de uma queixa falsa de abuso infantil contra o outro. Porém, de acordo com estudos mais confiáveis, a taxa atual de falsas acusações está mais ou menos entre dois a dez por cento, dependendo da metodologia e da jurisdição. Nunca localizei o estudo verdadeiro a que Fischer se refere em seu artigo, mas tenho certeza de que ela distorceu seus achados.

Alguns grupos gostam de citar um estudo canadense de 1999, elaborado por dois pesquisadores da Universidade Queen, que examinaram os julgamentos da vara de família canadense que tratavam de acusações de abuso sexual e físico no contexto de separação parental durante um período de dez anos.

Em 46, de 196 casos considerados (23% de todos os casos), os juízes acharam no "equilíbrio de probabilidades" (o padrão civil de prova) que o abuso ocorreu. Contudo, em 89 casos separados, o juiz fez uma avaliação de que a acusação era infundada, embora em 61 casos houvesse evidência de abuso, embora nenhum achado de que o abuso ocorreu. Em 45 de 150 casos em que o abuso não foi comprovado (30 por cento dos casos), o juiz considerou que a alegação foi intencionalmente falsa. Porém, num estudo canadense mais abrangente de 2003, citado pelos mesmos pesquisadores, foram coletados relatos de assistentes sociais para o bem-estar infantil sobre as características de crianças e famílias investigadas por suas agências. Estudando todos os relatos de abuso e negligência infantil feitos por agências de proteção à criança — 11.562 ao todo — 49 % foram vistos como substanciados pelo assistente que conduzia a investigação, 13% considerados suspeitos, 27% infundados, porém feitos de boa fé, e apenas 4% foram considerados como intencionalmente falsos. Esse e inúmeros outros estudos desmascaram o mito de que existe uma alta porcentagem de queixas falsas de abuso infantil.

Apesar disso, sabendo como as estatísticas podem ser manipuladas e usadas facilmente para consubstanciar qualquer ponto de vista, Tom Sneddon quis ampliar suas chances. Em consulta ao advogado dos Chandlers, Larry Feldman, Sneddon conseguiu que Jordan voasse para Nova York para ser entrevistado pelo Dr. Richard Gardner, considerado uma das mais importantes autoridades da América em acusações falsas de abuso infantil.

Gardner, um professor de psiquiatria clínica na Universidade de Columbia, sentou-se com Jordan para uma extensa entrevista gravada em fita. Os resultados dessa gravação, que foram mais tarde vazados pelo tio de Jordan e que eu obtive recentemente, são intrigantes e muito reveladores. Num certo ponto, depois de uma longa conversa sobre os detalhes do abuso, Gardner quer saber sob que circunstâncias Jordan chegou a contar o fato ao pai.

Gardner: Como seus pais souberam disso?
Jordan: Acho que, depois de... que Michael e eu ficamos... aquela noite.
Gardner: Onde?
Jordan: Na casa de meu pai, durante os exames finais. Ele viu que, ah, não era um relacionamento saudável para mim.
Gardner: O que ele observou diretamente em termos das atividades sexuais?
Jordan: Nada de atividades sexuais.
Gardner: Ele não viu atividades sexuais? Mas, houve atividades sexuais?
Jordan: Houve, mas ele não viu.
Gardner: O que ele viu?

Jordan:	Viu Michael e eu tendo quase a mesma personalidade, os mesmos interesses, o mesmo jeito de falar.
Gardner:	Quando você fala em personalidade semelhante...
Jordan:	Tipo assim, eu agia como ele.
Gardner:	Você se percebeu fazendo isso conscientemente?
Jordan:	Não.
Gardner:	Tomou uma decisão ou apenas aconteceu?
Jordan:	A coisa apenas meio que aconteceu. Assim, quanto mais a gente ficava junto, a personalidade e o jeito dele de falar e tudo mais grudava em mim. E, pelo jeito, ele... papai... me viu sozinho uma vez na Cody's, na formatura em educação infantil, e me disse: "Você e Michael mentiram para mim", e parecia que ele sabia o que estava rolando, sem na verdade dizer o que acontecia.
Gardner:	Então, seu pai suspeitava. É isso o que está dizendo?
Jordan:	É. E disse numa voz brava, séria, não gritando.
Gardner:	Estava conversando com você sozinho ou...
Jordan:	Sozinho.
Gardner:	Quando isso aconteceu?
Jordan:	Eu, ah, pouco antes da formatura de minha escola.
Gardner:	Isso foi em maio ou em junho?
Jordan:	Junho.
Gardner:	E aí, o que você disse então?
Jordan:	Eu não disse. Ele não me perguntou: "O que você e Michael faziam juntos?"
Gardner:	A propósito, voltando atrás, ele disse: "É um segredo?"
Jordan:	Michael?
Gardner:	Sim. Com relação a isso, ele fez alguma ameaça?
Jordan:	Acho que pode ter falado tipo assim, se você contar, se as pessoas disserem "Não se preocupe, só nos conte, Michael irá para a cadeia, e nada vai acontecer comigo... com você". Ele disse que não era verdade e que eu poderia, ah, ir para uma instituição juvenil ou algo assim.
Gardner:	Que ele poderia ir para a cadeia, mas que você iria para uma casa de correção juvenil?
Jordan:	Alguma coisa parecida com isso.
Gardner:	Que ele mesmo poderia ir para a cadeia?
Jordan:	Não me lembro exatamente Quase dou como positivo, porém, que ele disse alguma coisa sobre instituição juvenil.

	Quase digo positivo que ele disse isso, mas o que me lembro mesmo é que ele disse que ele iria para a cadeia e que, ah, eu não ia escapar numa boa.
Gardner:	Você acreditou nisso?
Jordan:	Bem, eu não acreditei nem um pouco na ocasião e de jeito nenhum acredito agora. Mas, na hora, eu não acreditei mesmo, mas disse, ok, tanto faz, e concordei.
Gardner:	Ora, vejamos. Quando seu pai o confrontou pela primeira vez, o que você disse?
Jordan:	Bem, ah... foi uma coisa de assustar, quando ele estava conversando comigo e disse: "Você mentiu para mim, e Michael também". E eu disse... eu estava assim, muito nervoso. E ele disse: "O que você faria se eu dissesse que não quero que você vá à turnê?" Porque eu deveria estar na turnê com ele agora. Ele está em turnê.
Gardner:	Hum, hum.
Jordan:	A gente estava planejando sair em turnê. E eu disse, ah, "eu iria de qualquer jeito, eu acho, porque não sei de nenhuma razão válida que você tenha", eu disse ao meu pai.
Gardner:	Você ainda queria ir à turnê?
Jordan:	Sim, o tempo todo.
Gardner:	Por que isso?
Jordan:	Porque eu estava me divertindo. Na época, as coisas que Michael fazia pra mim, elas não me afetavam. Tipo, eu não queria pensar que alguma coisa estava totalmente errada com o que ele estava fazendo, já que ele era meu amigo, e continuava me dizendo que nunca me magoaria. Mas, hoje em dia, vejo que ele estava mentindo, óbvio.
Gardner:	Você está dizendo que não percebeu que isso o magoaria? É o que está dizendo?
Jordan:	Eu não via nada errado com isso.
Gardner:	Vê algo de errado nisso agora?
Jordan:	Claro.
Gardner:	O que está errado?
Jordan:	Por que ele é adulto, e está usando sua experiência, sua idade, manipulando e coagindo gente mais jovem que não tem tanta experiência quanto ele e não tem a capacidade de dizer não para alguém poderoso assim. Ele está usando

	seu poder, sua experiência, sua idade, seu domínio para obter o que quer.
Gardner:	Tudo bem, então, você finalmente contou ao seu pai. Quem foi o primeiro adulto a quem você contou?
Jordan:	Meu pai.
Gardner:	Quantas vezes ele teve de perguntar a você antes que você lhe contasse?
Jordan:	Uma vez.
Gardner:	A primeira vez que ele perguntou, você lhe contou?
Jordan:	Bem, veja, na formatura, ele disse: "Vocês, garotos, estão mentindo para mim, e foi isso, ele não me fez qualquer pergunta.
Gardner:	E o que você disse?
Jordan:	Eu disse apenas: Hum? - como se eu não soubesse.
Gardner:	Você o fez acreditar que não sabia do que ele estava falando?
Jordan:	Certo. E depois ele exigiu que eu ficasse em sua casa, porque ele sabia que as coisas estavam erradas. E ele, tipo assim, eu estava com minha mãe e Michael, e ele exigiu que eu ficasse em sua casa. Então eu fui pra casa dele, e ele disse "só por uma semana e depois você pode voltar". E eu realmente comecei a gostar de lá. E ele teve de extrair meu dente uma hora, ah, enquanto eu estava lá. E não gosto de dor, e assim eu disse, poderia me pôr pra dormir? E ele disse, claro. Então seu amigo me pôs pra dormir; ele é um anestesista. E, ah, quando acordei meu dente estava arrancado, e eu estava bem — um pouco tonto, mas consciente. E meu pai disse... e seu amigo foi embora e era só ele e eu — e meu pai disse: "Eu só quero que você me diga, aconteceu alguma coisa entre você e Michael? E eu disse: Sim, e ele me deu um grande abraço e foi isso.
Gardner:	Tudo bem, então, você finalmente contou a seu pai. Quem foi o primeiro adulto a quem você contou?
Jordan:	Meu pai.
Gardner:	Quantas vezes ele teve de perguntar a você antes de você lhe contar?
Jordan:	Uma.
Gardner:	Da primeira vez que ele perguntou, você lhe contou? E nunca deu os detalhes a ele?

Jordan:	Não.
Gardner:	Agora, quando você divulgou isso? Quando contou a ele? Em que mês?
Jordan:	Julho. Acho que foi em julho. Lembro disso porque estava bem perto do aniversário da minha irmã, que é em julho.

Ouvindo a conversa toda em detalhe [veja o Apêndice], é difícil acreditar que Evan Chandler pudesse ter implantado tantos detalhes na memória de seu filho enquanto ele estava sob a influência do amobarbital.

O que me intrigou, contudo, foi o quanto o relato de Jordan ao psiquiatra difere do próprio relato de seu pai sobre o mesmo incidente na cadeira de dentista. Jordan disse ao Dr. Gardner que seu pai simplesmente lhe perguntou, quando ele acordara da sedação, se algo tinha acontecido alguma vez entre ele e Michael. Porém, de acordo com o próprio relato de Evan Chandler, houve muito mais na conversa.

> Quando Jordie saiu da sedação, pedi que me contasse sobre Michael e ele. Eu [falsamente] lhe disse que tinha colocado escutas em seu quarto, e sabia de tudo de qualquer forma, e que só queria ouvir isso dele... Disse-lhe para não ficar constrangido... eu sabia sobre o beijo e a masturbação e o sexo oral. Isso não é sobre eu ter descoberto alguma coisa. É sobre mentir. Se você mentir, então, vou acabar com ele [Jackson].

De acordo com Evan, Jordan não respondeu por mais de uma hora durante a qual ficou sentado ponderando sobre as palavras do pai em silêncio. Então, Evan retomou o interrogatório.

Evan:	Vou tornar isso muito fácil pra você. Vou lhe fazer uma única pergunta. Tudo que tem a dizer é sim ou não.
Jordie:	Prometo.
Evan:	Jordie, alguma vez eu menti a você em sua vida inteira?
Jordie:	Não.
Evan:	Bem, eu nunca vou mentir.
Jordie:	Você não vai machucar Michael, certo?
Evan:	Prometo.

Jordie: Não quero que ninguém mais saiba algum dia. Prometa que não vai contar pra mais ninguém.
Evan: Prometo.
Jordie: Qual é a pergunta?
Evan: Alguma vez Michael Jackson tocou seu pênis?
Jordan: (ainda hesitando) Sim.

Ao final de sua entrevista com Jordan, o Dr. Gardner – que morreu em 2003 – concluiu que o garoto estava dizendo a verdade, embora incerto se ele teria chegado à mesma conclusão se soubesse sobre o amobarbital.

OITO

Em 23 de novembro de 1993, o advogado de Jackson, Bert Fields, assumiu uma atitude incomum e arriscada. Apresentou-se diante do juiz do condado de Los Angeles e exigiu um adiamento da ação civil de Jordan Chandler, alegando que um júri de Santa Barbara estava prestes a indiciar Jackson por acusações de ordem criminal. Fields argumentou que já que uma ação criminal parecia iminente, o processo civil deveria ser protelado porque Jackson arriscava-se a incriminar-se durante o julgamento.

— Meritíssimo, o senhor tem um promotor de justiça postado em Santa Barbara, prestes a indiciá-lo. O senhor não pode chegar muito mais perto de um indiciamento do que com um júri reunido lá — disse.

Na verdade, nenhum indiciamento assim estava em andamento porque nem Tom Sneddon nem o promotor de justiça de Los Angeles, Gil Garcetti, haviam descoberto ainda evidências suficientes para comprovar a história de Jordan. A equipe de Jackson, porém, não tinha meios de saber disso na ocasião. Mais tarde, naquele dia, outro advogado de Jackson, Howard Weitzman, voltou atrás dizendo aos repórteres que soube de um boato de que haviam sido emitidas intimações judiciais, mas que, ele, evidentemente, estava mal-informado.

— Acho que o senhor Fields equivocou-se, talvez porque eu tenha passado a informação muito às pressas — disse Weitzman. — Não tenho ideia se existe um júri sendo convocado, na verdade, e vai examinar evidências. O que eu disse é que estavam sendo emitidas intimações judiciais.

Na mesma semana, os problemas legais de Jackson se avolumaram quando cinco ex-guardas de segurança que haviam trabalhado na propriedade de sua família, Hayvenhurst, entraram com uma ação contra ele alegando terem sido despedidos porque sabiam de suas "visitas noturnas a garotos".

Curiosamente, o grupo de guardas entrou com a ação judicial de rescisão trabalhista por motivo injusto só depois que o caso de Jordan Chandler tornou-se público, embora todos tivessem sido despedidos em fevereiro de 1993, meses antes.

Na ação judicial, alegaram terem sido despedidos pela assistente administrativa de longa data de Jackson, Norma Staikos, e que, depois que foram embora, Pellicano e os advogados de Jackson, tentaram "obstruir, impedir e se possível evitar qualquer investigação ou inquérito tratando de acusações de que Jackson houvesse molestado sexualmente quaisquer garotos".

Os guardas declararam que durante o tempo em que trabalharam em Hayvenhurst tinham visto Jackson levar mais de trinta garotos para passar a noite em seus aposentos particulares, às vezes de madrugada.

— Passavam a noite lá. A maioria deles passou a noite. Alguns deles foram embora... Nunca vi uma pessoa adulta, mulher ou homem, que ficasse durante toda noite — disse um dos guardas, Leroy Thomas, deixando implícito que os cinco haviam sido despedidos porque sabiam demais a respeito desses pernoites.

Porém, mesmo Diane Dimond reconheceu depois a escolha incomum do momento para aquela ação, escrevendo: "Quase um ano depois de terem ido embora, os guardas estão alegando que a rescisão tem algo a ver com um escândalo que nem mesmo tinha vindo à tona ainda". Isso não impediu Dimond de exibir a história dos guardas durante todo o *Hard Copy* e realizar entrevistas com Thomas e seu antigo supervisor, Morris Williams.

— Eu realmente nunca vi Michael abusar de um garoto, entende? — Thomas disse no programa. — E estou dizendo que nunca estive em seu quarto com ele e um garoto, portanto não sei o que se passa em seu quarto. E... mas, na medida em que se olha para um homem adulto com um garoto, numa banheira jacuzzi, os dois sentados ali, isso faz pensar, ah, por que você haveria de querer fazer isso?

Thomas declarou que Jackson muitas vezes solicitava a ajuda dos guardas para manter as crianças longe da vista dos pais de Jackson, que também viviam em Hayvenhurst.

— [Jackson] Mandava manter o garoto na casa de guarda até que os pais ou irmãos [de Jackson] fossem embora. Então, pedia — se eles já tinham se recolhido para dormir e se seu irmão fora embora, e eu dizia sim —, então ele chamava e pedia... pra levar o garoto lá em cima, ao seu quarto.

Williams disse que Jackson "talvez sentisse que sua família criticava o fato de ele ficar rodeado de garotos, e talvez estivesse cansado de ouvir isso. Essa poderia ser uma das razões para que ele telefonasse primeiro e se certificasse de que ninguém estava lá".

Embora a maioria de seus relatos fosse entremeada de insinuações, Thomas levou as acusações mais além quando alegou que Jackson uma vez havia lhe pedido para pegar uma fotografia Polaroid de um garoto nu do banheiro do cantor e destruí-la.

De acordo como relato do guarda, ele perguntou a Jackson, uma noite, se havia alguma tarefa em que poderia ajudar. O cantor disse:

— Ok, quero que você faça uma coisa pra mim. Quero que suba as escadas. — Eu tinha um telefone sem fio. Subi as escadas e ele disse: — Está aí em cima? — E eu disse: — Estou aqui em cima. — Ele disse: — Quero que olhe no fundo da geladeira. Tem uma chave. Quero que vá até o banheiro que fica à sua direita. — Eu fui até o banheiro. Ele disse: — Quero que pegue essa foto. Tem uma foto aí, quero que a pegue.

Thomas declarou que a foto em questão era um instantâneo de perfil de um garoto nu, pré-adolescente, de cabelos louros. A foto estava no espelho, explicou.

— Então a peguei e olhei e fiquei assim... Oh, puxa. — Ele disse. — Você a pegou? — Eu disse: — Sim. — Ele disse: — Quero que a destrua.

Contudo, não dá para rasgar fotos Polaroids.

— Bem, você sabe, eu arranquei o lado de trás da foto, a frente era mole — recordou-se. — Então, sim, eu destruí a foto e ele me disse para colocar a chave de volta e trancar a porta. Ficou falando o tempo comigo pelo telefone. Na hora, não vi nada de errado nisso. Quando você é de um país como eu sou, não se toca que coisas assim sejam ilegais ou ruins. Em meu país, uma pessoa nua ou uma criança nua não é nenhuma novidade. As crianças andam pela Jamaica até os dez ou onze anos sem roupas. É uma coisa natural.

Para várias pessoas, a história de Thomas era improvável. Além da descrição ridícula e completamente imprecisa da atitude dos jamaicanos em relação a crianças nuas [seis diferentes jamaicanos a quem perguntei disseram que nada poderia estar mais longe da verdade a respeito de seu país], por que Jackson seria descuidado e estúpido o bastante para alertar um guarda da segurança para a existência de tal foto, quando ele mesmo poderia tê-la destruído facilmente?

Quando veio à tona que o grupo de guardas recebera cerca de 100 mil a 200 mil dólares por pessoa por suas histórias pelo *Hard Copy*, a credibilidade deles ficou ainda mais abalada, embora Dimond alegasse que as negociações sobre preço aconteceram sem ela e que nunca soubera exatamente quanto tinham recebido pelos relatos.

A ação judicial dos guardas foi depois rejeitada pelo tribunal porque eles assinaram um acordo abrindo mão do direito de processar, embora o mérito das queixas nunca fosse julgado num tribunal de justiça.

• • • •

Enquanto isso, nos bastidores, fermentava uma batalha entre a equipe de defesa de Jackson. Pouco depois de Bert Fields ter anunciado, equivocadamente, que era iminente um indiciamento, ele abandonou o caso. Desde que Howard Wetzman se juntara à equipe, as discussões sobre a estratégia legal tinham assumido um tom diferente.

Fields, e seu investigador, Pellicano, queria brigar com unhas e dentes contra as acusações. Estava determinado a partir para a ofensiva e retratar Chandler como um extorsionário e Jackson como uma vítima. Argumentava que era preciso levar Jackson à frente e concentrar-se em mostrar que ele estava disposto a se levantar e enfrentar as acusações das quais tinha sido injustamente acusado. Desde o momento em que entrara no caso, Weitzman só falava em acordo.

Quando Fields e Pellicano abandonaram o caso, deixaram claro que não concordavam com a direção que Weitzman havia tomado. Os dois estavam convencidos de que Jackson seria inocentado em julgamento e que um acordo era equivalente a uma admissão de culpa na cabeça do público. O que isso faria à carreira do astro?

Com Fields fora do caminho, foi Weitzman — agora na plena condução da defesa — que chamou Johnnie Cochran, de olho num potencial julgamento na esfera criminal.

Apesar de várias manobras, a equipe de Jackson foi incapaz de protelar o julgamento da causa civil marcado para realizar-se perante um juiz em março de 1994.

A avassaladora maioria de ações civis é acordada fora do tribunal. Muitas vezes representa uma atitude de bom senso legal e financeiro para ambos os lados. Aquele, porém, não era qualquer caso civil. E a pessoa a ser processada não era qualquer réu. Nem Weitzman nem Cochran apreciavam particularmente a ideia de acordo.

Tinham boas razões para estarem apreensivos.

— Nunca. Não fiz nada errado — Jackson choramingou quando Weitzman mencionou pela primeira vez que um acordo poderia ser o único meio inteligente de encerrar o caso. —Vão dizer que eu fiz isso.

Em 2008, encontrei-me com um antigo assistente da melhor amiga de Jackson, Elizabeth Taylor, que trabalhava com Taylor na época das negociações com Chandler e havia compartilhado muita coisa daquilo que aconteceu.

— Michael sempre foi uma rainha do drama — recordou o assistente. — Porém, estava uma pilha de nervos durante aquela ocasião. Continuava perguntando "Por que estão fazendo isso comigo? Eu nunca fiz mal a ninguém". Os advogados estavam usando a senhorita Taylor como uma intermediária. Ela era praticamente a única pessoa em que ele [Jackson] confiava. Lembro-me de que antes de voltar para os Estados Unidos, e depois que as acusações chegaram às manchetes, ele estava viajando com aqueles dois garotos, esqueci seus nomes. Um garoto e o irmão mais jovem. A senhorita Taylor, num determinado ponto, mencionou que ele deveria mandá-los de volta para casa para proteger as aparências, e Michael disse:

— Por que eu deveria? Eles estão se divertindo. Não vou deixar que essa gente má arruíne o passeio deles.

Depois da revista corporal, ele diz, Taylor reuniu-se com os advogados para convencer Jackson de que fazia sentido um acordo.

— Foi como uma intervenção — o ajudante de Taylor se recorda. — Disseram que seria a palavra dele contra a de uma criança e que nunca se sabe em quem um júri poderia acreditar. O garoto seria treinado no que dizer, iria pintar Michael como um monstro. Mesmo que ganhasse a causa, o público ouviria toda aquela coisa sórdida. Sua imagem seria destruída. Porém, ele apenas continuou dizendo "não, não, não, não" sem parar. Não queria nem ouvir falar de um acordo. A senhorita Taylor continuou trabalhando com ele e, no final, pode ter exercido alguma influência, mas eu nunca o vi ceder por um minuto. Para ser honesto, fiquei surpreso quando ouvi falar que ele fizera o acordo. Pensei que brigaria, realmente pensei. Teria vencido.

No fim, contudo, ele pode não ter tido muita escolha.

Em 24 de janeiro de 1994, a mídia noticiou os primeiros rumores de que era iminente um acordo fora do tribunal. Cindy Adams, do *The New York Post* citou fontes anônimas dizendo que o acordo seria de 5 milhões de dólares, com 1 milhão para o pai do garoto e o resto depositado num fundo fiduciário. A revista *Time* também noticiou o número de 5 milhões, enquanto um tabloide londrino informava que o acordo beirava os 40 milhões. Um dia depois, Johnnie Cochran e o advogado de Jordan, Larry Feldman, convocaram uma conferência de imprensa do lado de fora do tribunal de Santa Monica. Para a multidão reunida da mídia, Feldman leu uma declaração:

> Queremos anunciar em conjunto uma resolução mútua quanto a este processo legal. Como estão cientes, o reclamante alegou certos atos de impropriedade por parte do senhor Jackson e, desde os primórdios dessas acusações, o senhor Jackson sempre manteve sua inocência. Contudo, o trauma e a tensão emocional sobre as respectivas partes levaram, ambas as partes, a refletir sobre a sabedoria de continuar com o litígio. O reclamante concordou que o processo legal deveria ser solucionado e será descartado em futuro próximo. O senhor Jackson continua a manter sua inocência e refuta quaisquer acusações prévias de extorsão. Isso permitirá às partes continuar com suas vidas de uma maneira mais positiva e producente. Muito do sofrimento pelo qual essas partes têm passado foi causada pela publicidade rodeando este caso. Nós, conjuntamente, requeremos que os membros da imprensa permitam às partes encerrar este capítulo de suas vidas com dignidade para que o processo de cura possa começar.

Embora nem Feldman nem Cochran tenham permitido a divulgação dos termos do acordo, a Associated Press, citando fontes próximas, revelou que o garoto receberia 15 milhões de dólares. Com o passar dos anos, as estimativas chegaram a 30 milhões de dólares, e a maior parte dos relatos da mídia usou o número de 20 milhões. Na realidade, a Associated Press passou consideravelmente bem perto. O acordo final foi de US $15.331.250,00 a ser mantido em fundo fiduciário para Jordan Chandler até que ele chegasse à maioridade, acrescido de um milhão e meio de dólares para cada um dos pais, e milhões de dólares de honorários legais.

A especulação começou quase imediatamente. Por que Jackson teria feito o acordo se não era culpado? Diane Dimond destacou, corretamente, que a ação civil original citava a "negligência do réu Michael Jackson". No acordo, Jackson concordava em pagar pela queixa de "negligência". Aquilo era "linguagem de companhia de seguro" disseram a Dimond vários advogados familiarizados com esses acordos.

— Uma companhia de seguro pagará se um segurado for "negligente", mas não se ele ou ela tiver cometido um crime — Dimond escreve. A implicação é de que foi a companhia de seguro de Jackson que pagou a queixa.

Recentemente, obtive um documento do tribunal que confirma isso e parece sugerir que foi a companhia de seguro de Jackson que o obrigou a fazer o acordo.

Enterrado entre centenas de milhares de documentos legais do julgamento de abuso sexual, está uma moção firmada por seu advogado, Thomas Mesereau Jr., em 22 de março de 2005, intitulada "Memo in Support of Objection to Subpoena for Settlement Documents" (Memorando em Apoio à Objeção à Intimação para Documentos de Acordo). Na moção, que argui que a defesa não tem obrigação de revelar o acordo confidencial no julgamento criminal não correlacionado, há alguns detalhes significativos.

> A transação de acordo [de 1994] foi por queixas integrais de negligência, e a ação legal foi defendida pela companhia de seguro do senhor Jackson. A companhia de seguro negociou e pagou o acordo, passando por cima dos protestos do senhor Jackson e de seu conselheiro legal pessoal.

A moção prossegue explicando o papel das companhias de seguro nesses tipos de casos: "É prática geral uma seguradora ser encarregada de controlar negociações de acordo, e o segurado é impedido de qualquer interferência".

O documento cita a sentença da corte de apelação de 1971 no caso *Shapiro vs. Allstate Insurance Co.*, e o memorável caso de 1958, *Ivy vs. Pacific Automobile Insurance Co.*, que firmou jurisprudência de que o segurado é impedido de interferir em procedimentos de acordo:

Sob a maioria dos contratos de seguro de exigibilidade, o controle absoluto da defesa da matéria é transferido à companhia de seguro, e o segurado é excluído de qualquer interferência em qualquer negociação para acordo ou outros procedimentos legais. Uma seguradora tem o direito de acordar queixas cobertas pelo seguro quando é oportuno decidir pelo acordo, e o segurado não pode interferir ou impedir tais acordos.

Assim sendo, se a companhia de seguro de Jackson forçou o acordo, isso não significa que pensaram que Jackson perderia?
— Não, absolutamente — explica o advogado de seguros, Lewis Kaplan. — Companhias de seguro quase sempre firmam acordos. É isso o que fazem. Não é uma admissão de culpa. É uma tentativa de evitar um longo e custoso processo legal e em que sempre existe um risco. Nunca se sabe o que um júri pode fazer. Neste caso, com o réu valendo centenas de milhões de dólares, fazer acordo não é algo de fundir o cérebro. É óbvio. Claro que fariam acordo.
Seguindo-se à declaração de Feldman na nova conferência, foi a vez de Johnnie Cochran falar por Jackson.

Os dez dias passados, os rumores, as especulações rodeando este caso chegaram a um grau febril e, de modo geral, foram falsas ou ofensivas. Conforme o senhor Feldman corretamente indicou, Michael Jackson manteve sua inocência desde o início desta questão e, agora, esta questão, em breve, estará encerrada. Ele ainda mantém essa inocência.
A resolução deste caso não está, de maneira alguma, numa admissão de culpa por Michael Jackson. Em resumo, ele é um homem inocente que não pretende ter sua carreira e sua vida destruída por rumores e insinuações.
Ao longo dessa provação, ele se viu sujeito a um furor sem precedentes alimentado pela mídia, principalmente pela imprensa de tabloides.
A imprensa de tabloide mostrou uma sede insaciável por qualquer coisa negativa e pagou somas imensas de dinheiro a pessoas que pouca ou nenhuma informação tinham a dar e que mal conheciam Michael Jackson.
Assim sendo, hoje chegou o momento de Michael Jackson prosseguir para uma nova atividade, continuar com sua vida,

começar o processo de cura e levar sua carreira adiante para alturas ainda maiores.

Isso, ele pretende fazer. Num momento apropriado, Michael Jackson falará publicamente sobre a agonia, a tortura, o sofrimento por que passou nos últimos seis meses.

Muitíssimo obrigado.

Independentemente disso, depois de Michael Jackson fazer o acordo na ação civil com Jordan Chandler, um mito perigoso começou a crescer — um mito de que o acordo tinha impedido Jordan Chandler de testemunhar contra Jackson em qualquer caso criminal subsequente. Na verdade, não havia uma palavra nos documentos do acordo que impedisse Chandler de prestar testemunho contra Jackson. O próprio advogado de Jordan, Larry Feldman, deixou isso bastante claro depois do acerto.

— O peticionário concordou que o processo legal deveria ser resolvido — declarou Feldman. — Ninguém comprou o silêncio de ninguém. Ele tem permissão de testemunhar contra o senhor Jackson num processo criminal.

No entanto, houve literalmente dez mil relatos da mídia atestando que era um acordo que impedia a instauração de um processo criminal.

Entre as pessoas que encorajaram esse mito inúmeras vezes em suas reportagens estava Diane Dimond.

— Parece ter se tornado cada vez mais claro tanto para o promotor público de Los Angeles, Gil Garcetti, como para o promotor público do condado de Santa Barbara, Tom Sneddon, que sem o testemunho de Jordan Chandler, ou de algum outro reclamante, eles não poderiam ganhar uma causa contra Michael Jackson — ela escreve.

Nem mesmo o promotor de justiça poderia intimar Jordan a testemunhar.

Jordan já tinha assinado um extenso depoimento juramentado detalhando o abuso que supostamente havia ocorrido. Porém, o fato é que, se Jordan comparecesse a um julgamento de foro criminal, poderia ser interrogado em busca de declarações contraditórias sob juramento, sob ameaça de perjúrio. Se o objetivo fosse a justiça, e não o dinheiro, por que não testemunhar? É a pergunta que emergiria novamente uma década depois, quando outro garoto levantou acusações semelhantes de abuso contra Michael Jackson.

O promotor público precisava, portanto, urgentemente, que Jordan Chandler estabelecesse um padrão.

E, por enquanto, Sneddon e Garcetti estavam cada vez mais desesperados. Cada um deles convocara seu próprio júri separado para ouvir as evidências, mas essas evidências estavam se tornando esparsas. Ambos haviam conduzido as próprias investigações meticulosas com a maioria das supostas testemunhas que tinham declarado poder confirmar as histórias de abuso sexual de Jackson. Muito embora essa gente, a maioria antigos empregados descontentes, aparecesse como convidados em programas sensacionalistas como o *Hard Copy*, os promotores públicos evidentemente sabiam que o testemunho e a credibilidade de tipos assim eram praticamente sem valor.

Havia um nome que continuava pipocando de tempos em tempos. Brett Barnes era um garoto australiano que, no início dos anos noventa, havia se tornado o mais importante dos "amigos especiais" de Jackson. Em 1987, Barnes e sua irmã entregaram uma carta de fã a um membro da comitiva de Jackson durante a turnê *Bad* do cantor. Durante quatro anos, Barnes e sua família foram convidados a ir a Neverland e, de acordo com sua irmã, Bret terminou dormindo na cama de Jackson pelo menos "trezentos e sessenta e cinco vezes" durante a amizade subsequente dos dois.

Barnes era de particular interesse para os promotores públicos da Califórnia, que acreditavam que ele poderia ser a chave para confirmar a história do acusador. De fato, era o garoto que estava sentado no colo de Jackson da primeira vez que o cantor fora buscar a família de Jordan para levá-los a Neverland. E, embora a equipe de Jackson não soubesse disso na ocasião, Jordan tinha contado a um psiquiatra que o cantor começara a seduzi-lo alegando que Brett ficava feliz em manter atos sexuais com ele.

— [Ele me disse] que "se eu não fizesse isso, então não o amava tanto como Brett amava — Jordan contou ao Dr. Gardner.

Numa ironia do destino, Sneddon e Garcetti viram o multimilionário acordo em dólares feito com Jordan Chandler como uma bênção ambígua para Jackson. Estavam convencidos de que garotos e suas famílias começariam a sair de suas tocas em busca de um imenso bônus: acusar Jackson de abuso sexual e faturar alguns milhões de dólares. Claro, não iriam induzir ninguém a perjúrio. Ambos os promotores estavam absolutamente convencidos de que Jackson era um pedófilo serial com centenas de vítimas capazes de servir como testemunhas. Um acordo lucrativo fora do tribunal poderia ser todo o estímulo que essas vítimas precisavam para finalmente cooperar. Estavam tão seguros de que Barnes finalmente se apresentaria que cinco membros da equipe de investigação, inclusive o próprio Sneddon, voaram para Melbourne, em janeiro de 1994, para entrevistar o garoto de treze anos e sua família.

Mais uma vez, voltaram de mãos vazias. A família de Barnes ficou indignada com a sugestão, e Brett continuou a negar que Jackson alguma vez o tivesse molestado.

Por outros cinco meses depois do acordo de Jordan, dois júris — um em Los Angeles, um em Santa Barbara — continuaram a ouvir evidências, por mais esparsas que fossem.

Para o júri de Garcetti, essas evidências eram sobras mesquinhas. O depoimento ao júri é secreto, mas entre as testemunhas chamadas estava a mãe de Jackson, Katherine, que presumivelmente nada ofereceu de substancial.

Sneddon chamou a ex-criada, Blanca Francia; alguns pais de antigos "amigos especiais" de Jackson; e o ex-marido de Janet Jackson, James DeBarge.

Além de Francia, as únicas testemunhas do júri com potencial de causar dano real era um grupo de guardas de segurança que trabalhara certa vez para Jackson — mais tarde conhecidos como "Neverland Five". Os cinco alegavam ter informações incriminadoras que poderiam confirmar muitas das acusações de Jordan Chandler.

É impossível saber o que esse grupo contou ao júri, porém, anos mais tarde, quando os cinco ex-empregados entraram com uma ação contra Jackson, tinha a credibilidade tão maculada que dificilmente seria surpresa o fato de suas histórias causarem pouca impressão aos jurados, em 1994.

Depois de outros oito meses e incontáveis milhões de dólares gastos tentando tornar mais sólido o caso contra Jackson, Garcetti e Sneddon convocaram uma coletiva de imprensa, em 21 de setembro de 1994. Anunciaram que não registrariam queixas criminais contra o cantor. Ao anunciar a conclusão da investigação, deixaram de mencionar que não haviam encontrado uma única peça de evidência comprobatória ou qualquer testemunha confiável para assegurar um indiciamento. Em vez disso, Garcetti novamente procurou perpetuar o mito de que o caso chegara a um impasse porque Jordan não iria cooperar.

— Depois de cerca de treze ou quatorze meses de investigação, esta é nossa conclusão — disse à mídia reunida. — Temos uma importante testemunha que nos disse "Sinto muito. Não quero e não vou testemunhar". E estou dizendo a vocês que, se ele der um passo à frente daqui a um mês, daqui a dois meses e disser "Agora quero testemunhar", nós reavaliaremos o caso nessa ocasião.

Mais tarde, naquele dia, Jackson emitiu seu próprio pronunciamento:

— Estou agradecido de que a investigação tenha chegado a uma conclusão. Mantenho continuadamente minha inocência. Sou grato a todos de minha família, amigos e fãs que ficaram ao meu lado e também acreditaram em minha inocência.

• • • •

O caso poderia ser encerrado e Jackson poupado de um julgamento criminal a essas alturas. Porém, muita gente preferiu acreditar que onde havia fumaça havia fogo. Incontáveis programas de entrevistas e jornais tabloides debateram a questão. Por que haveria ele de concordar em pagar milhões de dólares, a não ser que fosse culpado?

Até mesmo a imprensa séria enfatizou a dúvida persistente. A manchete do *Los Angeles Times* no dia seguinte da paralisação da investigação dizia tudo: "Jackson não Acusado, mas Não Absolvido".

Observando a cobertura aquela semana, uma mulher queimava em fogo lento de raiva. Geraldine Hughes teve de lutar contra o impulso de convocar sua própria coletiva de imprensa para contar sua história. Ou poderia vendê-la a um tabloide por uma quantia consideravelmente maior que os 28 mil dólares anuais que ganhava como prestadora de serviços por dia. Em vez disso, optou por não arriscar a carreira e resolveu manter a boca fechada.

Hughes tinha uma perspectiva particularmente singular sobre o caso Chandler. Acontece que estava trabalhando como secretária forense para Barry Rothman na ocasião em que ele tinha sido contratado por Evan Chandler para ir atrás de Michael Jackson.

Rothman era o mesmo advogado a quem Evan Chandler havia se referido em sua conversa gravada em fita com o padrasto de Jordan, David Schwartz, quando disse:

— Assim que eu fizer esse telefonema, esse cara vai destruir todo mundo na mira do jeito mais sorrateiro, sórdido, cruel com que possa fazer isso.

Na época em que foi contratada para lhe prestar serviços, Geraldine Hughes trabalhava no campo legal havia quase quinze anos, mas nunca antes encontrara alguém como Rothman, a quem ela descreve como "encontrar um demônio na vida real saído direto das profundezas do inferno".

Num livro que escreveu vários anos depois, disse que, não muito tempo depois de Evan Chandler ter contratado Rothman, ela sentiu que algo estava errado a respeito do caso.

— Em vez das atividades comuns que acontecem durante a maioria dos casos — ela recordou-se —, o caso Chandler começou a parecer mais como um plano de conspiração. — Suas suspeitas a levaram a começar a manter um diário com anotações do que ocorria diariamente.

Não passou muito tempo até que chegasse à conclusão de que Chandler e Rothman estavam conspirando para extorquir imensas somas de Jackson.

— Só o fato de saber que datilografava cartas e documentos legais que falavam em acusações de abuso sexual infantil era preocupante para mim.

Geraldine Hughes declarou que sabia antecipadamente que Jackson era uma vítima inocente de extorsão.

Rothman aparentemente conduzia seu escritório como o Fort Knox [o depósito das reservas em ouro dos Estados Unidos], com imensas precauções para cuidar dos segredos internos. Assim que Rothman chegava ao escritório, sua presença era imediatamente sentida.

— Sua chegada criava imediatamente uma atmosfera perturbadora e hostil de gritos, repulsa e raiva.

Geraldine Hughes disse que ele abusava de seus empregados e os atacava verbalmente no dia-a-dia de uma maneira que era ao mesmo tempo intimidadora e fisicamente ameaçadora.

Durante o caso, disse ela, foram realizadas muitas reuniões entre Rothman e Evan Chandler; reuniões entre Rothman e Anthony Pellicano; reuniões com Evan Chandler, June Chandler e David Schwartz. O próprio Jordan Chandler, ela se recorda, havia passado "uma enorme quantidade de tempo" na sala de conferência depois que as acusações surgiram pela primeira vez.

Embora muitas das reuniões fossem conduzidas no mais absoluto segredo, Hughes foi capaz de juntar, aos poucos, muito do que estava acontecendo ao datilografar petições e correspondência. Soube de vários detalhes confidenciais do caso pelo advogado e sócio de Rothman que diversas vezes lhe fez confidências. Geraldine Hughes, contudo, ficou relutante em revelar detalhes específicos daquilo que lhe fora contado porque "[o sócio] era um advogado militante sob o código de confidencialidade".

Geraldine Hughes encontrou pessoalmente Jordan Chandler duas vezes enquanto trabalhava para Rothman.

— Por todas as aparências, ele parecia uma criança perfeitamente normal interessada em brincar e ouvir música e era curioso a respeito de tudo — ela recordou-se. Quanto a Evan Chandler, ela citou repetidas vezes a conversa gravada em fita entre ele e Dave Schwartz. — O Dr. Chandler admitiu com suas próprias palavras que ele foi "ensaiado a respeito do que dizer", que [ele] pagara pessoas para mover ação contra Michael. E que havia um "plano" — ela salientou. Para ela, isso era uma admissão de culpa e um prenúncio do que estava por vir.

De acordo com Geraldine Hughes, o Dr. Chandler declarou mais:
— Vai ser maior do que todos nós podemos imaginar. A coisa toda vai desabar sobre todo mundo e destruir todo mundo na mira. Será um massacre se eu não conseguir o que eu quero.

Geraldine Hughes diz que essa conversa era um projeto de extorsão e que ela foi uma testemunha conforme o plano gradualmente desdobrou-se exatamente do jeito que Chandler e Rothman haviam esquematizado.

Num certo ponto do desenrolar do caso — durante o qual Geraldine Hughes foi contando suas suspeitas à mãe, uma senhora idosa —, sua mãe insistiu para que se apresentasse e revelasse o que sabia, ela afirmou mais tarde. A mãe então arranjou uma reunião entre Hughes e Anthony Pellicano.

— A princípio, quando minha mãe me contou da reunião marcada, eu pensei que era uma reunião com os investigadores do escritório do promotor público que investigavam as acusações de extorsão.

No encontro, Geraldine Hughes informou Pellicano sobre o que estava acontecendo. Ela também o via com frequência durante as negociações muitas vezes tempestuosas com Rothman.

Em seu diário, Geraldine Hughes documentou a última reunião entre os dois homens, que teve lugar no escritório de Rothman, em 13 de agosto de 1993.

— O senhor Pellicano saiu furioso do escritório dizendo "de jeito nenhum" — ela escreveu. — Na terça-feira seguinte, 17 de agosto de 1993, o Dr. Chandler levou o filho para ver o psiquiatra que relatou as acusações.

— E se Michael Jackson concordasse em pagar 20 milhões de dólares? — Geraldine Hughes perguntou-se depois. — Será que o Dr. Chandler não teria levado o garoto ao psiquiatra?

Sobre a questão do psiquiatra, uma das coisas que fez Geraldine Hughes ficar ainda mais cheia de suspeitas dos motivos de Chandler e de Rothman foi algo que ela observou seu chefe fazer por volta dessa ocasião, e que ela registrou em seu diário.

— Rothman aconselhou o pai a como informar o abuso infantil através de um terceiro, em vez de ir diretamente à polícia — ela escreveu. — Se fosse qualquer outro caso, você pegaria o telefone e chamaria a polícia.

Depois de Bert Fields e Pellicano abandonarem o caso em novembro, deixando a defesa de Jackson para Howard Weitzman, Geraldine Hughes disse que telefonou ao investigador particular para lhe perguntar por que se havia se demitido.

— Ele me disse que não concordava com a direção em que o senhor Weitzman estava conduzindo o caso. Discordava veementemente da ideia de fazer acordo com o Dr. Chandler. Ficava bravo só de pensar no acordo e tinha plena convicção de que, se Michael Jackson enfrentasse isso em juízo, seria inocentado.

Anos depois de Jackson ter feito o acordo com Jordan Chandler, ela ainda não havia falado publicamente sobre esse caso. Por fim, ao ser despedida por Rothman, Geraldine Hughes entregou seus diários anonimamente para Mary Fischer, que os usou quando estava escrevendo o artigo para a revista GQ, "Was Michael Jackson Framed?" (Michael Jackson Caiu numa Armação?). Mas, nesse meio tempo, sua mãe insistia com regularidade para que ela escrevesse um livro sobre o caso para "expor a injustiça que foi feita a Michael Jackson". Nessa época, Geraldine Hughes estava trabalhando como missionária cristã, cuidando de latinos e afro-americanos pobres na área de Watts em Los Angeles. Em 1997, ela começou a rascunhar um livro, mas o manteve na gaveta.

Antes de morrer, a mãe de Geraldine Hughes abordou vários editores, implorando a eles para publicarem o livro de sua filha. Finalmente, encontrou uma pequena editora na Virgínia disposta a fazê-lo e, em 2004, o livro de Geraldine Hughes sobre o caso, Redemption (Redenção), foi publicado.

Enquanto promovia o livro, naquele ano, Geraldine Hughes apareceu num show de entrevistas e fez uma espantosa declaração encontrada em algum lugar no livro. Ao discutir as negociações originais do acordo entre Pellicano, Evan Chandler e Rothman, nas quais discutiam a ideia de Jackson financiar um roteiro como parte do acordo original proposto, Hughes disse:

— Eles estavam tentando produzir um filme. Inicialmente, estavam negociando por dinheiro para realização de um filme. E você precisa saber que o garotinho fazia parte disso também. Ele e seu pai eram muito criativos. O garotinho foi quem deu a ideia para um filme que o... pai pegou..., portanto eles eram muito criativos. Eles apareceram com ideias de filmes. Tudo de que precisavam era de dinheiro para produzi-lo.

Seria possível que essa revelação tenha origem em algo contado a Geraldine Hughes pelo sócio de Rothman e que, inadvertidamente, ela deixou escapar no ar?

Será que Jordan Chandler estava por dentro do plano? É essa a razão pela qual ele sempre se recusou a testemunhar contra Jackson num julgamento criminal, em que estaria sujeito a um interrogatório cruzado e rigoroso sob pena de perjúrio? Geraldine Hughes nunca desenvolveu em detalhes essa surpreendente declaração.

Jordan Chandler recebeu a bolada final do dinheiro de seu acordo com Michael Jackson em 1999. Com o dinheiro, ele e sua família compraram uma casa em Nova Jersey, além de condomínios em Manhattan e Santa Barbara.

Parecia estar vivendo uma vida normal até os documentos do tribunal surgirem à tona, revelando que, em 2005, o pai de Jordan, Evan, o atacou cruelmente com o que ele descreveu como "um incidente potencialmente fatal de abuso físico".

Obtive registros de um caso de apelação à corte de Nova Jersey, de 2006, que revela que, em 5 de agosto de 2005, foi concedida a Jordan uma ordem temporária de restrição contra seu pai por um ato de violência doméstica. De acordo com esses documentos, Evan "agrediu [Jordan] na cabeça por detrás com um peso de cinco quilos e meio e depois espirrou em seus olhos um spray de mistura química com gás lacrimogêneo ou pimenta, e tentou estrangulá-lo".

Na concessão da ordem, o juiz decidiu que o peso poderia causar sério ferimento corporal ou morte. Na ocasião, Jordan, de vinte e cinco anos, vivia junto com seu pai, ex-dentista, numa casa em Nova Jersey.

Um ano depois, um juiz da corte de apelações recusou-se a tornar permanente a ordem de restrição, e ambas as partes permaneceram de boca fechada sobre o incidente.

NOVE

Em 26 de maio de 1994, enquanto os júris de instrução ainda ouviam as evidências, uma notícia divulgada da República Dominicana sacudiu o mundo — ou assim pareceu pelo absoluto número de manchetes de primeira página que gerou. Era, afinal, um casamento real.

Michael Jackson — o Rei do Pop — tinha acabado de se casar com Lisa Marie Presley, a filha do Rei do Rock and Roll — numa cerimônia civil simples na minúscula ilha caribenha.

Hugo Alvarez Perez, o juiz que os casou, perguntou a Jackson:

— Aceita Lisa Marie como sua esposa?

Jackson respondeu:

— Por que não?

Depois do casamento, o juiz disse aos repórteres:

— Foi tudo muito estranho, mas não é minha tarefa perguntar por que as pessoas estão se casando.

Dezenove dias depois, os recém-casados apareceram num especial da ABC TV em horário nobre, ancorado por Diane Sawyer, para responder àquela pergunta diretamente. Durante semanas, a ideia de Michael e Lisa Marie juntos fora motivo de riso e abertamente ridicularizada, foco de zombaria de repórteres, comediantes de fim de noite e todos os americanos. A maioria das pessoas, ao que parecia, não conseguia imaginar algo assim.

No especial, visto por milhões, os recém-casados começam por falar sobre como tinham se conhecido. Michael explica que a primeira vez que tinham se visto havia sido em Las Vegas, quando ele se apresentava com os The Jackson 5. Tinha dezessete anos e Lisa Marie apenas sete na época.

Quando Sawyer perguntou quem exatamente fez o pedido a quem e como isso aconteceu, o casal pareceu ficar um pouco ruborizado. Declararam que não esconderam o relacionamento romântico quando começou. Na verdade, embora Lisa Marie tivesse se separado de seu marido Danny Keough havia quatro meses, ela aceitou o pedido de casamento de Michael.

Sawyer também chamou a atenção de sua plateia de que não havia quaisquer regras básicas impostas a ela para a entrevista. Tinha liberdade para perguntar sobre qualquer tópico. Então, começou a questionar Jackson sobre um assunto sobre o qual ele nunca havia falado em detalhes.

Sawyer: Você diz que nunca fez mal a uma criança. Quero ser tão específica quanto eu possa. Você alguma vez, como aquele garoto disse que você fez, você alguma vez cativou sexualmente, afagou, teve contato sexual com aquelas crianças ou quaisquer outras crianças?

M.J.: Nunca, jamais. Eu não poderia jamais fazer mal a uma criança, ou a qualquer um. Não está em meu coração, não é quem eu sou, e não é o que eu sou... não estou nem interessado nisso.

Sawyer: E o que acha que deveria ser feito a alguém que faz isso?

M.J.: A alguém que faz isso? O que eu acho que deveria ser feito? Nossa... Acho que precisa de ajuda... de algum tipo de ajuda... você sabe.

Sawyer: Entretanto, e quanto às fotos da polícia? Como havia informações suficientes por parte desse garoto sobre aquele tipo de coisas?

M.J.: As fotos da polícia?

Sawyer: As fotos da polícia.

M.J.: Aquelas que tiraram de mim?

Sawyer: É.

M.J.: Não havia nada que se relacionasse comigo e aquelas acusações. Não havia nada.

Presley: Não havia nada que pudessem correlacionar a ele.

M.J.: É por isso que estou sentado aqui conversando com vocês hoje. Não há nenhum fiapo de informação que encontraram que pudesse ser conectada a mim...

Sawyer: Então, quando ouvimos as acusações...

M.J.:	Não havia nada...
Sawyer:	...marcas de qualquer tipo?
M.J.:	Nenhuma marca.
Sawyer:	Nenhuma marca?
M.J.:	Não.
Sawyer:	Por que você fez acordo...
M.J.:	Por que estou ainda aqui, então?
Presley:	Você não vai me perguntar sobre elas, vai? (*Risos*). Sobre as marcas. (*Risos*)
Sawyer:	Se você se apresentar como voluntária...
Presley:	Não, eu apenas... A questão é... é que quando isso finalmente acabou, não houve nenhum cotejo de dados. Foi estampado assim deste tamanho [fazendo um gesto indicando algo muito pequeno] — em contraste ao quanto era grande —, o que deveria ser o cotejo de dados.
M.J.:	Por que não é assim!
Sawyer:	Por que você fez acordo no caso, então?
M.J.:	A coisa toda é uma mentira.
Sawyer:	Por que você fez acordo no caso se... se isso parece a todo mundo como se você pagasse uma enorme quantia em dinheiro...
M.J.:	Isso é... é... a maior parte disso é folclore. Conversei com meus advogados e disse: "Podem me garantir que a justiça prevalecerá?", e eles disseram: "Não podemos garantir a você que um juiz ou um júri faça coisa alguma". E eu fiquei quase catatônico com isso. Fiquei indignado...
Sawyer:	Quanto dinheiro...
M.J.:	[totalmente indignado] Então, o que eu disse... Tenho de fazer alguma coisa, sair de sob esse pesadelo. Todas aquelas mentiras e todas aquelas pessoas aparecendo para serem pagas e todos aqueles programas de fofocas, só mentiras, mentiras, mentiras. Assim, o que eu fiz — nós nos reunimos de novo com meus conselheiros e eles me aconselharam... foi sem dúvida, uma decisão unânime — a resolver o caso. Poderia ser algo que se arrastaria por sete anos.
Sawyer:	Quanto dinheiro foi...
M.J.:	Dissemos, vamos deixar isso para trás.
Sawyer:	Pode dizer quanto?

M.J.: Não é o que os tabloides publicaram. Não é toda essa extraordinária loucura em dinheiro não, não é de jeito nenhum. Quero dizer, os termos do acordo são muito confidenciais.

Sawyer: Eu gostaria de perguntar...

Presley: Ele está proibido de falar sobre isso.

Mais tarde, no show, Sawyer exibe um clipe de uma entrevista que ela conduziu com a amiga de Jackson, Elizabeth Taylor, sobre a acusação de molestamento, e o voo de Taylor para Singapura, onde o cantor estava em turnê, para apoiar Jackson depois que as notícias das acusações contra ele tinham vindo a público [mais tarde, naquele mesmo ano, ela resgataria Jackson da cidade do México e o levaria a um centro de reabilitação na Suíça]. A legenda do filme começa falando sobre como poucas pessoas conheceram o verdadeiro Michael Jackson.

Taylor: Quando ele está em turnê, ele vai a hospitais sem a imprensa a segui-lo. Sem ninguém saber. Ele põe um disfarce e faz isso. Tira seu disfarce quando está lá, e as crianças reconhecem: "Puxa! É Michael Jackson".

Sawyer: Não faz sentido o que você disse a si mesma... lendo tudo que todo mundo leu... talvez seja verdade, talvez eu não compreenda absolutamente quem ele era.

Taylor: De jeito nenhum. Não, absolutamente...

Sawyer: Nunca?

Taylor: Nunca. Conheço o coração de Michael. Conheço sua mente e sua alma. Eu não... não sou assim insensível. Principalmente com ele, ou com pessoas que amo.

Sawyer: Como resolveu ir para Singapura?

Taylor: Ele era meu amigo. Estava sozinho. Estava totalmente sozinho. E ele apenas... ele precisava de ajuda. Nada no mundo poderia magoá-lo mais. Se foi calculado... Se planejassem um assassinato, não poderiam ter feito melhor. Quase... quase partiu seu coração. Ele não estava ciente do que estava acontecendo. Estava entorpecido pela dor. Mas isso realmente me apavorou porque eu estive lá e sei o quanto é fácil chegar lá quando se está em sofrimento mental, ou físico.

Sawyer:	E ele soube imediatamente que tinha de lidar com isso, de...
Taylor:	Não de imediato. Não na mesma hora... mas ele entendeu.
Sawyer:	Houve algumas reportagens durante esse período, Michael, de que isso era... tamanha era a agonia para você que você estava na verdade com tendências suicidas. Isso é verdade?
M.J.:	Nunca tive ideias suicidas. Amo a vida demais para algum dia ser um suicida. Sou flexível. Tenho pele de rinoceronte. Nunca, jamais um suicida.
Sawyer:	Isso o deixou, entretanto...
M.J.:	De coração partido, mas não suicida.

Sawyer aborda finalmente o assunto que estava na maioria das mentes das pessoas, a suspeita de que aquele casamento era uma farsa destinada a reabilitar a imagem de Jackson.

Sawyer:	Vocês disseram que não dormem em camas separadas e eu devo confessar... Tudo bem... isto é na TV ao vivo, e estou me esquivando aqui, por que não eu passei minha vida... como uma jornalista séria para fazer esse tipo de perguntas. Porém, não estou alheia ao fato de que seus fãs tinham uma pergunta que mais desejavam fazer... se vocês...
Presley:	Fazemos sexo?
Sawyer:	Nós temos...
M.J.:	(*risos*) Psiu... ela não perguntou!

Presley ri.

M.J.:	Ela não perguntou!
Presley:	Ok, não vou perguntar.
M.J.:	A gente não sabe o que ia ser.
Presley:	É isso o que você ia perguntar?
Sawyer:	Vamos rodar só um minuto ou dois.
Presley:	Desculpe. (*risos*)
Sawyer:	Vamos rodar um ou dois.

Sawyer exibe clipes.

Pessoa 1:	A gente queria saber se vocês fizeram "a coisa"?

Pessoa 2: Michael, sei que é uma questão íntima, mas você está fazendo sexo com Lisa Marie?
Pessoa 3: Vocês realmente amam um ao outro ou estão só fazendo isso para satisfazer a mídia?
Pessoa 4: Ei, caras, vocês são íntimos?

O clipe termina.

M.J.: Não posso acreditar!
Presley: Uaauu!
Sawyer: Mas isso é sobre... a suspeita.

Lisa Marie olha para a câmera e responde a pergunta: "Sim! Sim! Sim!"

• • • •

Três meses depois, o casal abriu a cerimônia do MTV Music Awards, subindo ao palco de mãos dadas diante de uma ovação em pé. Jackson virou-se para a plateia e proclamou:

— E vocês pensaram que isso não iria durar — antes de pousar um beijo apaixonado mas desajeitado no lábios de Lisa Marie. Quando estavam rumando para os bastidores, as câmeras a pegaram limpando os lábios com o dorso da mão como se sentisse nojo.

No dia seguinte, o beijo foi motivo de zombaria quase universal por parte da mídia e do público.

Em seu popular show de entrevistas, Geraldo Rivera mostrou um quadro congelado do beijo e depois perguntou à sua plateia se achava que fora sincero. Numa só voz, todos gritaram em retorno:

— Não!

Novamente, ninguém acreditava que o casamento fosse verdadeiro. Mas, por quê?

A resposta, eu suspeito, reside no que virtualmente todo mundo que eu entrevistei para este projeto me disse sobre Michael Jackson: ele é gay.

Mesmo aqueles que foram seus mais ardentes defensores, pessoas que mantêm que ele é inocente das acusações de abuso sexual, insistem que tinha tendência para a homossexualidade.

Embora a maioria não diga na gravação, Joe Franklin não tem tantas reservas. Franklin é mais conhecido como o anfitrião do primeiro programa de entrevistas do mundo, que começou em 1951 na WJZ-TV de Nova York e que ele dirigiu por mais de quarenta e três anos, conquistando com isso um lugar no *Guinness Book of World Records* como o mais longevo anfitrião de show de entrevistas.

Durante esse tempo, ele entrevistou mais de 10 mil convidados e proporcionou a inúmeras futuras lendas sua primeira aparição em TV, inclusive Woody Allen, Barbra Streisand, e Julia Roberts. Também escreveu um livro em nome de sua amiga e antiga namorada, Marilyn Monroe. Desnecessário dizer, o Franklin de oitenta e três anos estava em cena no negócio de espetáculos faz muito tempo.

— Contei com Michael e seus irmãos em meu show muitas vezes — ele me disse no início de 2009. — Acredite em mim, ele é gay. Não há dúvida sobre isso. Ele gosta de homens de treze a vinte anos.

Perguntei a ele como sabia disso.

— Alguma vez viu Jackson ocupado em atividades sexuais ou mesmo beijando outro homem?

A resposta que ele dá é típica das respostas das pessoas que juram a mim que ele é um molestador de crianças.

— Não, mas sei disso. Sou muito íntimo de sua família.

De fato, inúmeras fontes me disseram que a mãe de Jackson, Katherine, havia tempo que suspeitava que o filho era gay, assim como vários de seus irmãos também achavam. A própria La Toya disse um dia que sua mãe chamava Michael de "bicha". Tais suspeitas, porém, aparentemente eram baseadas em suas frequentes associações com garotos, em vez de se fundarem em quaisquer atos específicos que testemunhassem.

Em 1979, o biógrafo de Jackson, J. Randy Taraborrelli, perguntou diretamente a ele:

— Só para registro, você é ou não é gay?

— Não, não sou gay — ele cita a resposta do cantor. — Não sou um homossexual. Não vou ter um abalo nervoso porque as pessoas acham que gosto de ter sexo com homens. Mas não sou, e é isso.

Taraborrelli alega que uma fonte contou-lhe que o irmão de Jackson, Rebbie, certa vez revelou um incidente, quando Michael tinha quinze anos, em que um membro de sua família resolveu que ele tinha idade suficiente para fazer sexo.

— Essa pessoa então arranjou os serviços de duas prostitutas para Michael — a fonte contou ao autor. — Disse-lhes para fazerem o serviço completo e depois trancou Michael num quarto com elas.

Rebbie relatou que aquele incidente deixou seu irmão absolutamente traumatizado. Se Michael fez sexo realmente com as prostitutas, ele não revelou.

• • • •

Alguns outros me disseram que acharam que ele era, na verdade "assexuado".

— Conheço Michael desde que tinha quinze anos — disse um músico com quem frequentemente me apresento de improviso em Nova York. — Nunca o vi com uma garota no sentido romântico. Nenhuma, mesmo em todos esses anos em que o conheço. Ninguém que eu conheça alguma vez o viu com uma também. Porém, eu também jamais o vi com um homem desse jeito, a menos que se acredite que ele esteja "traçando" esses garotos com quem se relaciona. Ele não passa uma vibração de gay pra mim, absolutamente, ele não passa vibração de sexo algum. É como se fosse um garoto pré-adolescente antes de descobrir as meninas.

O famoso produtor musical Mark Ronson, irmão da namorada de Lindsay Lohan, Samantha Ronson, conta uma história sobre o tempo em que ele e Sean Lennon andavam por Neverland com Jackson quando eram crianças.

— É uma história bizarra — diz. — Costumávamos assistir ao canal pornô por que a gente estava com, o quê, dez anos, e, "Oh, meu Deus, peitos!" Então, Michael ia pra cama. E eu e Sean dizíamos: "Michael, quer assistir a uma coisa legal?" A gente girava o controle para o canal pornô e lá estavam as strippers sacudindo os peitos pra todo lado. E a gente zoava: "Michael, Michael, acha isso legal?" Quando a gente olhava, ele estava se encolhendo todo, dizendo: "Oh, parem com isso, parem com isso, é tão idiota". E a gente zoava: "Michael, você tem de olhar, pode ser que não esteja vendo direito, é mulher pelada!" Ele não era chegado ao programa, não importa o quê! Acho que tinha na verdade fortes pontos de vista femininos sobre o pornô.

Finalmente, no fim de 2007, eu vi a evidência incontestável de que Michael era homossexual e que seu gosto era por jovens, embora não tão jovens como Jordan Chandler ou Gavin Arvizo. No decorrer de minha investigação disfarçado sobre Jackson, falei com dois de seus amantes gays, um deles um garçom de Hollywood, o outro, um aspirante a ator. O garçom continuou amigo, talvez mais, do cantor até sua morte. Quando serviu Jackson num restaurante, Jackson deixou claro seu interesse e os dois dormiram juntos na noite seguinte. De acordo com o garçom, Jackson apaixonou-se. O ator, que chamarei de "Lawrence" e a quem têm sido dadas participações sólidas, mas em filmes sem inspiração, conheceu Jackson em meados de 2007. Ele me contou que passaram quase todas as noites juntos durante seu caso — uma alegação fácil de fazer — é caso de se pensar. Mas seu amante forneceu provas na forma de fotografias dos dois juntos e uma testemunha. Quando pedi cópias das fotos ao amante para usar para publicação, ele perdeu o controle completamente.

— Eu jamais trairia Michael desse jeito — disse. — Eu o amarei para sempre, mesmo que ele não me ame mais. Sempre estarei pronto para apoiá-lo, não importa o que ele faça.

Lawrence disse que Jackson foi-lhe apresentado pela irmã de um de seus assistentes. O caso foi curto, mas "apaixonado", e teve lugar quase toda noite durante três semanas na casa do ator, nas colinas de Hollywood.

— Ele era muito tímido — recorda-se o ator —, mas quando começava a fazer sexo, era insaciável. Era passivo, mas estava tão magro que fiquei preocupado que pudesse quebrá-lo. Da primeira vez que fez sexo oral comigo, disse: "O Rei do Pop vai lamber seu pirulito". Ainda dou risada quando penso nisso. Ele também disse que Jackson gostava de vestir roupas de mulher, mas "só ocasionalmente, não o tempo todo". Lawrence me mostrou três fotos separadas dele com Jackson, inclusive uma que parece ter sido tirada numa cozinha e, num dado momento, me apresenta uma testemunha ocular, seu jardineiro colombiano, que encontrou Jackson na casa de Lawrence em duas ocasiões, apesar de afirmar que nunca "viu nada".

Antes de ir embora, o amante admitiu que assinou um acordo de confidencialidade com Jackson para nunca revelar detalhes de seu relacionamento secreto. Para Jackson, esse era um modo comum de lidar com seus casos. Fizera o mesmo com cada empregado que teve, assim como com membros da família e até mesmo com seus pais.

— Sei, de fato, que Michael faz todo mundo com quem entra em contato assinar um acordo de confidencialidade — disse um assistente próximo de Jackson. — Faz isso há décadas. É o modo como opera.

Outras testemunhas falam de fieiras de homens jovens visitando sua casa todas as horas, até mesmo no período de seu declínio. Alguns passavam a noite. Quando Michael mudou-se para Las Vegas para a sofisticada comunidade residencial de Palomino Lane, deixou um monte de pais da comunidade fumegando de raiva. Morava descendo a rua da escola de ensino elementar de Wasden.

— Ficamos todos preocupados de que ele fosse cair como ave de rapina sobre nossos filhos — disse um residente local. — Até que se mudou, nós todos vivemos com medo. Embora ele tivesse sido absolvido da acusação de ser um pedófilo, a maioria de nós acreditava que ele era culpado.

Quando morou em Las Vegas, Jackson raramente saía de sua residência. E, quando saía, de acordo com um de seus confidentes mais íntimos, era para encontrar um namorado num motel decadente de Las Vegas.

— Ele conheceu um cara que era trabalhador da construção e ficou loucamente apaixonado por ele — disse a fonte. — Michael saía de casa disfarçado, muitas vezes vestido como mulher, e ia encontrar seu namorado o motel que era um dos buracos mais imundos de Vegas. Infestado de ratos e baratas.

Michael estava "quebrado". Lutava para pôr comida na mesa para seus filhos. Isso era tudo com que poderia arcar na época.

Um assistente próximo de Jackson, que confirmou o caso para mim, disse que não tinha conhecimento do que acontecia por trás das portas fechadas do motel, mas que Jackson se vestia como mulher depois da meia-noite para encontrar o trabalhador mestiço asiático de seus vinte e poucos anos, cheio de músculos, que era empregado diarista na cidade de Las Vegas.

Jackson , na verdade, esteve ligado romanticamente durante anos com várias mulheres, inclusive Brooke Shields e Tatum O'Neal, que o acompanharam em várias festas.

Certa vez, ele concedeu uma entrevista na qual declarou que O'Neal havia sido seu primeiro amor e que havia seduzido ela. Porém, em sua autobiografia, a atriz negou veementemente a história, declarando que tinham se beijado apenas uma vez quando ela estava com doze anos e ele, com dezessete.

Aos 12, eu não tinha muito a dizer do sexo. Tudo que eu sabia era que acontecia, com bastante constância, no quarto de meu pai perto do meu. Michael, porém, estava imensamente curioso sobre toda e qualquer coisa sexual, embora de um jeito incrivelmente meigo e inocente.

Ele era um mega astro, mas parecia que mal tinha encontros e sabia pouco sobre a vida. Veio à minha casa uma vez e me pediu para subir as escadas porque nunca havia estado num quarto de moça antes. Sentou-se na cama e nos beijamos muito brevemente, mas foi terrivelmente embaraçoso. Apesar de todos os meus apaixonados "devaneios" com gente como Dustin Hoffman, eu tinha apenas 12 anos e não estava de todo preparada para um encontro na vida real. Portanto, eu disse:
— Não posso.
Michael, que suava em bicas, parecia tão intimidado como eu estava. Saltou de pé, nervoso, e disse:
— Ah, deixa disso.
Isso foi o mais perto que cheguei de Michael, motivo por que estou espantada com sua recente declaração na TV nacional de que fui seduzida por ele, mas que ele era muito tímido para levar a coisa adiante. Eu absolutamente adorei.

Em 1988, Tatiana Thumbtzen, uma dançarina diplomada em Juilliard que apareceu em seu vídeo *Moonwalker*, de 1988, tornou-se a primeira pessoa a beijar Jackson alguma vez em público. Depois disso, ele contou à mídia:
— Eu a adoro, porque ela é calorosa, generosa e excitante.
Ela também foi fotografada diversas vezes acompanhando-o como sua namorada a várias festas e, em 1994, sob o peso das acusações de Jordan Chandler, Thumbtzen contou a um repórter que ela certa vez se envolvera romanticamente com o cantor. Porém, anos mais tarde, em seu livro *The Way He Made Me Feel*, ela admitiu que tinha mentido à mídia sobre o romance.

• • • •

Fosse ele gay ou não, heterossexual ou assexuado, para a maioria das pessoas era óbvio por que Jackson se casou com Lisa Marie Presley. Ele precisava passar a aparência de normalidade heterossexual na esteira do escândalo de Jordan Chandler. A questão verdadeira é por que ela concordaria em desposá-lo e sujeitar-se ao ridículo que se seguiu. Certamente, não precisava de dinheiro.

Quando o casal divorciou-se apenas um ano e sete meses depois de se casarem, Lisa Marie foi novamente entrevistada por Sawyer, desta vez sozinha. A veterana jornalista começou suas perguntas expressando indisfarçada surpresa diante da vida curta do casamento, ao introduzir o segmento e anunciar com sarcasmo: "Lisa Presley casada com Michael Jackson? Que esquisito!".

Sawyer continua com o bombardeio.

— Ok. Michael Jackson? Michael Jackson? Por que você se casou com Michael Jackson? O que estava fazendo?

Presley imediatamente fica na defensiva.

— É uma pena que não haja muita gente que saiba quem ele é realmente — responde. — Ele não deixa qualquer um ver isso. Foi muito direto ao sentar-se comigo da primeira vez que eu o conheci e dizer: "Ouça, não sou gay. Sei que você pensa isso e sei que pensa aquilo". Começou a xingar, começou a ser uma pessoa normal, e eu fiquei meio que... Uau!... Nossa, você é tão mal compreendido. Oh, meu Deus.

Ao mostrar incredulidade de que Lisa Marie pudesse sentir-se algum dia atraída sexualmente por Jackson, por diversas vezes Sawyer deixa claro que não engole a história.

A maioria das especulações centrou-se no fato de que Lisa Marie era uma aspirante a cantora, e que acreditava que Jackson poderia ajudá-la em sua carreira de discos. Será que a filha de Elvis realmente precisava desse tipo de ajuda?

Como Lisa Marie contou a Diane Sawyer:

— Não vou me casar com alguém por causa de uma carreira em disco, só quero deixar isso bem claro.

Eu, porém, posso ter tropeçado em outra explicação. A Igreja da Cientologia.

• • • •

Havia um grupo em particular que tinha mais que apenas um interesse superficial por celebridades gays.

Em 2005, aconteceu de eu estar trabalhando num livro e um projeto de documentário sobre a Igreja da Cientologia, a religião secreta que varreu Hollywood, atraindo inúmeros atores da lista dos mais famosos tais como Tom Cruise, Will Smith, e John Travolta para seu redil. Também contava com mais que sua justa parcela de celebridades menos conhecidas, inclusive uma mulher que a maioria das pessoas mal ouvira falar antes que se casasse com Michael Jackson.

Corriam rumores, havia longo tempo, de um programa especial da Igreja que promete "converter" homossexuais e torná-los "héteros". A Cientologia com frequência enaltece sua capacidade de ajudar atores envolvidos em dificuldades a encontrar a base espiritual de que precisam para alcançar o sucesso, oferecendo inúmeros workshops e programas de arte dramática.

Assim, em função de meu projeto, resolvi me passar por um aspirante a ator que acreditava que sua homossexualidade poderia ser um impedimento para o estrelato.

A Igreja da Cientologia foi fundada em 1950 por um escritor obscuro de romances de ficção científica, chamado L. Ron Hubbard, que inventou uma série de sistemas de auto-ajuda espiritual que chamou de "Dianetics", baseada em seus escritos, envolvendo um ditador da "Confederação Galáctica" que, 75 milhões de anos atrás, trouxe bilhões de seu povo para a Terra numa espaçonave tipo um DC-8, empilhou-os em torno de vulcões e matou-os usando bombas de hidrogênio.

Poucos antes disso, Hubbard tinha dito a um amigo que o "jeito mais fácil de fazer milhões de dólares seria começar minha própria religião".

No decorrer dos anos, desde então, sua igreja estabeleceu um império de negócios de múltiplos bilhões de dólares, ganhou dez mil seguidores pelo mundo todo e gerou considerável controvérsia, inclusive uma infinidade de acusações de que a religião era, na verdade, um culto sinistro.

Em 1965, o estado australiano de Victoria já havia concluído em relatório de uma comissão de investigação da Cientologia, que Hubbard proclamava falsamente ter credenciais científicas e outras mais, e que sua sanidade deveria "ser posta seriamente em dúvida".

Em meados de 1970, o FBI deu uma batida nos escritórios da Cientologia através dos Estados Unidos, procurando por documentação da Operação de Hubbard, chamada de Snow White, uma rede de espionagem dirigida pela Igreja, que envolvia grampos ilegais e o roubo de documentos dos escritórios do Governo.

Inúmeros oficiais de nível superior da Igreja, inclusive a esposa de Hubbard e a segunda em comando, Mary Sue, foram indiciados e condenados por acusações federais de conspiração contra o governo dos Estados Unidos. O próprio Hubbard foi chamado de um "co-conspirador não indiciado".

Desde o início, Hubbard identificou as celebridades como uma chave para a expansão da Cientologia, estabelecendo uma série de Centros de Celebridades onde famosos atores de Hollywood poderiam ser satisfeitos e mimados enquanto cuidavam de seu treinamento. Também exibiu uma hostilidade considerável com relação à homossexualidade, descrevendo-a na literatura da Igreja como perversão sexual e uma "aberração mental".

Tais pessoas, ele escreveu, envolveram-se em "práticas irregulares que nada mais fazem além de se inclinarem para a criação de crianças" e em "esforços que tendem, não para o divertimento, mas para a poluição e o desvirtuamento do sexo em si, de modo a torná-lo tão repulsivo quanto possível aos outros e, assim, inibir a procriação".

• • • •

Quando visitei pela primeira vez a sede da Igreja em Los Angeles e lhes contei minha história, a mulher que me cumprimentou tentou expulsar meu cinegrafista do recinto na mesma hora, o que seria um golpe importante para meu documentário. Eu expliquei então, mais que depressa, que meu tio no Canadá - que se tornara incrivelmente rico depois de inventar o cartão chave de hotel - estava muito interessado em juntar-se à Igreja e me havia pedido para documentar minhas experiências em vídeo. Diante da menção de meu parente milionário, os olhos da mulher se iluminaram, e ela autorizou o cinegrafista a ficar. Então, insistiu em proceder pessoalmente à minha filiação como membro.

Assim, tornei-me, de acordo com o *Daily Mail* de Londres, "o único jornalista a se infiltrar com sucesso na Igreja da Cientologia" e registrei tudo isso em filme.

Depois de caminharmos através do que pode ser descrito como um santuário a L. Ron Hubbard (o que me fez lembrar um passeio que fiz certa vez até a Rússia soviética, onde a foto e os escritos de Lênin estavam por toda parte), ela me pediu para fazer um teste escrito.

Disse-me que isso me daria uma visão panorâmica do que estava indo bem e do que poderia ser melhorado. As perguntas eram relativamente inofensivas, tais como: "Você tem algum pesar a respeito de infortúnios passados" e "Você tem estômago para matar um animal para livrá-lo de seu sofrimento?"

Resolvi responder cada pergunta da maneira oposta a de como realmente me sentia, só para ver o que aconteceria.

Enquanto esperava pelos resultados, perguntei à minha encarregada da Cientologia se a Igreja poderia realmente ajudar minha carreira de ator a decolar.

— Obviamente, não estou no nível de um Travolta ou Cruise, porém há algumas aulas que eu possa tomar para me ajudar a me tornar um astro?

— Absolutamente — ela retrucou. — Quero dizer, eis o que faremos. Temos cursos que as pessoas podem fazer, em que, por um lado, aprendem a como lidar com certas coisas na vida que estão causando problema. Pode ser casamento, dinheiro ou qualquer outro problema que estejam enfrentando.

— E você será capaz de dizer isso com esse teste? — perguntei.

— Sim, na verdade, é muito preciso — ela respondeu.

Prossegui contando a ela que realmente enfrentava um grande problema, declarando:

— Sou gay. É por isso que estou aqui, porque acho que minha homossexualidade está arruinando minha carreira. Há algum meio de superar isso?

— Possivelmente — ela retrucou, sem rodeios.

Perguntei a ela como.

— Através de auditoria — ela respondeu.

— O que é auditoria? — indaguei.

— Auditoria é aconselhamento espiritual.

Ela sugeriu então que eu estava pronto para o teste de "E-meter". Sem demora, conectou-me ao Eletrômetro de Hubbard, engenhoca inspirada na bizarra ficção científica da Igreja, conhecida vulgarmente como "E-meter". O dispositivo, de acordo com a literatura da Igreja, mede a resposta eletrônica na pele e deve "refletir ou indicar se o confessando aliviou-se ou não do impedimento espiritual de seus pecados". Em outras palavras, é um teste primitivo de detector de mentiras. O E-meter tornou-se objeto de ação repressiva realizada pelo governo dos Estados Unidos diante das práticas fraudulentas no princípio de 1960, e mais de uma centena de E-meters foi apreendida pelos delegados dos Estados Unidos durante uma batida em 1963 na sede da Igreja da Cientologia em Washington, D.C. A igreja foi acusada de fazer falsas alegações de que os dispositivos efetivamente tratavam uns setenta por cento de todas as enfermidades físicas e mentais. Em 1971, o juiz regional dos Estados Unidos, Gerhard Gesell, chamou a Cientologia de "uma pseudociência que foi adotada com finalidades religiosas" e refere-se às ideias of Hubbard como "charlatanismo".

Gesell decretou que a Igreja não poderia mais anunciar seus

serviços como uma cura científica e obrigou a igreja a rotular os dispositivos como ineficientes para o tratamento de enfermidades.

Mais controverso ainda, o E-meter é muitas vezes usado em algo a que a Cientologia se refere como a "verificação de segurança sexual e criminal", em que os membros, a vários intervalos com o passar do tempo, são obrigados a revelar quaisquer lapsos em seu comportamento, inclusive atos criminosos, crimes contra a Cientologia e "atos e delitos sexuais".

A informação, com frequência embaraçosa e incriminadora, é então supostamente colocada em dossiês que podem ser usados contra um membro se tentarem deixar a Igreja.

Depois que fui conectado, minha encarregada explicou que se a agulha se movesse, indicaria pontos de tensão e, se se movesse o bastante para a direita, era uma "falha" que indicaria o quanto eu precisava da Cientologia.

Além da perspectiva de ser descoberto como um jornalista disfarçado e de ser obrigado a sentar-me para a "reeducação" ou ter de assistir ao épico da Cientologia *Battlefield Earth* de John Travolta durante horas, com meus globos oculares abertos à força, eu não tinha nada com que me preocupar na terra naquele momento.

Fui então submetido a uma série de perguntas, tais como:

— Está nervoso com alguma coisa que surgiu em sua vida?

A agulha não se moveu absolutamente, deixando minha encarregada mais ou menos nervosa. Finalmente, em resposta a uma pergunta, a agulha moveu-se um tiquinho.

— Veja — ela exclamou com júbilo. — Isso demonstra um problema.

Depois de algum tempo, ela me disse para me concentrar em "algo, qualquer coisa em sua vida e focar-se nisso". Minha mãe falecera poucas semanas antes e então foi nisso que resolvi me concentrar. E desta vez a agulha saltou para a direita cerca de uns dois centímetros. Achei que a criatura experimentava um ligeiro orgasmo conforme observava a agulha saltar, pois mal podia conter a excitação.

Eu disse a ela que estava me concentrando em minha homossexualidade e em como isso sabotava minha carreira.

— Definitivamente, podemos ajudá-lo com isso — disse ela. — Você precisa de auditoria.

Quando meu teste escrito voltou, mostrou que eu estava "estressado, deprimido, inseguro, emocionalmente frágil e ligeiramente instável".

— Como eu esperava — ela declarou. — Você está sob grave turbilhão emocional, mas tem mesmo potencial. Acho que a Cientologia pode definitivamente ajudá-lo com isso. Temos cursos que irão beneficiá-lo grandemente. Fará sua vida mudar da água para o vinho.

Mais tarde, dei um jeito de conseguir uma entrevista com o vice-presidente do Centro de Celebridades, Greg Laclaire, desta vez como um jornalista, mas somente depois que contei a ele sobre meu tio que estava pensando em se juntar à igreja. Laclaire assegurou-me que os princípios da Cientologia eram, sem qualquer dúvida, o fator por trás do sucesso de seus membros celebridades. O que houve de interessante acerca da entrevista não foi tanto a defesa previsível de Laclaire da Cientologia, mas o instante, mais ou menos na metade do caminho do canal, quando notei que um sujeito saltou de trás de alguns arbustos e me filmou filmando Laclaire.

— Greg, ele está nos filmando? —, perguntei, apontando para o cinegrafista.

— Ora, ele é apenas meu colega — respondeu Laclaire, constrangido. —Só está filmando isso porque podemos usar algum dia.

Durante vários meses, investiguei a Igreja da Cientologia, às vezes como jornalista, às vezes disfarçado. Pelo caminho, cultivei vários membros atuais e antigos como fontes, descobrindo uma quantidade surpreendente de informações sobre as práticas da Igreja. Durante esse período, eu estava particularmente interessado no foco da igreja em celebridades e foi no decorrer dessa fase de minha pesquisa que dois diferentes cientologistas me disseram a mesma coisa - a Igreja da Cientologia arquitetara e arranjara o improvável casamento de Michael Jackson e Lisa Marie Presley.

— A Igreja precisava pescar um peixe grande e cravou os olhos em Jackson — disse um ex-oficial de alto posto na Igreja. — Eles fizeram o que tinham de fazer para pegá-lo e usaram uma de suas mais legais seguidoras para conseguir que fosse feito.

A Igreja sempre se empenhara aplicado esforços consideráveis para recrutar celebridades e tinha aberto seu primeiro Centro de Celebridades em Los Angeles em 1969, dedicado a artistas e celebridades por que, dizia-se, "essas eram as pessoas que eram o presente no futuro". Um esforço em grande escala foi então empreendido para iniciar recrutas famosos do show business. Já em 1990, a política tinha obtido considerável sucesso, com um grupo rapidamente crescente de celebridades de Hollywood juntando-se às fileiras. Entre os mais destacados estava um ator que, na verdade, se havia se juntado à Cientologia bem antes de chegar ao estrelato, John Travolta. De fato, a Igreja muitas vezes apontou Travolta como um exemplo reluzente de como a Cientologia pode ajudar a se alcançar o sucesso. Ele pode ter sido também um perfeito representante para outra notória prática da igreja.

Em 1991, a revista *Time* publicou um devastador conjunto de revelações comprometedoras sob a manchete "Cientologia: o Próspero Culto da Ganância e do Poder", detalhando muitas das práticas mais repulsivas da Igreja. Entre as revelações contidas na reportagem da capa havia a insinuação de que Travolta praticamente era refém da Igreja por causa de sua suposta homossexualidade.

> Desertores de alto nível alegam que Travolta receava havia tempo, caso desertasse, que detalhes de sua vida sexual pudessem ser tornadas públicos.
> — Ele ficou com medo de que isso vazasse, e me contou — recorda-se William Franks, ex-membro do conselho da igreja. — As ameaças não eram feitas abertamente, mas isso era implícito. Se você fosse embora, eles iriam imediatamente começar a desenterrar tudo.
> Franks foi expulso em 1981 depois de tentar reformar a igreja. O ex-chefe da segurança da igreja, Richard Aznaran, recorda-se do cabeça da Cientologia, [David] Miscavige, fazendo piadas com frequência sobre o suposto comportamento homossexual promíscuo de Travolta.
> A essas alturas, qualquer ameaça à exposição de Travolta parece besteira, depois que, em maio passado, um astro pornô conseguiu 100 mil dólares de um tabloide por um relado de sua suposta ligação de dois anos com a celebridade. Travolta recusa-se a comentar e, em dezembro, seu advogado rejeitou as perguntas sobre o assunto como "bizarras". Duas semanas depois, Travolta anunciou que iria se casar com a atriz Kelly Preston, uma companheira da Cientologia.

Foi o casamento apressado com Preston assim que a *Time* pôs na rua sua reportagem especulando sobre a sexualidade de Travolta que particularmente me intrigou a respeito da história. Especialmente depois de ouvir os rumores sobre Jackson e Lisa Marie. Assim, resolvi ir atrás de um homem chamado Michael Pattinson.

Michael Pattinson é um famoso artista gay de Beverly Hills que, em 1998, entrou com uma ação contra a igreja da Cientologia no tribunal distrital dos Estados Unidos, declarando que, no decorrer de quase vinte cinco anos, a Igreja prometeu torná-lo heterossexual e que ele pagara mais de 500 mil dólares em taxas para cursos de "auditoria", mas que ele ainda era gay. Também alegava que tinham usado Travolta frequentemente como um exemplo de uma história de sucesso para a cura da homossexualidade.

Pattinson me contou que frequentava os mesmos círculos da Cientologia que Travolta.

> Alistei-me quase ao mesmo tempo em que ele, conhecia as mesmas pessoas, todas elas. Na verdade, eu era considerado uma celebridade, acho, antes mesmo que ele fosse, e era até capa da revista da Igreja, *Celebrity*. Todo mundo sabia sobre ele desde o começo. Era bastante óbvio. Travolta era o modelo exemplar da cura, principalmente depois que se casou. Eu pensei, bem, se ele conseguiu se casar, então deve estar curado, e frequentei mais cursos ainda e gastei ainda mais dinheiro, só esperando pelo dia em que também estaria curado daquilo que chamavam de "minha ruína".

Na época em que deixou a Igreja, Pattinson diz que havia alcançado uma posição muito alta.

— Eu era tratado pelos mesmos encarregados, ou "terminais" como são chamados, que qualquer outra celebridade, tal como Travolta, tal como Tom Cruise, tal como Kirstie Alley. Sei que é muito importante para as relações públicas que, dentro da indústria, algumas dessas pessoas sejam vistas como heterossexuais, embora na verdade sejam gays tentando lidar com isso dentro da Cientologia... Tudo isso, é claro, estaria em suas pastas "pré-limpeza" sob um nome fictício, um codinome, em razão de todos seus segredos mais íntimos estarem nelas. Porém, para eles, é muito importante continuar com tamanho absurdo. Diante de algo que parece terrível para a indústria, talvez eles devessem demonstrar ser héteros. E é provável que até aceitassem um casamento arranjado.

• • • • •

Nos anos que se seguiram à morte de seu pai, Lisa Marie Presley despencou numa espiral de depressão, mau comportamento e drogas.

Não ajudava em nada que tivesse de repelir o namorado que morava com sua mãe, a quem acusou muitas vezes de assediá-la enquanto Priscilla estava no set filmando seu show de TV de sucesso, *Dallas*.

Na época em que tinha dezesseis anos, ela havia se livrado de uma fase de quarto anos de drogas e álcool que deixou as pessoas preocupadas de que pudesse seguir o mesmo destino de Elvis.

— Eu me "entortava" por umas setenta e duas horas — ela recordou-se mais tarde. — Cocaína, sedativos, maconha e bebida - tudo ao mesmo tempo... Não sei como passei por isso. Acordei um dia com um bando de gente no chão, e o fornecedor de coca estava na sala, e eu disse: "Todo mundo pra fora! É isso aí. Pra mim, chega".

Ela alega que foi o dia em que entrou para a Igreja da Cientologia, e disse:

— Alguém me ajude aqui, pô.

Foi no mesmo ano em que começou a receber os rendimentos anuais da propriedade de centenas de milhões de dólares de seu pai. Como única herdeira de Elvis, entrou de posse da herança ao completar vinte cinco anos, de acordo com os termos do testamento.

Durante os últimos nove anos, essa fortuna tinha sido administrada com muita competência por sua mãe, Priscilla, que, diante da confusão de dívidas que Elvis havia deixado ao morrer, em 1977 — graças em grande parte às falcatruas do agente, o coronel Tom Parker — havia transformado tudo num modelo de eficiência e em uma máquina de fazer dinheiro, o que lhe valeu a descrição de uma das mulheres de negócios mais habilidosas da América. Tinha contado com ajuda.

Priscilla Presley é uma fervorosa cientologista desde pelo menos o início dos anos 80, devotando-se a um amplo leque das causas da Igreja e doando imensas somas de dinheiro para os cofres da Igreja. Até mesmo comprou uma mansão de muitos milhões de dólares em Clearwater, na Flórida, perto da sede espiritual da Igreja. Priscilla também confia intimamente nos conselheiros da Cientologia para ajudá-la a administrar a propriedade de Elvis, embora faça esforços incríveis para distanciar, aos olhos do público, a empresa Elvis Presley Enterprises da Cientologia, com receio de manchar a imagem lucrativa de Elvis. A única hora em que convocou o nome do ex-marido, de fato, foi em conexão com a cruzada da Igreja contra as drogas sob prescrição.

— Gostaria que [Elvis] soubesse o que era a Cientologia antes de morrer — Priscilla disse aos repórteres na abertura de um centro de reabilitação de drogas da Igreja, em 2002, acrescentando que as sólidas políticas antidrogas da Igreja poderiam ter "ajudado Elvis um bocado" na luta contra seu próprio vício em drogas sob prescrição.

Parece, porém que Elvis sabia o que era a Cientologia — e que a rejeitava sem hesitação. De acordo com Lamar Fike, um membro de longa data da turma de Elvis, conhecida como a "Máfia de Memphis", Elvis havia um dia tido um encontro revelador com a Igreja.

— Um dia, em Los Angeles, a gente pegou uma limusine e foi ao centro de Cientologia na Sunset [Boulevard], e Elvis entrou e conversou com eles — recorda-se Fike. — Nós esperamos no carro, mas parece que eles começaram a fazer todas aquelas cartas e besteiras para ele. Elvis saiu e disse: "Foda-se aquela gente! De jeito nenhum vou me envolver com aquele grupo de filhos de uma puta. Tudo que querem é o meu dinheiro". Ele ficou longe da Cientologia como se aquilo fosse uma cobra. E ficaria chocado ao ver como Lisa Marie entrou fundo nisso.

Embora Lisa Marie não se filiasse formalmente à Igreja até os dezoito anos, não era estranha ao mundo da Cientologia, pois frequentou a Westside Apple School, dirigida pela Igreja durante anos, onde ficou exposta aos ensinamentos e à filosofia de Hubbard, embora diga que normalmente estava muito "chapada" para prestar muita atenção.

Assim que ingressou em 1986, contudo, empenhou-se até o pescoço, tornando-se uma de suas mais fervorosas devotas.

— Se não fosse pela Cientologia, eu estaria, a essas horas, ou completamente louca, ou morta — ela escreveu num livro publicado pela Igreja, chamado *What is Scientology?* (O que é a Cientologia?). — Sou eternamente grata pela tecnologia da Cientologia e ao senhor Hubbard, que dedicou sua vida a ajudar o homem e este planeta, assim como às pessoas que dedicaram suas vidas a ajudar os outros através da Cientologia.

Sua devoção à Igreja estendeu-se à sua vida pessoal, e, em 1988, ela casou-se com um companheiro cientologista chamado Danny Keough, que tinha conhecido no Centro Internacional de Celebridades da Igreja de Cientologia em Los Angeles, seu namorado desde que se filiou à Igreja.

O casal tinha dois filhos e, pelo que se sabia, era um casamento feliz até que, de repente, foi anunciado que estavam se divorciando.

— Danny e eu sempre nos amaremos — disse Lisa Marie na época. — Contudo, a amizade é mais adequada para nós que o casamento.

Temos dois filhos maravilhosos e planejamos ter a guarda conjunta deles.

Vinte dias depois, Lisa Maria voou para a República Dominicana para se casar com Michael Jackson.

Talvez a coisa mais incomum sobre o casamento Jackson-Presley — além da improvável natureza do próprio casal — seja o fato de que o ex-cunhado de Lisa Marie, o irmão mais novo de Danny Keough, Thomas, um cientologista, serviu como testemunha.

Será que o divórcio e o casamento eram um plano da Cientologia para atrair Jackson para seu redil?

• • • •

Em 1955, L. Ron Hubbard criou um programa da Cientologia chamado "Projeto Celebridade", oferecendo recompensas para os cientologistas que recrutassem celebridades visadas. Numa carta sobre a política da Igreja, de 1976, ele declara que a "reabilitação de celebridades que estejam logo além ou já se aproximando de seu apogeu" possibilita a "rápida disseminação" da Cientologia.

Hubbard decretou que os cientologistas deveriam mirar indivíduos importantes como sua "caça", e trazê-los de volta como troféus para a igreja. Entre aqueles que ele relacionou como presas adequadas à época estavam: Edward R. Murrow, Marlene Dietrich, Ernest Hemingway, Howard Hughes, Greta Garbo, Walt Disney, Groucho Marx, e outros grandes nomes da era.

— Se trouxer um deles para casa, você obterá uma pequena placa como recompensa — Hubbard escreveu numa revista de Cientologia.

De acordo com uma de minhas fontes na Cientologia, fazia tempo que a Igreja via Jackson como um recruta potencial, por causa da história do astro com outra religião controversa, as Testemunhas de Jeová. Jackson tinha crescido como um seguidor devoto da seita e até mesmo costumava sair de porta em porta evangelizando para as Testemunhas longo tempo depois de se tornar famoso.

— A Igreja fez seu dever de casa e descobriu que Jackson tinha feito a doação de imensas quantias de dinheiro para as Testemunhas de Jeová antes de abandonar a fé, e até mesmo ajudou a financiar a construção de suas sedes. Para a Cientologia, isso era o Santo Graal.

De acordo com Michael Pattinson, um ex-cientologista que conhecia bem Lisa Marie, "esse é exatamente o tipo de modus operandi que eles empregam. Jackson seria uma bela caça". Pattinson disse que também ouvia boatos, mas nada concreto.

Antes de desertar, em meados dos anos 90, Jesse Prince era um dos mais altos oficiais da Cientologia, alcançando o posto de Inspetor Geral Delegado Externo. Em sua posição, tinha contatos próximos com a liderança da Igreja, inclusive o chefe efetivo da Igreja de Cientologia, David Miscavige. Prince declara que é testemunha daquilo que pode ter sido o início do plano para recrutar Jackson.

— David Miscavige tinha uma fascinação maluca por Michael Jackson — Prince se recorda. — A equipe toda tinha de ouvir sua música. Houve apresentações especiais para que todos assistissem ao vídeo de *Thriller*.

Embora não fizesse parte dos esforços diretos de recrutamento, Prince recorda-se bem de uma conversa com Miscavige que dava a entender que o recrutamento de Jackson era uma alta prioridade.

— Enquanto tudo isso estava acontecendo, David dizia orgulhoso que a gente quase pôs as mãos em Michael Jackson; que estávamos fazendo tudo que podíamos, e Lisa Marie também, mas acho que não funcionou.

No entanto, ele diz que num determinado ponto, a relação entre Jackson e a Cientologia era tão boa que Jackson arranjou para que o produtor executivo de *Thriller*, Bruce Swedien, trabalhasse no álbum de *Battlefield Earth* que a Igreja da Cientologia estava produzindo, baseado no romance de Hubbard. O arranjo deu errado, ele diz, porque a esposa de Swedien chegou ao estúdio um dia usando colônia, o que é algo absolutamente inaceitável nos círculos da Cientologia. Quando foi tratada com grosseria por causa do "fedor", Swedien encerrou seu envolvimento no projeto.

Prince, que faz questão de afirmar que é testemunha de casamentos e divórcios arranjados pela Cientologia, também alega que o divórcio entre Lisa Marie e Danny Keough foi monitorado de perto pelos mais altos escalões da Igreja e "feito às pressas" para ter certeza de que o casamento com Jackson fosse realizado.

Realmente, minhas fontes me dizem que durante o casamento de vida breve, foram feitos esforços de alto nível para persuadir Jackson a passar por um programa de auditoria, o eufemismo que a Igreja usava para aconselhamento espiritual, mas que ele não havia cedido.

— Num determinado momento, Michael reclamou que achava que estavam tentando fazer lavagem cerebral nele — disse um parceiro que trabalhava com Jackson na época. — Falou que achava aquela gente muito sinistra.

Na entrevista de Diane Sawyer, quando ela lhe pergunta num dado momento se ele é um cientologista, Jackson responde:

— Acredito na espiritualidade e acredito numa fonte maior, tal como Deus. Mas não sou um cientologista. Leio tudo. Gosto de ler. Adoro estudar.

Depois do divórcio, Lisa Marie declarou que o casal foi "sexualmente ativo" durante o casamento; outros dizem, porém, que raramente estavam juntos e que, durante esse período, Lisa Marie passava mais tempo com o ex-marido, Danny Keough, do que com Michael.

— A gente sempre imaginou se Lisa Marie algum dia deixou de estar casada com Keough — diz o parceiro de Jackson. — Não parecia.

Na verdade, assim que ela se divorciou de Jackson, Keough mudou-se para a casa de hóspedes na propriedade de Lisa Marie, onde ainda vive hoje em dia.

DEZ

A multidão lá embaixo gritava com adoração: "Michael! Michael! Michael!". Em 19 de novembro de 2002, milhares de fãs reunidos na praça central de Berlim, do outro lado do Portão de Brandemburgo, provocavam um tumulto frenético.

Ao alto, no balcão de sua suíte de 10 mil dólares de diária do Adlon Hotel, estava o objeto de tanto afeto, Michael Jackson, que havia acabado de chegar à capital alemã para receber o prêmio o "Artista do Século".

De repente, os berros se intensificaram quando Jackson saiu para a varanda segurando o que a princípio parecia ser uma boneca com uma toalha na cabeça. Quando Jackson sacudiu-a brevemente por sobre o parapeito da sacada do quarto andar por um braço, e as perninhas começaram a se agitar, tornou-se óbvio que a boneca era, na verdade, seu filho, um bebê de nove meses, Prince Michael II, mais conhecido como Blanket (Cobertor). Jackson, então, recuou para dentro. Ninguém na multidão pareceu particularmente preocupado com o que tinha acabado de testemunhar. Em vez disso, começaram a entoar "Foda-se a imprensa. Michael, você é o melhor!"

Alguns momentos depois, ele voltou ao balcão e jogou um travesseiro em que havia escrito: "Amo vocês com todo meu coração — Michael Jackson".

Naquela noite, alheio à agitação geral, Jackson foi a uma loja de ídeo local onde comprou uma cópia de *E.T.* — que ele alega ter visto pelo menos 500 vezes — e o assistiu com sua família.

Na manhã seguinte, os americanos acordaram com uma gravação em vídeo do incidente do bebê balançando, e imediatamente expressaram espanto e revolta.

"PAI MALUCO E MALVADO!", bradava a manchete de um tabloide.

Especialistas em proteção à infância foram rápidos em reagir ao incidente. Katharina Abelmann-Vollmer, da Associação Alemã de Proteção à Criança, convocou uma investigação imediata depois que a polícia alemã anunciou que não iria acusá-lo formalmente de um crime.

— Se fosse outro que não Michael Jackson a balançar o filho de uma sacada, definitivamente haveria um processo. Existe uma norma para os ricos e famosos, e uma para o povo comum — disse ela.

A Sociedade Nacional Britânica para a Prevenção de Crueldade Contra a Criança foi mais ponderada, com seu porta-voz emitindo uma declaração educada:

— Não aconselhamos ninguém a colocar bebês ou crianças em risco balançando-os de uma sacada — disse o porta-voz.

— Considerando que o senhor Jackson começou uma obra de caridade para proteger crianças, trata-se de um comportamento alarmantemente irresponsável para com uma criança — disse Kevin Kirkpatrick, do Prevent Child Abuse America (Prevenção ao Abuso Infantil da América). — Segurar uma criança daquele jeito, com apenas um braço enquanto se debruçava sobre uma sacada no quarto andar é negligência considerável, para dizer o mínimo.

— Aquela criança poderia ter morrido. Alguma coisa precisa ser feita. Ele deveria ser acusado de maltrato infantil — repetiu a Dra. Patricia Farrell, uma psicóloga de Nova Jersey.

Mesmo seus amigos e fãs ficaram chocados.

— Sempre amei a música de Michael, mas ele deveria ser preso por aquele gesto doentio. É uma maldita desgraça que as autoridades não tenham mexido uma palha para pelo menos questioná-lo sobre tal atitude. Do que ele estava brincando? — uma dona de casa americana de trinta e três anos disse a um repórter. — Não posso acreditar no que vi. — É óbvio que Michael está, de certa forma, fora de controle — disse Donald Trump, que frequentemente hospedava Jackson como convidado nas Trump Towers de Nova York, e em sua vasta propriedade, Mar-A-Lago, em Palm Beach.

Como de costume, quando o astro ficava sob tiroteio, a família de Jackson fechou o cerco. Michael estava "tomado de empolgação" quando pendurou o bebê, seu irmão Jermaine disse à CNN.

— Você julga uma pessoa por suas intenções. Ele é um pai maravilhoso. É um excelente pai. É ótimo para nossos filhos, meus filhos.

Sem nunca deixar passar uma oportunidade de obter publicidade, a advogada ocasional de Jordan Chandler, Gloria Allred, que o representou uma única vez, escreveu para o Departamento de Serviços Sociais da Califórnia, pedindo uma investigação para saber se Jackson colocou o filho em risco.

— Dada a altura da sacada e o fato de que o senhor Jackson estava apenas segurando a criança com um braço e de lado, a criança corria o risco de cair e sofrer ferimentos ou de morrer — escreveu Allred.

Para acalmar a agitação, Jackson distribuiu um pedido de desculpas por escrito.

— Cometi um erro terrível — disse. — Fui pego pela empolgação do momento. Eu jamais, intencionalmente, colocaria em risco as vidas de meus filhos.

A psicóloga Joyce Brothers, porém, não ficou satisfeita com o tom da declaração, dizendo aos repórteres:

— É bom que ele tente se desculpar, mas isso não é um pedido de desculpas. Eu realmente não acho que ele seja capaz de se colocar no lugar de alguém, para enfatizar de que se sente como os outros se sentem.

Um jornal tentou colocar o incidente em debate e revidou as críticas violentas:

— O momento em que ele pendurou a criança sobre um balcão de hotel em Berlim foi estupidez, mas crueldade maior com as crianças pode ser observada em qualquer estacionamento de supermercado.

Foram raros, porém, os defensores de suas ações.

Conforme a reação se espalhava pelo mundo, Jackson pareceu tornar as coisas piores quando tentou retratar-se como um pai normal levando seus dois filhos mais velhos, Paris e Prince Michael, ao zoológico de Berlim, um dia depois do incidente.

A excursão transformou-se rapidamente num espetáculo surreal, conforme o cantor, assediado, ocultava do público os rostos de seus filhos sob capuzes roxos e véus semelhantes a burkas, enquanto os paparazzi enxameavam em torno deles. De acordo com um relato, "A filha de três anos de Jackson, Paris Katherine Jackson, parecia uma mulherzinha de luto num funeral esticando o pescoço para ver os macacos através do pano grosso.

Enquanto durou a polêmica, simpatizantes e detratores deixaram claro o espanto, especulando o que deu em Jackson para ter uma atitude tão descuidada.

Até mesmo o rabino Shmuley Boteach - amigo íntimo de Jackson e seu conselheiro espiritual - estava perplexo.

— Por que ele faria isso? Eu não sei — disse a um repórter. — Não é próprio dele.

Alguns anos depois, durante o curso de minha investigação, posso ter tropeçado numa explicação. De acordo com um de seus parceiros, que estava presente em Berlim durante o incidente, "Michael estava tão alto como uma pipa".

• • • •

Embora tenha conseguido segurar o filho pendurado na sacada, Michael Jackson estava, claramente, afrouxando o aperto. Evidentemente, os anos que se seguiram ao acordo com Jordan Chandler tinham "cobrado seu pedágio". Não muito tempo depois de concluído seu divórcio de Lisa Marie, Jackson voltou a chocar o mundo, em novembro de 1996, com notícias da Austrália — tinha acabado de se casar com a enfermeira de trinta e sete anos, Debbie Rowe, grávida de seis meses na ocasião.

Rowe tinha trabalhado para o dermatologista de Jackson, Arnold Klein, e o conhecia das consultas de rotina do cantor. Tinha acabado de superar o rompimento de um namoro sério, e estava apaixonada por Jackson, por quem sempre sentia uma "queda" de colegial. Quando ele lhe falou da vontade que tinha de ser pai, ela ofereceu-se para a tarefa.

O casamento em si foi bizarro, compatível com a reputação de Jackson. O padrinho era um garoto de oito anos — um de seus "amigos especiais".

A atmosfera do casamento de Jackson com Rowe foi estabelecida na noite de núpcias. Depois da cerimônia, Jackson beijou no rosto da nova mulher. E, naquela noite, dormiram em suítes separadas no Sheraton Hotel.

Logo, ela ganhava o apelido de a "Rainha do Pop" pela imprensa de tabloides. Três meses depois, Rowe dava à luz um filho a quem chamaram de Prince Michael e, um ano e dois meses depois disso, trazia ao mundo uma menina, Paris Katherine Jackson.

Para a maioria dos observadores, era evidente que, se o casamento anterior, de Jackson com Lisa Marie Presley destinava-se a passar a ideia de normalidade heterossexual, o plano fracassou miseravelmente. Ninguém parecia acreditar que o casamento de Presley tivesse sido pra valer, ou que o casal se relacionasse sexualmente, não importava quantas vezes insistissem. Agora, a especulação concentrava-se na paternidade dos filhos com a nova mulher, e se a coisa toda era para aplacar as dúvidas de longa data do público. Afinal, casado e pai de dois filhos, Jackson poderia passar a impressão de fazer sexo — heterossexual, bem entendido. Mas, se era essa a intenção, o novo plano também estava condenado. Quase imediatamente, as especulações pipocaram: as crianças tinham nascido através de inseminação artificial como na realidade aconteceu. Uma reportagem de tabloide insinuou que Rowe recebeu cerca de 1,7 milhões de dólares para dar à luz ao primeiro filho. A soma verdadeira foi de seis milhões.

— Antes de assinar um contrato com ela, ele a fez submeter-se a centenas de testes médicos numa clínica médica particular em Beverly Hills. Queria ter certeza de que era portadora de uma ficha limpa de saúde e tinha um passado médico impecável — revelou um amigo de Jackson. — Ele pediu aos médicos que fosse registrado tudo sobre a condição de Rowe, mesmo que fosse tão minúsculo como uma espinha, nada deveria ser mantido em segredo. Estava extremamente paranoico e precisava saber de tudo. Cada vez que os médicos lhe mandavam um relatório, ele passava dias e semanas estudando-o para assegurar-se de que não havia nenhuma "bandeira vermelha", ou seja, qualquer sinal de perigo.

Logo ficou óbvio que o suposto casamento era uma farsa, quando Rowe continuou a morar no complexo residencial no subúrbio de Van Nuys, em Los Angeles.

De acordo com o relato do chef de Neverland ao *Times* de Londres:

Debbie não era uma presença significativa, como se poderia esperar de uma mãe recente. Nós só a vimos umas poucas vezes. O bebê era cuidado por uma equipe de seis babás e seis enfermeiras. Todas trabalhavam oito horas cada, em turnos. Assim, o bebê sempre tinha duas enfermeiras e duas babás a seu lado. Eram mantidas sob constante vigilância em vídeo que era monitorado por membros da equipe de segurança de Jackson. As babás tinham treinamento especial. A equipe diurna faz todas aquelas práticas de exercício com o bebê para desenvolver sua força. A equipe noturna começou a ler e cantar para Prince quando ele tinha apenas três semanas. Quando Prince chora, ele parece estar chamando pela mãe. Isso é natural. Na casa do senhor Jackson, há realmente poucos sinais da senhora Rowe. É estranho, quase como se o bebê não tivesse mãe. Não há fotos de Debbie, que eu tenha visto algum dia. O senhor Jackson só tem uma foto ao lado de sua cama, e é de Lisa Marie quando criança, no ano em que os dois se conheceram.

Rowe alimentou os boatos. Admitiu que raramente via os filhos, afirmando que estava perfeitamente feliz por Jackson ter assumido ele mesmo os cuidados das crianças.

— Neverland é o céu — disse ela a uma equipe de TV de Los Angeles. — É onde Michael pode ficar livre e ser pai e ao mesmo tempo ser uma criança com o filho. Sempre que o bebê está acordado, ele fica com Prince o tempo todo, a menos que se encontre em turnê. Quando o bebê está cochilando, ele se deita com ele por algum tempo, depois sai de mansinho para trabalhar, para escrever música, para dançar.

— Não preciso estar lá com o bebê — ela acrescentou. — Michael dá tamanha atenção a ele que eu não teria nada pra fazer. Não é minha tarefa, e Michael compreende isso. Preciso de minha independência. A amizade com Michael é a coisa mais importante para mim. E se esse casamento se colocar no caminho dessa amizade, então colocaremos o casamento de lado, porque eu gostaria que continuássemos como amigos. Sempre gostei de Michael e agora ainda muito mais.

Sem se queixar, ela disse a um jornal inglês:

— Posso ser a senhora Michael Jackson. Mas, se ele é o rei, então sou a rainha no exílio.

Uma amiga de Rowe relatou sua reação diante da história bizarra sobre o nascimento do segundo filho deles.

— Depois que a criança nasceu, Michael enrolou Paris numa toalha e fugiu com a recém-nascida. Debbie ficou arrasada, não creio que vá superar isso, realmente — disse a amiga —Talvez ele esteja tentando tornar as coisas mais fáceis para ela mais tarde, e certificar-se de que ela não tenha chance de estabelecer vínculos com o bebê.

Depois de ser limpo e examinado, o bebê foi levado para Neverland, onde uma equipe de enfermeiras estava a postos para cuidar dele.

Mais tarde, Rowe confirmou que seu segundo filho não foi concebido através de meios naturais.

— Claro que foi inseminação artificial — contou ao *Daily Mail* de Londres. —Paris foi concebida em Paris, por isso ganhou esse nome. Michael queria chamá-la de Princess, mas achei que era uma bobagem.

E, apesar dessa revelação, ela nunca contou de quem era o esperma usado para inseminá-la.

Na época, jamais foi permitido à mídia ver ou fotografar os rostos das crianças porque suas cabeças estavam cobertas sempre que saíam. Com isso, os boatos só aumentaram. Quando o público conseguiu ver pela primeira vez Prince Michael e Paris, anos depois, foi fulminado por um pensamento óbvio: as crianças eram brancas. Quando Michael era jovem, era uma criança afro-americana de pele escura que gradualmente transformou-se num virtual homem branco por meios desconhecidos. E, embora seja possível aos filhos de casais de diferentes etnias assumirem as características de um único progenitor, os especialistas dizem que é raro acontecer duas vezes sucessivamente sem que adquiram quaisquer das feições do pai. Portanto, para muitos, era óbvio que as crianças não descendiam da prole biológica de Michael, embora ele reiterasse o fato com insistência.

A "ausência de quaisquer características negroides fez os mexericos correrem soltos em Hollywood", escreveu um jornal inglês, com o típico tom de fofoca na matéria.

Quando os problemas com a segunda gravidez de Rowe — ela quase morrera de uma hemorragia durante o parto — indicaram que ela não poderia mais ter filhos, sua utilidade chegou ao fim.

—Tive muitos problemas quando estava grávida de Paris — ela recordou-se posteriormente. — Depois do parto, não poderia ter mais filhos. Michael ficou aborrecido com isso, não conseguia entender. Queria mais bebês.

Como disse uma pessoa próxima, Rowe foi então colocada pra escanteio, com um generoso acordo, e o casal divorciou-se em 1999, alegando diferenças irreconciliáveis. Três anos depois, em agosto de 2002, Jackson apareceu num show de Siegfried e Roy em Las Vegas, em que levou um bebê de seis meses aos bastidores e apresentou-o aos ilusionistas e à mídia reunida, dizendo:

— Este é meu terceiro filho, Prince Michael II.

Não deu explicação sobre a origem da criança ou quem era a mãe. A identidade dessa mãe é um segredo guardado a sete chaves desde então.

Apesar do ceticismo e da curiosidade com relação à linhagem, as crianças pareciam ocupar um lugar especial e reluzente na existência de Jackson. Quanto ao resto de sua vida, não foi assim tão fácil.

Em 1995, Jackson lançou um novo álbum, *HIStory*, um álbum duplo reunindo velhos sucessos e uma seleção de material novo. Desde o momento em que foi lançado, ficou evidente que Jackson estava obcecado em usá-lo para vingar-se daqueles que tinham cometido injustiças contra ele.

Uma canção em particular, intitulada "D.S.", é um claro ataque a Tom Sneddon, com Jackson parecendo gritar o nome do promotor num certo ponto, embora a letra diga "Dom Sheldon", naturalmente para evitar um processo. Na canção, Jackson chama Dom Sheldon várias vezes de um "homem frio", cantando que ele quer "ferrar comigo vivo ou morto" e perguntando se ele é um "irmão da KKK" (a Ku Klux Klan, a sociedade racista contra negros, do sul dos Estados Unidos) . Usou outra canção do álbum, "Tabloid Junkie" (Lixo de Tabloide), para atacar a mídia a quem sempre culpou pela perseguição contínua. Porém, a trilha que inspirou a maior polêmica tem o título de They Don't Care About Us (Eles Não Se Importam Conosco). A trilha em questão tem uma frase que foi imediatamente rotulada como antissemita pelo *The New York* e inúmeros grupos judeus: "Jew me, sue me, everybody do me/ Kick me, kike me, don't you black or white me". Numa tradução literal, "me engana, me processa, todo mundo cai matando em cima de mim/ me chuta, me marca, não vai me pretejar de pancada nem me branquear de medo", sendo que "Jew" quer dizer judeu em inglês, mas também enganar, trapacear; e "kike" é um termo ofensivo para judeu, ou a marca de um círculo que os judeus faziam nos papéis da imigração ao chegarem à América. A maioria dos críticos suspeitou que ele "comprou" a noção generalizada de que os judeus controlavam a mídia, encarada como a fonte de todos os seus problemas. A repercussão que se seguiu obrigou Jackson a divulgar uma nova versão sem a letra ofensiva. E também uma declaração negando que a canção visasse os judeus.

— Não é antissemita porque não sou uma pessoa racista... Eu nunca poderia ser racista. Adoro todas as raças — disse Jackson, acrescentando que muitos de seus amigos mais íntimos e empregados eram judeus.

O álbum vendeu cerca de dois milhões de cópias nos Estados Unidos, soma respeitável de venda para qualquer outro cantor, mas muito distante de seus colossais sucessos anteriores, inclusive *Thriller*, que vendeu mais de 13 milhões de cópias apenas nos Estados Unidos.

Mesmo assim, Jackson havia jurado deixar a polêmica de Jordan Chandler para trás e continuar com sua carreira, e estava fazendo algum progresso. Contudo, não conseguia ver-se livre e escapar totalmente de seus problemas com a justiça.

Em dezembro de 1994, um grupo de cinco antigos empregados de Neverland reuniu-se para processar Jackson por rescisão sem justa causa. Os ex-empregados alegavam que haviam sido despedidos por cooperarem com investigadores que se aprofundavam nas acusações de Jordan Chandler. Um dos guardas despedidos, Ralph Chacon, declarou que viu Jackson um dia fazendo sexo oral em Chandler num banheiro de Neverland.

Outro, Kasim Abdool, recordava-se de Jackson lhe pedir que levasse um pote de vaselina, altas horas da noite. Quando chegou com o pote, notou que Jackson estava "suado" e que os botões de seu pijama estavam abertos.

No quarto com ele, havia dois garotos, inclusive Jordan. Outra guarda, chamada Melanie Bagnall, também tinha uma história perturbadora a contar. Alegava que tinha visto Jackson andando num carrinho de golfe com um garoto, sentados bem próximos um do outro. Quando chegou perto, ela percebeu que Jackson apalpava a virilha do garoto.

No processo, os guardas alegaram terem sido intimidados, perseguidos e investigados pelos seguranças de Jackson que usaram de dispositivos ilegais de vigilância para espioná-los.

Essas acusações confirmavam outras denúncias semelhantes levantadas contra Jackson por sua crítica mais ferrenha da mídia musical, Maureen Orth, autora de uma série de críticas devastadoras sobre o cantor desde 1993. Orth havia pintado uma imagem de constantes intimidações, ameaças e constrangimento contra críticos, potenciais testemunhas e empregados resistentes, que datava desde a associação de Jackson com Anthony Pellicano e que havia prosseguido com as subsequentes equipes de segurança. Não ficou claro, porém, se o próprio Jackson havia sido o mentor das condições kafkianas que Orth retratou em sua matéria.

Jackson, ainda amargurado com o acordo com Chandler, jurou que desta vez enfrentaria as acusações em tribunal. Até mesmo registrou uma contra-ação, que foi a julgamento em 1997. Um juiz do

Tribunal Superior decidiu, por fim, a seu favor, julgando que os empregados não haviam sido despedidos sem justa causa. Ordenou a dois deles que pagassem 60 mil dólares a Jackson para indenizar sua contra-ação, além de compensações punitivas por terem agido de má-fé, pois, durante o julgamento, soube-se que os cinco haviam vendido sua história para uma revista de fofocas e que dois deles haviam sido pegos roubando em Neverland.

A história dos "Neverland Five", contudo, empalideceu em comparação ao livrinho indecente chamado *Michael Jackson Was My Lover* (Michael Jackson Foi Meu Amante). Pelos termos do acordo de 1994, Jordan Chandler estava impedido de falar sobre seu caso ou de discutir as acusações contra Jackson fora de um tribunal de justiça. De repente, em meados dos anos 90, um jornalista chileno, chamado Victor Gutierrez, começou a negociar um livro baseado nos diários secretos de Jordie Chandler, que ele supostamente conseguiu com o tio de Jordan, Raymond Chandler. O livro é um relato lascivo do relacionamento de Jordan com Jackson, recheado com supostas entrevistas com testemunhas, além de descrições detalhadas de alegadas práticas sexuais repulsivas de Jackson, inclusive o uso de tampões e enemas. Também contém muita documentação, tais como um boletim escolar de Jordan, para sugerir que o jornalista havia tido acesso a algum tipo de informação privilegiada legítima.

Quando Gutierrez não conseguiu encontrar um editor, começou a negociar as revelações sórdidas a vários tabloides conhecidos por pagar por tais histórias, inclusive o *National Enquirer* e o *Hard Copy*. Gutierrez precisava de algo para despertar o interesse dos chefões que assinavam os cheques. Tinha apenas a história, e Diane Dimont estava disposta a lhe dar o fórum para contá-la.

Ao aparecer no *Hard Copy*, Gutierrez declarou que tinha visto um vídeo de vinte e sete minutos de Michael Jackson fazendo sexo com um garoto. Não um garoto qualquer, mas o próprio sobrinho de Jackson, Jeremy — o filho de seu irmão Jermaine com sua antiga companheira, Margaret Maldonado. Também contou a Dimond que o Departamento de Polícia de Los Angeles reabriu a investigação de abuso sexual infantil contra Jackson.

No dia seguinte, o porta-voz da polícia contou ao Los Angeles Times que o departamento não tinha ciência de nenhum vídeo assim, não estava procurando por ele, e que nenhuma investigação sobre as denúncias de abuso foi reaberta, como havia dito Gutierrez.

Margaret Maldonado, que é distanciada da família, pinta uma imagem pouco lisonjeira do clã Jackson em seu livro *Jackson Family Values* (Os Valores da Família Jackson). Porém, mostra-se muito interessada em acabar com os mal-entendidos sobre o que chama de uma mentira ultrajante:

Recebi um telefonema de uma escritora chamada Ruth Robinson. Conheço Ruth há muito tempo e respeitava sua integridade. Isso tornou o que ela tinha a me contar muito mais difícil de ouvir.
— Eu queria avisá-la, Margaret — disse. — Há uma história correndo por aí de que existe um vídeo de Michael molestando um de seus filhos, e que você tem a fita.
 Se alguém mais tivesse dito essas palavras, eu desligaria o telefone. Dado o meu longo relacionamento com Ruth, no entanto, concedi a ela a cortesia de uma resposta. Disse-lhe que aquilo não era verdade, claro, e que queria que a história parasse imediatamente. Ela havia mantido contato com alguém que trabalhava na *National Enquirer*, que a tinha alertado de uma história sendo escrita para aquele jornal. Ruth fez a conexão entre mim e a mulher, e eu neguei veementemente a história. Além disso, disse a ela que se a história fosse divulgada, eu seria dona do *National Enquirer* antes que os processos que apresentaria aos tribunais chegassem ao fim. Para seu crédito, o *National Enquirer* nunca publicou a reportagem.
O *Hard Copy*, contudo, resolveu que o faria. A correspondente do *Hard Copy*, Diane Dimond, informou que as autoridades estavam reabrindo o caso de abuso sexual infantil contra Michael. Também fez essas denúncias na rádio KABC-AM de Los Angeles, num programa matinal de entrevistas apresentado por Roger Barkley e Ken Minyard. As acusações de Dimond foram baseadas na palavra de um escritor freelancer chamado Victor Gutierrez. A história é uma mentira ultrajante. Nem uma parte dela foi verdade. Eu nunca conheci o homem. Não existe nenhuma fita. Michael jamais pagou por meu silêncio. Ele nunca molestou Jeremy. Ponto final.

O episódio deixou uma mancha irreparável na reputação de Dimond e levou o grupo de Jackson a tomar medidas judiciais antes que a história fictícia ganhasse circulação. Eles registraram uma ação de difamação de muitos milhares de dólares contra Gutierrez, o *Hard Copy*, Diane Dimond, a KABC-AM e a Paramount Pictures. Os últimos quatro réus foram depois liberados do processo com base na Primeira Emenda da constituição dos Estados Unidos, sobre a liberdade de expressão, mas, em 9 de abril de 1998, um júri de Los Angeles ordenou que Victor Gutierrez pagasse 2 milhões e setecentos mil dólares a Michael Jackson por difamação. No julgamento, Gutierrez deixou de mostrar a suposta fita ou nomear sua fonte, alegando a ética jornalística.

A advogada de Jackson, Zia Modabber, riu diante da desculpa.

— Gutierrez disse a um investigador do promotor público e a duas testemunhas que depuseram no julgamento que a mãe do garoto era sua fonte — disse Modabber. — Falou pra quem quisesse ouvir. As únicas pessoas a quem não contou foram às damas e aos cavalheiros de seu júri - quando se tornou ético. Agora, vem dar uma de arrogante dizendo que está protegendo sua fonte.

O próprio Evan Chandler voltou às manchetes em 1996, quando processou Jackson e Lisa Marie em 60 milhões de dólares por danos morais por causa da entrevista que tinham dado a Diane Sawyer, dois anos antes. O que o irritou foi a afirmação de Jackson de que "a coisa toda foi uma mentira". Por fim, um júri de três pessoas rejeitou as queixas, mas um documento não publicado do tribunal sobre o caso mostrou-se particularmente revelador.

Num depoimento escrito, Chandler declarou que o casamento entre Jackson e Lisa Marie era uma farsa e que Jackson havia prometido a ela uma porcentagem nos lucros de seu álbum *HIStory* caso se casasse com ele. Chandler declarou que o casamento era uma conspiração elaborada para fazer parecer que seu filho havia mentido, e para criar simpatia pública para Jackson. Por mais bizarro que isso possa ser, ele alegou que o casamento com a filha de Elvis os havia tornado — a ele e sua família — alvos dos fãs zangados de Michael Jackson, que acreditavam que as núpcias confirmavam a inocência do cantor.

• • • •

Apesar das vitórias, as contínuas batalhas judiciais e as manchetes negativas estavam cobrando seu alto preço.

De acordo com um antigo músico de Jackson, "ele era um homem mudado. Costumava ser tão inocente e despreocupado. Agora, mostrava-se sempre cheio de suspeitas, paranoico. A maior parte do tempo tinha os nervos em farrapos. É por isso que custou tanto dinheiro para gravar seus álbuns. Ele estava fora de controle".

Novamente, as drogas podem ter sido a explicação. O sócio de longa data de Jackson, Myung-Ho Lee, disse a Maureen Orth que contratou o Dr. Neil Ratner para desintoxicar Jackson em Seul, em 1999. Antes, naquele mesmo ano, Jackson tinha desmaiado num jato particular durante um voo para Frankfurt, na Alemanha.

— Estamos tirando de Michael aquilo em que estava viciado, Demerol e morfina. Seu problema é um distúrbio do sono. Ele fica acordado por quarenta e oito horas e depois desaba.

Em 1993, logo depois de as denúncias de Chandler vir a público, Elizabeth Taylor, segundo as notícias, tinha se isolado com Jackson em uma clínica particular de reabilitação na Suíça, ao se dar conta de que o vício do amigo estava fora de controle.

Na época, muitos na mídia especularam que a história da reabilitação era uma manobra destinada a distrair a atenção do caso Chandler e evitar que ele prestasse depoimento. Lee, porém, diz que tudo foi verdade, recordando-se de que um médico da clínica chamou um dos conselheiros de Jackson certo dia, dizendo que Jackson pensava que era Peter Pan.

— Ou as drogas vão matá-lo, ou ele vai morrer se atirando por uma janela porque pensa que pode voar — disse o médico. — É melhor trazer alguém a quem ele escute.

— Sempre me falaram que ele vivia medicado — contou um ex-empregado da Sony à *Vanity Fair*. — Metade do tempo, você não sabe de onde vem o que ele está dizendo.

Embora Lee declare que Jackson foi desintoxicado em 1999, há evidências que confirmam as afirmações do sócio. Para mim, particularmente, na ocasião do incidente do bebê balançando, em 2002, Jackson ainda era viciado em drogas.

Descobri um depoimento que Jackson prestou num processo de 2007 envolvendo contas não quitadas, em que fala de seu vício, vários meses depois do incidente de novembro de 2002, em Berlim.

Advogado: Quanto a 31 de março de 2003, você ainda estava incapacitado, por que estava tomando a medicação prescrita?
Jackson: Eu poderia estar.
Advogado: Durante o período de tempo em que esteve incapacitado por tomar a medicação prescrita, essa era uma incapacida-

	de que durava, digamos, todas as suas horas acordado, ou vinha e ia?
Jackson:	Vem e vai, não todas as horas acordado, claro que não.

O sócio me contou que, pouco antes de Michael pendurar o bebê na sacada, em Berlim, seu "médico de vitaminas" lhe deu uma dose pesada de medicamentos destinada a tratar os sintomas da deterioração de sua saúde física e mental.

— Ele poderia facilmente ter deixado o filho cair naquele dia e o matado porque, realmente, não tinha nenhum controle sobre suas ações, já que estava absolutamente dopado — me foi dito.

Realmente, o jornalista inglês Martin Bashir chegou à suíte de Jackson apenas momentos depois do incidente. Mais tarde, ele descreveu a cena:

— Fiquei preocupado. Havia um caráter maníaco que eu nunca tinha visto antes, e ele estava adorando a atenção dos fãs que esgoelavam do lado de fora do hotel.

De acordo com o sócio, os analgésicos não eram as únicas drogas que Jackson tomava.

— Ele se entope de Demerol e morfina, aparentemente voltando ao tempo em que se queimou durante o comercial da Pepsi, mas há também algum tipo de medicamento psiquiátrico, antiansiolíticos ou alguma coisa assim.

• • • •

Pelas informações confiáveis fornecidas tanto por seus simpatizantes como por seus detratores, existe razão para crer que Michael Jackson era um mentiroso. Será que, dada sua propensão para esticar ou demolir a verdade, alguém deveria acreditar nele quando declara que sua obsessão por crianças é completamente inocente? Isso é o que eu ainda tinha de descobrir.

A mais famosa de suas mentiras foi sua afirmação clara de que só havia feito cirurgia plástica duas vezes em sua carreira. Em sua autobiografia, e muitas vezes desde então, ele alegou que havia se submetido apenas a duas intervenções no nariz. Atribuiu a mudança na estrutura da face à puberdade, à perda de peso, a uma dieta estritamente vegetariana, a uma mudança no estilo dos cabelos, e à iluminação dos cenários. Ninguém engoliu isso.

Antes, em sua carreira, quando a aparência de Jackson começou gradualmente a se transformar, correram boatos de que ele estava tentando parecer-se com sua mentora na Motown e um dia seu ídolo, Diana Ross. Realmente, a semelhança foi incontestável por algum tempo. Mais tarde, conforme suas feições negras originais começaram a desaparecer e o cantor tornou-se gradualmente cada dia mais branco, as pessoas faziam piadas de que ele estava tentando se parecer com seu novo ídolo, a princesa Diana.

Porém, em 1999, o Dr. Stephen Hoefflin, um cirurgião plástico de Los Angeles, que operou inúmeras vezes o nariz de Jackson, disse que não acreditava que o cantor tentasse parecer menos afro-americano.

— Acho que ele desejava que uma característica que o incomodava se tornasse cada vez menor, mais esculpida. Mas, certamente, não para apagar a etnicidade — disse Hoefflin, acrescentando que Jackson havia feito mais cirurgias do que ele recomendava.

O famoso cirurgião cosmético alemão Werner Mang diz que foi convocado pela equipe médica de Jackson para uma reconstrução radical do nariz do astro no final dos anos 90.

Mang afirmou que o trabalho que fizera anteriormente na face de Jackson no decurso da carreira do cantor — um sutil afinamento do nariz — tinha ficado ótimo, mas que havia sumido há muito tempo.

— O médico deveria ter parado depois do álbum *Thriller* [de 1982] — disse. —Porque, depois de *Thriller*, Michael Jackson estava com uma aparência muito boa, estava tudo bem.

Porém, pela estimativa de Wang, nos anos seguintes, Jackson passou por intervenções pelo menos outra meia dúzia de vezes na clínica de Hoefflin, em Santa Monica.

— Acho que Michael Jackson quer mudar de homem preto para mulher branca. Ele sempre chegava para Stephen Hoefflin e lhe dizia: — "Eu poderia fazer uma tatuagem? Poderia deixar o nariz mais fino? — disse Wang. — Stephen Hoefflin me contou que depois de cada álbum, [Jackson] inventava uma cirurgia plástica — acrescentou. — Acho que é obcecado por cirurgia estética, e todo cirurgião plástico sério tem de parar... porque é perigoso para a saúde e para a pele do paciente.

Depois que Jackson foi fotografado, anos depois, com um curativo sobre o nariz cicatrizado, a ABC News pediu a uma famosa cirurgiã plástica dos Estados Unidos, Dra. Pamela Lipkin, para estudar como a face de Jackson havia mudado durante os anos.

— Provavelmente, ele está tentando parecer caucasiano — Lipkin concluiu. — Sua pele está mais branca. Seu nariz está ficando mais

Michael Jackson com seus pais, Katherine e Joe Jackson, na cerimônia de entrega do Golden Globe Awards.
Janeiro de 1973, Hollywood, Califórnia, Estados Unidos

Exclusiva de Michael Jackson no Sonesta Hotel, em Amsterdã, durante os anos 80

O cantor pop Michael Jackson apresenta-se diante de uma multidão na Arena do clube Los Angeles Sports
13 de novembro de 1988, Los Angeles, Califórnia, Estados Unidos

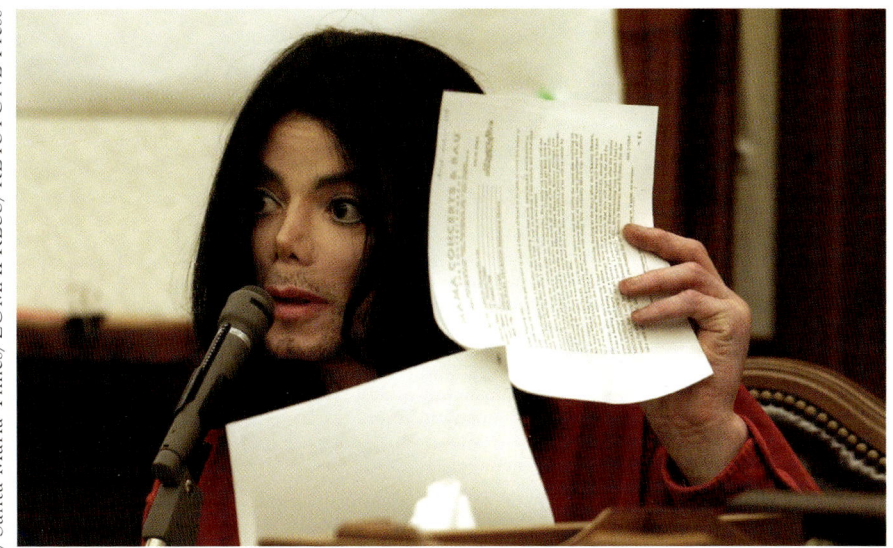

O cantor Michael Jackson depõe no processo por quebra de contrato de 21 milhões e 200 mil dólares no Tribunal Superior de Santa Maria por deixar de comparecer ao concerto da passagem do milênio em 1999, em Nova York, organizado pelo promotor de concertos Marcel Avram
14 de novembro de 2002: Hollywood, Califórnia, Estados Unidos

O autoproclamado "Rei do Pop", Michael Jackson, brinca de "diabo" no Tribunal Superior de Santa Maria durante o processo judicial de 21 milhões de dólares impetrado contra ele pelo promotor de concertos Marcel Avram por ter deixado de comparecer a dois concertos do milênio em 31 de dezembro de 1999.
3 de dezembro de 2002, Hollywood, Califórnia, Estados Unidos

O superstar Michael Jackson segura um cartaz com os dizeres GO BACK TO HELL MOTTOLA!! (Volte pra o inferno, Mottola!), protestando contra o músico chefe da Sony, Tommy Mottola, na celebração dos 30 anos do Magic Fan Club, realizada no Webster Hall

O cantor Michael Jackson no "Michael Jackson - Uma Celebração do Amor", uma festa celebrando seu aniversário de 45 anos no The Orpheum Theater

Paris Michael Katherine Jackson, Michael Joseph Jackson Jr., apelidado de "Prince", Prince Michael Jackson II, apelidado de "Blanket", e Michael Jackson. Michael Jackson vai às compras na loja de departamentos Ed Hardy com seus filhos, usando uma máscara branca e um chapéu preto.
27 de abril de 2009, Los Angeles, Califórnia, Estados Unidos

Michael Joseph Jackson Jr. apelidado de "Prince", e Michael Jackson.
28 de abril de 2009, Los Angeles, Califórnia, Estados Unidos

O sheik Abdulla Bin Hamad Al-Khalifa na Suprema Corte, em Londres, quando acionou o astro pop, Michael Jackson, por quebra de contrato

Michael Jackson se apresenta na cerimônia do World Music Awards de 2006, realizado em Earls Court, em Londres, Reino Unido
25 de junho de 2009, Los Angeles, Califórnia, Estados Unidos

Jackson comprou o Rancho de Neverland em 1988 e transformou-o em um parque de diversões, mas não mora lá desde o início de seus problemas legais, vários anos atrás.
14 de novembro de 2008, Los Angeles, Califórnia, Estados Unidos

Michael Jackson precisou de uma nova casa depois de ser obrigado a vender seu Rancho Neverland, em 2008.
23 de dezembro de 2008, Los Angeles, Califórnia, Estados Unidos

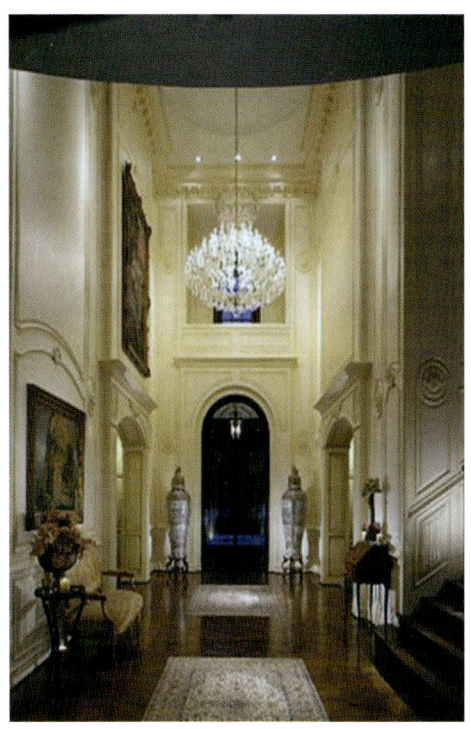

Nova residência de Michael Jackson depois de ser obrigado a vender seu Rancho Neverland, em 2008
23 de dezembro de 2008, Los Angeles, Califórnia, Estados Unidos

Outra foto da nova residência de Michael Jackson depois de ser obrigado a vender seu Rancho Neverland, em 2008.
23 de dezembro de 2008: Los Angeles, Califórnia, Estados Unidos

Outro instantâneo de um filme que começa com o vídeo da música "Man in the Mirror", antes da exibição da montagem do videoclipe sobre a carreira de Michael.

Um filme que começa com o vídeo da música "Man in the Mirror" e depois muda para uma montagem de videoclipes sobre a carreira de Michael.

A cantora americana de disc music, La Toya Jackson, vista numa pose séria.
1º de julho de 1987, Helsinque, Finlândia

3ª Celebração Anual do "Love Day" da Cartier, numa residência particular em Bel Air.
18 de junho de 2008, Los Angeles, Califórnia, Estados Unidos

Michael Jackson.
5 de agosto de 1975, Los Angeles, Califórnia, Estados Unidos

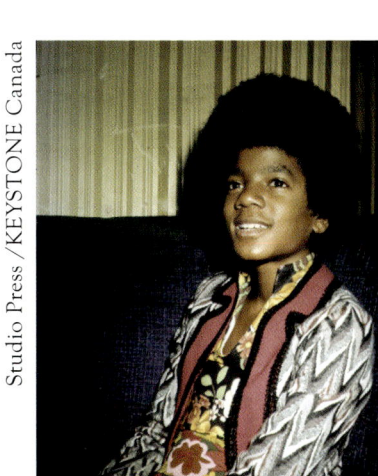

O grupo musical The Jackson 5 apresentando Michael Jackson.

O cantor pop americano Michael Jackson.

Tito Jackson, Jackie Jackson, Marlon Jackson, Michael Jackson e Jermaine Jackson, do grupo The Jackson 5, no documentário musical "Motown 40" especial para a TV "The Music is Forever", dirigido por Yvonne Smith.

Michael Jackson.
1º de janeiro de 1977, Los Angeles, Califórnia, Estados Unidos

Multidão de fãs de Michael Jackson em fila na 02 Arena, em Londres, quando os ingressos foram postos à venda pela primeira vez.
Sexta-feira, 13 de março de 2009

Michael Jackson em cena.

FAME Pictures/KEYSTONE Press

Michael Jackson em cena.

O cantor Michael Jackson no Sonesta Hotel promovendo "Off the Wall", em 1980.
Janeiro de 1980, Amsterdã, Holanda

Michael Jackson em aparição no The World Music Awards, Earls Court, em Londres, Reino Unido
15 de novembro de 2006, Londres, Inglaterra, Reino Unido

O cantor Michael Jackson.

Fãs se reúnem na estrela de Michael Jackson, na Calçada da Fama, em Hollywood.
26 de junho de 2009, Los Angeles, Califórnia, Estados Unidos

fino a cada seis meses. Seus lábios estão ficando mais finos. Suas sobrancelhas estão ficando mais altas. Seus olhos estão ficando mais abertos a cada vez. Seus malares estão ficando maiores.

Lipkin disse que acreditava que algo deu errado na última cirurgia, embora admitisse que não o havia examinado pessoalmente.

— O que acho que aconteceu recentemente é que alguma coisa em seu nariz — um enxerto, um implante, alguma coisa — agora saiu pela pele — disse Lipkin, uma especialista nasal. — Ele realmente arranjou um buraco na cara.

— Michael Jackson tem o que chamamos de um nariz em estágio final, um nariz mutilado, um nariz crucificado — que está além do ponto sem retorno — disse.

— Para as pessoas que fizeram tantas cirurgias no nariz, torna-se difícil respirar através daquilo que são chamadas mutilações nasais — acrescentou Lipkin.

Realmente, Maureen Orth alega que Jackson viu-se obrigado a usar uma prótese de nariz porque perdeu cartilagem demais.

— Uma pessoa que o viu sem o aparelho diz que ele parece uma múmia com dois buracos na narina — ela escreve.

Sua aparência rapidamente mutante começou a preocupar muitos observadores

— Se Michael Jackson algum dia me procurasse, eu não o trataria — a dermatologista estabelecida em Washington, Dra. Tina Alster, disse à *Vanity Fair*. — Ele não tem uma visão realista de como se parece. Recebo um monte dessas pessoas, e mando-as para a avaliação psicológica. Michael Jackson é um exemplo extremo e público disso.

Minhas próprias fontes no grupo de Jackson me dizem que ele se submeteu a vinte ou trinta cirurgias cosméticas ao longo da carreira.

— Quando se é Peter Pan, você não pode ficar velho — diz um de seus parceiros. — Esse é o objetivo principal de Michael, e ele fará qualquer coisa para alcançá-lo.

E parece que não é simplesmente a cirurgia plástica que conta nas feições mutantes de Jackson.

De acordo com um depoimento juramentado prestado por uma ex-auxiliar do delegado de Santa Barbara, Deborah Linden, durante a investigação do caso de Jordan Chandler, e obtido por Maureen Orth, a criada de Jackson, Blanca Francia, contou a ela que Jackson tinha lhe dito que branqueava a pele porque não gostava de ser preto e sentia que os pretos "não são apreciados tanto como as pessoas de outras raças". Para embranquecer a pele, ele tinha usado supostamente um poderoso agente de clareamento chamado Benoquin. De acordo com o depoimento, Jackson contou certa vez a seu dermatologista, Dr. Arnold Klein, o antigo patrão de Debbie Rowe, que tinha passado Benoquin nos genitais e que o local havia queimado. Quando os investigadores se apossaram da memorabilia de Michael Jackson em um armazém de Nova Jersey, em 2004, encontraram dois tubos de um agente clareador da pele chamado Eldopaque.

Durante minha própria investigação, entrevistei um famoso jornalista de TV, que era muito próximo de Jackson e que não acreditava que ele fosse um molestador de crianças. Contudo, confirmou realmente que Jackson estava se branqueando.

— Michael, definitivamente clareia sua pele — disse. — Eu o vi fazendo isso poucos anos atrás quando, acidentalmente, cheguei uma hora adiantado para uma entrevista de TV com ele. Pego de surpresa, ele alegou que estava passando creme no corpo porque tinha erupções infecciosas. Sei que mentiu porque consegui ler a embalagem do produto que usava quando ele se virou.

— Qual é o mal? — uma veterana repórter de Hollywood me perguntou um dia, quando eu mencionei essas questões. — Você acha mesmo que isso faz Michael Jackson diferente de qualquer outra celebridade? Todo mundo nesta cidade mente sobre cirurgia plástica, exceto, quem sabe, Joan Rivers. Quanto ao clareamento, o cara é um excêntrico. Obviamente, tem sérios problemas psicológicos, mas, por outro lado, quem não tem por aqui? Tendo feito matérias sobre ele desde que tinha treze anos e ele também fez um monte de coisa boa. Um monte!

Perguntei se ela apareceria em frente à câmera para dizer isso.

— Acho que não. Não é um grande passo na carreira ser vista defendendo Michael Jackson nos dias de hoje, embora Deus saiba que ele poderia usar alguém para defendê-lo.

Sua reação ressaltou uma atitude que vinha sendo construída havia algum tempo, pelo menos nos Estados Unidos, onde as pesquisas mostravam que um número significativo de pessoas não tinha Jackson em grande estima.

Em 2001, quando ele lançou um novo álbum, *Invincible*, a reação foi menos difundida. Apesar das boas análises em geral, o público não comprava seu material do jeito que costumava, embora ele sempre pudesse contar com os fãs teimosos para assegurar que o lançamento não fosse um fiasco completo.

Consta que *Invincible* foi o álbum mais caro já realizado, por causa da enorme quantidade de tempo que Jackson passou no estúdio, fazendo constantes revisões, contratando e despedindo pessoal, e passando grande parte do tempo "desorientado", de acordo com um músico que trabalhou com ele no álbum.

Para financiar o álbum — que Jackson comprometeu-se a pagar por si mesmo — a Sony Music Entertainment adiantou-lhe cerca de 50 milhões de dólares. Nos velhos tempos, esse dinheiro seria uma gota d'água no oceano para um artista que, de acordo com a revista *Forbes*, fazia cerca de 45 milhões de dólares por ano em determinada época. Mas as finanças de Jackson estavam uma bagunça, em parte por causa de seus desastres judiciais infindáveis e em parte por causa de seu estilo de vida. Para assegurar o investimento, a Sony pediu a Jackson como garantia uma parte de seu patrimônio mais lucrativo, o catálogo Northern Songs, que ele adquiriu a pedido de Yoko Ono, uma década antes, da ATV Music Publishing. A compra foi uma barganha, pelo preço base de 47,5 milhões de dólares quando seu amigo Paul McCartney recusou a oferta, apesar de o catálogo incluir direitos de publicação do repertório inteiro dos Beatles, juntamente com os catálogos de canções de muitos outros excelentes músicos.

Em 1995, Jackson tinha feito a fusão da ATV com a unidade de editoração da Sony Music, formando uma joint venture, a Sony/ATV Music Publishing, da qual Jackson reteve a metade da propriedade. Em 2002, a *Forbes* estimou que a aposta de cinquenta por cento de Jackson na companhia valia 450 milhões de dólares.

Jackson ficou lívido quando o chefe da Sony, Tommy Mottola, obrigou-o a colocar seu mais valioso patrimônio em garantia, porém estava convencido de que o álbum mais que se pagaria, mesmo que gerasse, em termos globais, o tipo de vendas de música que seus álbuns menos bem-sucedidos tinham conseguido. A Sony havia mostrado interesse, durante anos, em adquirir a metade de Jackson no catálogo da ATV, mas o cantor — sempre um sagaz homem de negócios — havia se mantido firme. Quando *Invincible* foi lançado, as vendas foram respeitáveis, porém muito inferiores aos esforços anteriores de Jackson — os rendimentos nem se aproximaram dos níveis necessários para pagar o adiantamento.

— Ele é um dreno, um ralo de dinheiro — disse um funcionário da Sony a *Vanity Fair*, expressando sua frustração.

Jackson e seus conselheiros estavam convencidos de que a Sony havia falhado deliberadamente em promover o álbum na esperança de obrigá-lo a vender sua parte. Paranoia ou não, o potencial conflito de interesse era muito claro, muito embora Jackson tivesse feito sua parte em contribuir para enfraquecer as vendas ao se recusar a fazer uma turnê para promover o álbum.

Com suas finanças em escombros e nenhuma esperança de pagar o adiantamento da Sony num futuro próximo, Jackson resolveu partir para a ofensiva, conduzindo uma memorável coletiva de imprensa em seis de julho de 2002.

Jackson seguiu para um local onde raramente foi visto antes, o Harlem, para reunir-se com seu antigo advogado Johnnie Cochran, que havia formado um grupo chamado National Action Network (Rede Nacional de Combate) para investigar se os artistas estavam sendo explorados pelas gravadoras.

Numa conferência de imprensa convocada por Sharpton, Jackson pegou o microfone e soltou o verbo no que só poderia ser descrito como um discurso contra Mottola, dizendo que "ele é mesquinho, ele é um racista, e ele é muito, muito, muito diabólico". Também declarou que Mottola tinha sido ouvido usando a palavra "crioulo" ao descrever um artista negro não identificado. Tempos depois, o irmão de Michael, Jermaine, foi a um programa de entrevistas declarar que Mottola tinha se referido ao rapper Irv Gotti como um "crioulo retinto e gordo".

— As gravadoras realmente conspiram contra os artistas — disse Jackson. —Roubam, trapaceiam, fazem tudo que podem, especialmente contra os artistas negros... Pessoas como James Brown a Sammy Davis Jr., alguns dos verdadeiros pioneiros que me inspiraram a ser um performer, esses artistas estão sempre em turnê, porque se pararem morrerão de fome. Se lutarem por mim, estarão lutando por todo o povo negro, vivo ou morto.

A reação foi imediata, com muitos artistas da Sony correndo em defesa de Mottola, salientando que ele havia se casado com Mariah Carey, que é mulata. A Sony taxou os comentários de "ridículos, rancorosos e perniciosos".

Até mesmo Sharpton apressou-se a se distanciar das acusações, e Jackson foi amplamente ridicularizado pela mídia por, de repente, abraçar suas raízes negras depois de praticamente tornar-se branco no decorrer dos anos.

E, embora as acusações de Jackson fossem claramente ridículas e provavelmente apenas uma desculpa para seu pobre registro de vendas, houve algo bastante significativo em sua explosão de raiva.

Se, como seus críticos constantemente atacavam, Jackson tinha vergonha de ser preto e clareara a pele para se descartar da herança genética, por que de repente se retrataria como um negro militante?

O mundo pode ter esquecido que Jackson era um negro, mas ele nunca se esqueceu como tinha sido crescer na Indiana, uma cidadela da Ku Klux Klan. O racismo ainda era desenfreado durante sua infância. Por exemplo, ao ir de porta em porta vendendo a revista das Testemunhas de Jeová, *The Watchtower* (A Torre de Vigia), ele e seus irmãos eram recebidos mais de uma vez com as palavras: "Sumam daqui, crioulos".

Real ou imaginário, Jackson tinha convicção de que a cor de sua pele era um fator principal em seus problemas.

De acordo com seu amigo, o rabino Shmuley Boteach, "numa conversa que tive com Michael no inverno de 2000, ele me contou que julgava que alguns dos ataques contra ele eram motivados por racismo".

— Michael nunca se constrangeu por causa de sua negritude — disse um de seus antigos confidentes afro-americano, Luther Crawford. — Ele sempre disse que seu herói era Nelson Mandela, e levou literalmente milhares de garotos negros pobres dos guetos de Los Angeles para brincar em Neverland. Acho que estava bastante consciente de suas raízes negras. Isso é criação da mídia, esse ataque. A pele branca e a cara não significam desrespeitar os negros, é pra ser sua "personagem", a que ele criou para chamar atenção. Tudo que Michael faz é cuidadosamente fabricado e sempre com o intuito de chamar a atenção. Nada é deixado ao acaso.

A controvérsia a respeito de Mottola e as acusações de racismo serviram meramente como uma desculpa para a mídia dissecar a carreira declinante de Jackson e prever seu fim como um artista.

Seu amigo íntimo, o sensitivo Uri Geller, estava preocupado com o preço que a crítica contínua e os desastres financeiros estavam cobrando de Jackson. O astro tinha se retraído ainda mais em próprio mundo, isolando-se em Neverland com os três filhos.

— Eles não têm uma vida normal de família como você ou eu conhecemos — Geller revelou a um repórter. — Michael é muito solitário, você sabe. As coisas estão muito difíceis para ele.

Os amigos e conselheiros de Jackson viram apenas uma única solução. Se fosse para ele conseguir fazer a carreira e a reputação renascerem algum dia, Jackson precisava dar passos concretos para reabilitar a própria imagem aos olhos do mundo.

Martin Bashir parecia justamente a pessoa certa para ajudá-lo a

ONZE

Michael Jackson era obcecado pela princesa Diana, foi aí que seus problemas começaram.

Em 1995, um jornalista em ascensão na BBC, chamado Martin Bashir, conquistou a entrevista de sonho de uma vida inteira quando a princesa de Gales concordou em sentar-se para uma cândida entrevista tête-à-tête sobre os recentes problemas que enfrentava.

A princesa falou com o coração aberto sobre suas batalhas contra a bulimia, seu caso com James Hewitt, e a derrocada de seu casamento com o príncipe Charles, que a conduziu ao divórcio, um ano antes.

Foi durante essa entrevista, na verdade, que ela pronunciou a frase memorável:

— Havia três de nós neste casamento, então era um pouco apertado.

Claro, ela estava se referindo ao relacionamento do príncipe com sua amante, Camilla Parker Bowles.

A entrevista foi assistida por milhões ao redor do mundo e fez de Bashir uma estrela da noite para o dia, mas poucos observaram isso tão intensamente, ou tantas vezes como Michael Jackson, que acreditava que ele e a princesa compartilhavam um vínculo especial.

Depois da morte dela, em 1997, Jackson declarou que a falecida princesa tinha o costume de lhe telefonar com regularidade e lhe fazer confidências.

— A imprensa foi dura com ela da mesma maneira que foi dura comigo, e ela precisava conversar com alguém que soubesse exatamente o que ela estava passando — disse ele. — Ela sentia-se caçada do jeito que eu me sinto caçado. Encurralada, se quiser. — Disse que tinha lhe dado um conselho que o havia ajudado através dos próprios problemas. — Seja forte, e seja determinada, e ninguém poderá lhe fazer mal. Só você poderá fazer mal a si mesma, portanto, seja desafiadora.

Fez outra declaração incomum.

— Diana desejava desesperadamente que eu conhecesse seus filhos, e conversamos sobre isso muitas vezes.

Eles se encontraram apenas uma vez, quando Jackson apresentou-se no estádio de Wembley, em Londres, em 1988, e depois ele e a princesa mantiveram um longo bate-papo. Foi durante essa conversa que ela contou-lhe que sua canção, "Dirty Diana", era uma de suas favoritas.

Assim, quando o homem que havia conquistado a confiança da princesa telefonou, Michael Jackson foi todo ouvidos.

Exibindo o charme que se tornara sua marca registrada, Bashir foi efusivo em sua admiração pelo cantor:

— O mundo precisa ver um homem com sua lenda, de sua grandeza, o quanto você significa para o povo. Deixe-me fazer por você o que eu fiz por Diana. Você é tão amado como ela era.

Jackson caiu no anzol. O assediado cantor não sabia mais em quem poderia confiar. Tinha sido traído muitas vezes por aqueles ao seu redor, até mesmo por membros de sua família. Mas, o mesmo também tinha acontecido a Diana.

Bashir havia retratado a princesa com simpatia, embora permitindo que pintasse Charles como o vilão. Aquele era justamente o homem indicado para ajudar Michael Jackson a reconquistar seu pedestal.

Durante oito meses seguidos, da metade de 2002 até o início de 2003, nada estava fora de cogitação. Pela primeira vez, Jackson permitiu que uma equipe de cinegrafistas entrasse em seu santuário, Neverland, tivesse acesso nos bastidores do hotel em Berlim, onde ele balançou seu bebê, a seu retiro secreto em Las Vegas e, excepcionalmente, deu uma entrevista com um de seus amigos especiais.

• • • •

Com muito exagero, o documentário *Living with Michael Jackson* estreou na rede ITV britânica em fevereiro de 2003. O programa começou bastante inofensivo, com uma apresentação de Bashir explicando como havia sido realizado.

— Oito meses atrás — começou Bashir —, fiz uma proposta a Michael Jackson: mostrar-me o homem de verdade, mas mostrar tudo, não deixar nada fora do alcance. Ele pensou sobre isso e então disse sim, venha a Neverland.

O documentário é um olhar ingênuo dentro da criança interior de Jackson, conforme ele leva Bashir num tour por Neverland, mostrando o "paraíso" que criou para as milhares de crianças doentes e oriundas de áreas decadentes que ele leva ao rancho todo ano para se divertir em seu território. Depois de atrair Bashir para uma corrida despreocupada de kart, há um diálogo revelador, quando o repórter lhe pergunta por que Peter Pan parece ser um tema recorrente em sua vida.

M.J.: Porque Peter Pan, para mim, representa algo que é muito especial em meu coração. Sabe, ele representa juventude, infância, nunca crescer, magia, voar, tudo que eu acho que as crianças e o deslumbramento e a magia representam. E, para mim, eu nunca, jamais vou crescer a ponto de me esquecer de amar isso, ou de deixar de pensar que isso é muito especial.
Bashir: Você se identifica com ele?
M.J.: Totalmente.
Bashir: Você não quer crescer?
M.J.: Não, eu sou Peter Pan.
Bashir: Não, você não é, você é Michael Jackson.
M.J.: Sou Peter Pan em meu coração.

Mais adiante, no documentário, Jackson faz sua mais ingênua confissão de todos os tempos a respeito da forma como havia sido criado, revelando os métodos brutais que seu pai, Joseph, costumava empregar para preparar os filhos para uma vida dura no show business. Michael descreve como ele e seus irmãos eram frequentemente surrados com um cinto durante os ensaios para os The Jackson Five.

Até então, as coisas seguiam de acordo com o plano. Qualquer um que assistisse à primeira metade do documentário de Bashir não conseguiria deixar de simpatizar com o cantor, de admirar sua inocência infantil, até mesmo entender sua natureza "excêntrica" e o comportamento estranho, que parecia compreensível depois dos maus-tratos que havia sofrido quando criança.

No meio do caminho, porém, o programa começa a dar uma virada gradual, conforme Bashir acompanha Jackson a uma jornada de compras num shopping em Las Vegas, onde o cantor se entrega a uma orgia quase obscena de gastança, esbanjando mais de um milhão de dólares em menos de uma hora num sortimento de mau gosto de antiguidades, tapetes e obras de arte.

Depois dessa exibição indecorosa de ostentação de riqueza, Jackson revela que vale mais de um bilhão de dólares, o que Bashir corretamente aponta para os espectadores que não é verdade, por ter entrevistado analistas da indústria que estimam a fortuna atual do astro em menos de 300 milhões, principalmente depois de seu último álbum ter deixado de recuperar os custos.

Após aprofundar-se no incidente sobre o bebê pendurado, Bashir acompanha Jackson e os filhos ao zoológico de Berlim, depois revela aos espectadores pela primeira vez que o comportamento de Jackson "estava começando a me assustar".

Ele retorna a Neverland, e presencia quando o cantor recebe um ônibus lotado de crianças desamparadas levadas para divertirem-se por um dia no rancho. Isso, Bashir sugere, é, contudo, outro exemplo da generosidade ostensiva de Jackson para com as crianças. Bashir põe em cena a artilharia pesada - a primeira vez que o mundo conhece um garoto chamado Gavin Arvizo.

Bashir: (narração) O problema era que, eu, como todo mundo, sabia que crianças de dez anos são convidadas para dormir em Nerverland. Uma delas, um garoto de treze anos, acusou Jackson de abuso sexual, uma acusação que lhe custou milhões de dólares. Presumi que agora ele seria mais cauteloso, mas, para minha absoluta perplexidade, descobri que crianças ainda estão pernoitando, às vezes em sua casa, às vezes em seu quarto. E, então, conheci Gavin, de doze anos, e o irmão e a irmã dele. Gavin conheceu Jackson dois anos atrás, depois que lhe disseram que estava morrendo de câncer.

Bashir: O que é isso, Gavin, em Michael, que o faz conectar-se tão bem com crianças? O que é?

Gavin: É porque ele realmente é uma criança no coração. Sabe como é uma criança. Sabe o que uma criança pensa. Entenda, porque eu acho que você não tem de ser

	necessariamente uma criança só porque a sociedade diz, chega os dezoito e para, você é um adulto. Isso não importa realmente. Você é um adulto quando quer ser um.
M.J.:	Isso não é ótimo? Ele não está mais doente, de jeito nenhum. Nada mais de câncer. Tudo sumiu. Tudo sumiu. Quando tinham dito a ele que iria morrer. Isso não é ótimo? Disseram aos pais dele para planejar o funeral.
Gavin:	Dei uma espichada no tamanho. Fui de um metro e quarenta para um metro e sessenta e dois centímetros.
M.J.:	Está vendo? A medicina não sabe tudo, sabe?
Bashir:	De acordo com ele, foi a amizade e o apoio de Michael que o ajudaram a vencer o câncer. Eles continuaram amigos íntimos desde então. Quando você fica aqui, fica na casa? Michael deixa você se divertir na propriedade inteira?
Gavin:	Houve uma noite em que pedi a ele se poderia ficar no quarto. E ele me deixou ficar no quarto. E eu fiquei meio que, Michael, você pode dormir na cama. E ele ficou ah, não, não, você dorme na cama. E então disse por fim, tudo bem, se você me ama, vai dormir na cama. Eu fiquei assim meio, pô, cara. E então, eu dormi na cama finalmente. Mas foi divertido aquela noite.
M.J.:	Eu dormi no chão. Foi num saco de dormir?
Gavin:	Não, você amontoou um monte de cobertas no chão.
Bashir:	Mas, Michael, sabe, você é um homem de quarenta e tantos anos agora.
M.J.:	Sim.
Bashir:	O que você obtém com isso? O que você ganha com isso?
Gavin:	Ele tem quatro.
M.J.:	É, tenho quatro. Adoro, sinto — entenda —, acho que o que eles ganham de mim, eu ganho deles. Disse isso muitas vezes, minha maior inspiração vem das crianças. Cada canção que escrevo, cada dança que faço, toda a poesia que escrevo, tudo é inspirado nesse grau de inocência, nessa percepção de pureza. E as crianças têm isso. Vejo Deus na face das crianças. E, cara, eu simplesmente amo estar com elas ao redor o tempo todo. Ei, vocês, caras, ainda ficam acordados até tarde? Às vezes eu telefono para a sua casa, é tão tarde (falando com Gavin). Mas você me pede para ligar. Me diz para ligar tarde.

Bashir:	Quando as pessoas ouvem dizer que crianças de outras famílias vieram e ficaram em sua casa, elas ficaram em seu quarto?
M.J.:	Bem, muito poucas.
Bashir:	Mas, você sabe, algumas ficaram. E dizem, isso realmente é adequado para um homem, um homem crescido estar agindo assim? Como você responde a isso?
M.J.:	Sinto pena deles porque isso é julgar alguém que só quer realmente ajudar as pessoas. Por que você não pode compartilhar sua cama? A coisa mais amorosa de fazer é compartilhar sua cama com alguém, você sabe.
Bashir:	Você realmente pensa assim?
M.J.:	Sim. Claro.
Gavin:	Está assumindo uma posição que costuma adotar em toda e qualquer noite. Você dorme, e você a compartilha com outros.
M.J.:	Eu disse, você pode ficar na minha cama se quiser. Dormir nela. Dormirei no chão. É sua. Sempre dê o melhor para a visita. Ah, para ele, eu disse - porque ele ia dormir no chão –, eu disse, não, você dorme na cama, eu dormirei no chão.
Bashir:	Mas você não tem um quarto de hóspedes ou uma casa de hóspedes aqui, onde ele poderia ficar?
M.J.:	Sim, tenho unidades para convidados. Mas sempre que as crianças vêm aqui, querem ficar comigo. Nunca querem ficar nas unidades de convidados, e eu nunca as convidei para o meu quarto. Sempre querem, dizem, posso ficar com você esta noite? Eu vou e digo, se estiver tudo bem com seus pais, sim, você pode.
Bashir:	Seus pais gostam que você esteja aqui com Michael?
Gavin:	Sim, minha mãe fica muito, muito, muito feliz. E eu sei que ficam felizes porque eu estou feliz.
Bashir:	Eles vêm com você?
Gavin:	Sim, a maioria do tempo. Mas eu não fico realmente com meus pais. Fico principalmente com Michael.
Bashir:	Mas eles ficam contentes de que você esteja aqui?
Gavin:	Ficam.

Bashir termina o segmento com uma narração, expressando sua reação diante do diálogo:

— Fiquei muito perturbado depois dessa conversa. Eu sabia que tinha de confrontar Jackson a respeito do que eu pensava ser uma obsessão com crianças. Não poderia evitar.

Antes que ele apresentasse essa confrontação, porém resolveu transmitir um diálogo destinado claramente a demonstrar a seus espectadores um exemplo da credibilidade do cantor - ou a falta dela.

O segmento começa com Jackson revelando que, quando era criança, seu pai costumava provocá-lo por causa de sua aparência, atormentando-o com insultos como: "Nossa, seu nariz é grande. Você não puxou isso de mim". O jornalista inglês usa isso como uma transição para abordar os rumores de muito tempo sobre cirurgia plástica.

Bashir: Se eu olhar para algumas de suas fotos na adolescência...
M.J.: É, eu mudei. As pessoas mudam.
Bashir: Porém, mesmo depois, quando você fez o álbum *Thriller*, seus lábios são muito diferentes agora do que eram então.
M.J.: Não, não, não.
Bashir: Mas parecem mesmo diferentes.
M.J.: Não, desculpe. Os mesmos lábios.
Bashir: Você não pensa assim?
M.J.: Não!
Bashir: Mas, sabe, seriamente, de certa forma eu posso entender isso por que...
M.J.: Estou contente com meus lábios.
Bashir: Não, esqueça os lábios especificamente. Mas...
M.J.: E todo mundo em Hollywood faz plástica. A plástica não foi inventada por Michael Jackson.
Bashir: (*ponderando se essas experiências de adolescente sob os holofotes levaram Michael Jackson a refazer o rosto, a criar sua própria máscara*) O que diz às pessoas que falam, bem, quando Michael Jackson era um garoto, era uma criança negra, mas agora, adulto, parece um homem branco?
M.J.: Bem, você tem de perguntar isso a Deus. Isso não tem nada a ver comigo, ok? E isso é ignorância.
Bashir: Está tentando ser outro que não seja você?
M.J.: Não.

Bashir:	Então, quando dizem coisas como... você fez implantes nas faces...
M.J.:	Oh, Deus.
Bashir:	Você mandou fazer uma covinha no queixo?
M.J.:	Oh, por favor, por favor. Isso é..., por favor.
Bashir:	Você mandou aumentar seus lábios.
M.J.:	Oh, por favor. Isso é ridículo.
Bashir:	Teve as pálpebras reconstruídas.
M.J.:	É ridículo.
Bashir:	Nada disso é verdade?
M.J.:	Ora, vamos, nada disso é verdade. Nada disso é verdade. É besteira. Inventam. Mentem. Não querem me dar crédito por nada. Um jornal disse que tive cada pelinho transplantado para minha face com um laser, preso com laser, porque eu estava ficando um pouco barbudo. O quanto isso é ridículo? Não posso nem mesmo deixar crescer a barba agora? Bobos ignorantes que escrevem tais coisas. Então, não acredite nessa estupidez. Não gaste seu dinheiro nisso. Porque quando está comprando isso, não está comprando algo baseado naquilo que é verdade. Não é verdade. É lixo.

Nesse ponto do programa, Bashir retoma o confronto que prometera antes.

Bashir:	Quando você estava falando sobre as crianças, conhecemos Gavin. E foi um imenso privilégio conhecer Gavin porque ele passou por um bocado de sofrimento na vida.
M.J.:	É mesmo.
Bashir:	Quando Gavin estava ali, falou sobre compartilhar seu quarto.
M.J.:	Sim.
Bashir:	Você pode compreender por que as pessoas ficam preocupadas com isso?
M.J.:	Porque são ignorantes.
Bashir:	Mas é realmente apropriado para um homem de quarenta e tantos anos compartilhar um quarto com uma criança que não é parente dele, afinal?
M.J.:	É uma coisa linda.

Bashir: Não é uma coisa preocupante?

M.J.: Por que deveria ser preocupante? Quem é o criminoso? Quem é Jack, o Estripador no quarto? Isso é um cara tentando ajudar a curar uma criança. Estou dormindo num saco de dormir no chão. Dei a cama pra ele porque ele tem um irmão chamado Star. Assim, ele e Star ficam com a cama. E eu estou no chão no saco de dormir.

Bashir: Alguma vez você dormiu na cama com eles?

M.J.: Não. Mas dormi numa cama com muitas crianças. Dormi na cama com todas elas. Quando Macaulay Culkin era pequeno, Kieran Culkin dormia daquele lado, Macaulay Culkin deste lado, suas irmãs ali. A gente se apinhava na cama, todos. E levantava ao amanhecer e saía no balão de ar quente. Sabe, temos o filme. Temos todos esses filmes.

Bashir: Mas isso é certo, Michael?

M.J.: É muito certo. É muito amoroso. É disso que o mundo precisa agora, mais amor, mais...

Bashir: O mundo precisa de...

M.J.: ...mais coração.

Bashir: O mundo precisa de um homem de quarenta e quatro anos dormindo numa cama com crianças?

M.J.: Não, não, você está entendendo tudo errado. Está errado.

Bashir: Bem, me diga. Me ajude.

M.J.: Por que é errado compartilhar um amor? Você não dorme com suas crianças ou alguma outra criança que precise de amor, que não teve uma infância boa?

Bashir: Não. Não, não durmo. Nem sonharia nunca em dormir...

M.J.: Eu dormiria. Eu dormiria. Porque você nunca esteve onde eu estive mentalmente.

Bashir: O que você pensa que as pessoas diriam se eu dissesse, bem, convidei algumas das amigas de minha irmã para passar a noite, ou os amigos de meu filho para passar a noite, e eles fossem dormir numa cama comigo essa noite?

M.J.: Tudo bem.

Bashir: O que acha que os pais deles diriam?

M.J.: Se fossem malucos, diriam, você não pode. Mas, se você é íntimo da família, conhece bem e...

Bashir: Mas, Michael, eu não gostaria que meus filhos dormissem com alguém mais na cama.

M.J.: Bem, eu não me importaria. Se conhecesse bem a pessoa, e, ah... Sou muito próximo de Barry Gibb. Paris e Prince podem ficar com ele a qualquer hora. Minhas crianças dormem com outras pessoas o tempo todo.

Bashir: E você fica contente com isso?

M.J.: Pra mim, está tudo bem. Eles são honestos. São pessoas meigas. Não são Jack, o Estripador.

Bashir: Suponho que o problema para muita gente é o que aconteceu em 1993, ou o que não aconteceu.

M.J.: O que não aconteceu?

Bashir: Volte apenas a mente ao passado. Como foi da primeira vez quando soube das acusações que estavam sendo feitas contra você?

M.J.: Foi chocante, e não tenho permissão de falar sobre isso por motivos legais, assim...

Bashir: Porém, como você se sentiu sobre o que estavam dizendo? Não estou pedindo para falar sobre o que foi dito.

M.J.: Fiquei chocado porque Deus sabe em meu coração o quanto eu adoro crianças.

Bashir: Mas não é esse precisamente o problema? Que quando você convida as crianças para sua cama, na verdade você nunca sabe o que vai acontecer.

M.J.: Mas quando você diz "cama", está pensando em sexo. Eles tornam isso sexual. Não é sexual. Vamos dormir. Eu os aconchego. Coloco um pouco, ah, de música. Hora de contar história. Leio um livro. Muito meigo, acendo a lareira. Dou leite quente a eles. Sabe, temos biscoitinhos. É muito encantador, muito meigo.

Nesse ponto, Bashir pergunta a Jackson o que ele tem a dizer às pessoas que acham tudo isso estranho.

— As pessoas sempre podem fazer um julgamento sobre qualquer coisa que você faça, portanto, isso não me aborrece — respondeu Jackson. — Tudo pode ser estranho para alguém. Esta entrevista é estranha para algumas pessoas lá fora. Então, quem se importa, certo?

Realmente, quando o documentário de Bashir foi transmitido no Reino Unido, em fevereiro de 2003, para uma audiência de quinze milhões de telespectadores, ninguém pareceu se importar. A carga do documentário no dia seguinte concentrou-se mais na farra da gastança em compras de Jackson e nas admissões absolutamente ingênuas sobre cirurgia plástica do que em seus pernoites com crianças, embora mais de um jornal chamasse essa revelação de "perturbadora".

A mídia concordou que Jackson não havia feito nenhum favor a si mesmo ao permitir que Bashir entrasse em sua vida, mas o efeito colateral foi mínimo. Não obstante, Jackson divulgou uma declaração por escrito expressando seu choque e devastação diante de como tinha sido retratado.

> Confiei em Martin Bashir deixando que entrasse em minha vida e na de minha família, porque queria que a verdade fosse dita. Bashir convenceu-me a confiar nele, de que o seu seria um retrato honesto e justo de minha vida, e me disse que era "o homem que fez a vida de Diana dar uma reviravolta". Estou surpreso que um jornalista profissional comprometa sua integridade ao enganar-me desse jeito. Hoje, sinto-me mais traído que talvez nunca antes em minha vida; de que alguém que veio a conhecer meus filhos, meu staff e a mim, a quem deixei entrar em meu coração e falei a verdade, pudesse então sacrificar essa confiança e produzir esse programa terrível e injusto. Todos que me conhecem saberão a verdade, que é a de que meus filhos vêm em primeiro lugar em minha vida, e que eu jamais faria mal a qualquer criança. Também quero agradecer a meus fãs em todo o mundo pelo impressionante número de mensagens de apoio que recebi, particularmente da Grã-Bretanha, onde as pessoas me mandaram e-mails e disseram o quanto foram tomadas de surpresa com o filme de Bashir.

Claro, os fãs e simpatizantes de Jackson imediatamente atacaram a integridade de Bashir. No entanto, houve interesse suficiente pelo documentário para incitar uma guerra de convites nos Estados Unidos, que a ABC ganhou por uma soma divulgada de três milhões e meio de libras esterlinas.

Quando o programa foi ao ar, poucos dias depois, no noticiário 20/20, prometia revelações "sem precedentes", embora inúmeros jornais americanos já noticiassem os destaques depois que tivesse ido ao ar no Reino Unido. Os efeitos colaterais foram quase instantâneos.

A primeira a reagir foi a Nêmesis de Jackson e a antiga advogada de Jordan Chandler, Gloria Allred, que aproveitou a oportunidade para pedir um inquérito imediato.

Estou esperançosa que os Child Welfare Services (Serviços de Bem-Estar Infantil) iniciem uma investigação sobre as atividades do senhor Jackson com crianças em Neverland. Creio é que altamente inapropriado para uma criança pequena dormir na mesma cama com o senhor Jackson, um adulto, principalmente à luz das acusações anteriores contra ele.

Allred não foi a única a pedir uma investigação. Um dia depois de o programa ir ao ar nos Estados Unidos, os urros de indignação dos americanos começaram a ser ouvidos por todos os lugares. E antes que os créditos rolassem no programa de Bashir, o telefone de Tom Sneddon começou a tocar.

• • • •

Pouco depois de Sneddon começar a investigar Jackson pela segunda vez em 2003, um jornalista lhe perguntou se ele estava numa "vendetta" contra o cantor. Com o rosto sério, o promotor público de Santa Barbara retrucou que mal tinha pensado em Michael Jackson durante a década anterior. Um levantamento de entrevistas que ele deu e artigos sobre suas atividades durante esse intervalo, porém, demonstram que sua afirmativa pode ter sido qualquer coisa, menos exata.

Em 19 de agosto de 1995, por exemplo, durante o casamento de Jackson com Lisa Marie Presley, o *Chattanooga Times Free Press* noticiou que Sneddon "tinha feito contato duas vezes com a mãe de Presley, Priscilla, pedindo informações sobre o relacionamento de Jackson com garotos".

Em 23 de agosto de 1995, seguindo-se à entrevista de Diane Sawyer com o casal, Sneddon contou ao jornal *The New York Beacon* que Jackson não tinha saído "limpo" do envolvimento sexual com dois garotos, como Sawyer havia noticiado.

— A situação da investigação está em suspenso até alguém se apresentar — disse o promotor público.

Em 27 de janeiro de 1996, numa entrevista sobre Jackson a um jornal da Califórnia chamado *The Advertiser*, Sneddon disse:

— Mas a verdade é que, não importa o que ele faça, não pode escapar do fato de que pagou milhões de dólares para impedir um garoto de treze anos de testemunhar contra ele no tribunal. — Ao contrário da crença popular, acrescentou Sneddon, seria "incorreto" dizer que Jackson estava livre de todas as acusações. — A situação da investigação está em suspenso até que alguém se apresente e preste testemunho — reiterou.

Em 14 de fevereiro de 2001 — na noite de um discurso agendado de Jackson em prol de sua Fundação Curar o Mundo — Sneddon disse ao *New York Daily News* que Jackson não estava "fora do perigo" das denúncias de abuso sexual infantil de 1993.

— O caso contra Michael Jackson nunca foi encerrado, e ele nunca foi inocentado de culpa — disse Sneddon. — Está em animação suspensa e pode ser reaberto a qualquer hora.

Numa entrevista com Diane Dimond à Court TV, em fevereiro de 2003, Sneddon disse que só precisava de "uma vítima a mais" para reabrir seu caso contra Jackson.

Assim, pode-se dizer com segurança que o promotor público tinha de fato pensado um bocado em Jackson desde que fechou o caso por falta de evidências, dez anos antes.

Alguns compararam Tom Sneddon e sua obsessão em cravar as unhas em Jackson à cruzada do Inspetor Javert em seguir os rastros de Jean Valjean em *Os Miseráveis*. Porém, enquanto o personagem Valjean no romance de Victor Hugo nada mais tinha feito do que roubar um pedaço de pão, Sneddon continuava convencido de que o cantor era culpado do crime hediondo de abuso sexual infantil. Mas, não contava com nada ainda para continuar em frente, e sabia disso.

Depois que Allred telefonou-lhe pessoalmente e apresentou uma queixa formal contra Jackson, Sneddon convocou toda sua equipe para encontrar uma ideia de como seu escritório deveria responder.

O resultado foi um comunicado incomum à imprensa, no qual Sneddon reuniu as denúncias originais de Chandler:

Vários anos atrás, uma conferência de imprensa em Los Angeles, com o então promotor público do condado de Los Angeles, Gil Garcetti, descrevemos a investigação como "aberta, porém inativa". Foi declarado que o caso poderia ser reativado com base na descoberta de novas evidências confiáveis ou vítimas dispostas a cooperar. Nada mudou. A investigação permanece "aberta, porém inativa".

A tratar das informações da mídia que o departamento recebeu, o comunicado continua: "Parece que o foco principal concentra-se nas declarações de Jackson revelando que dormiu na mesma cama com crianças".

Sneddon continua a citar o artigo relevante do código penal da Califórnia sobre má conduta de um adulto para com uma criança para explicar por que não pode processar as denúncias:

> Uma revisão desses artigos revela que o ato de um adulto dormir com uma criança sem mais nada é insuficiente para justificar um arquivamento ou apoiar uma condenação. Direciono a atenção de vocês para esses artigos. Se os lerem, notarão que cada ocorrência requer conduta afirmativa, ofensiva, que acompanhe cada toque que possa ocorrer. O mero ato de dormir na mesma cama com uma criança sozinha, sem ou com um contato e ou o requerido estado mental, não satisfaria os requisitos estatuídos. Ademais, embora o Artigo 803(g) permita processo por ofensas que ocorrerem além do estatuto das limitações, isso requer um pré-requisito de que a vítima inicie a petição para investigar, relatando as denúncias à sanção legal.

Sem uma queixa, portanto, Sneddon deixa claro que é impotente para agir. Contudo, isso poderia mudar se uma criança se apresentasse e informasse um crime. Para facilitar tal reclamação, ele inclui os números da linha de comunicação direta com o departamento. E, depois, tal como tinha feito inutilmente por mais de dez anos, esperou que chegasse uma ligação.

Desta vez, não demorou muito tempo.

• • • •

Logo bem cedo, em 18 de novembro de 2003, enquanto Michael Jackson estava em Las Vegas gravando um especial de TV, mais de 60 policiais e investigadores do escritório do promotor público de Santa Barbara desceram sobre Neverland, armados com um mandado de busca.

Enquanto os oficiais vasculhavam o rancho procurando por

evidências, uma equipe forense cortava cuidadosamente um retalho de cada colchão de cada cama nas dependências, inclusive do quarto principal.

Quando a batida continuou à tarde, um veterano delegado do departamento do de polícia de Santa Barbara distribuiu um relatório sucinto.

— Isto está baseado num mandado expedido pelo tribunal superior e é parte de uma investigação criminal em andamento — disse, recusando-se a fornecer qualquer informação adicional.

Conforme as especulações alcançavam um nível delirante, Tom Sneddon anunciou que organizaria uma conferência de imprensa no dia seguinte para detalhar a finalidade da batida.

Na conferência, o delegado de Santa Barbara, Jim Anderson, contou à sala lotada que foi expedido um mandado de prisão contra Jackson por uma denúncia de que havia molestado um jovem e que foi pedido ao artista que se entregasse, e entregasse o passaporte.

Ao anunciar que finalmente tinha uma "vítima cooperativa", Sneddon acrescentou:

— Posso assegurar a vocês que num curto período de tempo serão formalizadas as acusações contra o senhor Jackson — múltiplas acusações. — Recusou-se a detalhar a idade ou mesmo o sexo da suposta vítima.

Diante da pergunta de um repórter, Sneddon deu uma resposta que mais tarde seria descrita como petulante.

— Posso lhe dizer que é "papo furado", mas isso não vai mudar a reflexão das pessoas — disse. — Como se o delegado e eu fôssemos realmente entrar nesse tipo de música — acrescentou, com sarcasmo.

Antes, ele tinha cumprimentado a sala cheia de repórteres com outra tentativa de fazer piada:

— Espero que vocês todos fiquem por muito tempo e gastem montes de dinheiro porque precisamos dos impostos das vendas de suas reportagens para manter nossos escritórios.

Esses diálogos levaram a professora de direito da Universidade de Loyola, Laurie Levenson, a expressar espanto diante da abordagem de Sneddon.

— Foi desconcertante, embaraçoso, e não tinha um tom particularmente sério — disse. — Um bom advogado de defesa vai dizer que ele estava muito envolvido pessoalmente e que não se pode confiar na investigação.

Enquanto isso, Diane Dimond, que foi a primeira repórter a divulgar as notícias da batida em Neverland, apresentava sua própria análise sobre a última reviravolta na saga de Jackson:

— O promotor público e o delegado estão acusando Michael Jackson não apenas de molestar uma criança doente. Não sei, isso... isso quase desafia a credibilidade.

Mesmo assim, a maioria dos analistas jurídicos concordou que Tom Sneddon não teria apresentado as denúncias depois de todos aqueles anos a menos que tivesse um caso incontestável.

Não parecia nada bom para Michael Jackson.

DOZE

Se levarmos em conta que tinha sido uma entrevista de TV que colocou Jackson na presente situação difícil - de enfrentar cerca de quarenta e cinco anos de prisão - foi absolutamente impressionante ver Michael Jackson sentado em frente a Ed Bradley para uma entrevista no dia do Natal, em 2003, no programa de entrevistas franco e direto de TV, *60 Minutes*, dos Estados Unidos.

As surpresas não pararam por aí. No meio da extensa entrevista, que abordava a reação de Jackson à batida em Neverland um mês antes, assim como sua detenção, Bradley pergunta ao cantor se ele ainda considera aceitável compartilhar sua cama com crianças.

— Claro. Claro. Por que não? — Jackson responde. — Se acontece de você ser um pedófilo, se acontece de ser Jack, o Estripador, se acontece de ser um assassino, não é uma boa ideia. Isso eu não sou. É como fomos criados. E eu descobri... Eu não dormi na cama com a criança. Mesmo que tivesse dormido, está tudo bem. Dormi no chão. Dei minha cama para a criança.

Ele conta a Bradley que teria cortado os pulsos antes de fazer mal a uma criança, e então apresenta a primeira descrição pública de seu relacionamento com Gavin Arvizo. Tinha conhecido o garoto de doze anos um ano antes, pela primeira vez, e ficara determinado a ajudá-lo na batalha contra o câncer:

> Quando o vi pela primeira vez, estava totalmente careca, branco como neve da quimioterapia, muito ossudo, parecia anoréxico, sem sobrancelhas, sem cílios. Estava tão fraco que eu tinha de carregá-lo da casa para o salão de jogos, ou empurrá-lo numa

cadeira de rodas, para tentar lhe dar uma infância, uma vida. Porque eu me sinto mal. Porque eu nunca tive essa chance também quando criança. Sabe? Isso... e portanto, eu sei o que é... sentir-se desse jeito. Não sendo doente, mas não tendo uma infância. Assim, meu coração para por causa dessas crianças. Sinto o sofrimento delas. Ele nunca subiu numa árvore... E... eu o ajudei a subir. E uma vez ele subiu... na árvore, e olhamos para baixo dos galhos. E foi tão bonito. Foi mágico. E eu amei. Poder dar uma chance a ele de ter uma vida, sabe? Porque disseram pra ele que ele ia morrer. Disseram isso a ele. Disseram aos seus... seus pais para se prepararem para o funeral dele, veja como a coisa era ruim. E eu o coloquei num programa. Ajudei muitas crianças a fazerem isso. Eu o coloquei num programa mental.

Durante a mesma entrevista, Jackson declarou que foi tratado com grosseria pela polícia durante sua detenção.

— Eles me trataram grosseiramente — disse a Bradley. — Meu ombro está deslocado, literalmente. Está doendo muito. Sinto dor o tempo todo. Isso é... está vendo este braço? Isso é o mais longe que consigo estendê-lo. O mesmo com este lado aqui.

As autoridades policiais de Santa Barbara forneceriam fitas da prisão, mais tarde, contradizendo o relato de Jackson, ao apontar para as imagens de vídeo do cantor acenando para a multidão enlouquecida quando saía da delegacia de polícia, para mostrar que provavelmente ele estava mentindo. A maioria dos analistas jurídicos presumiu que a história fazia parte de uma estratégia da defesa destinada a retratar Jackson de maneira simpática, numa antecipação ao seu julgamento. Contudo, foi mais um assalto à sua credibilidade que já estava duramente manchada.

Nesse meio tempo, o site The Smoking Gun obteve um relatório do Department of Children and Family Services (DCFS) de Los Angeles, revelando que o departamento tinha investigado as queixas de que Gavin Arvizo havia sido molestado por Jackson e concluíu que as acusações eram "infundadas".

Pouco depois de ter sido transmitido o documentário de Bashir na ABC, um funcionário da escola de Gavin telefonou para a linha de comunicação direta do DCFS, segundo a Orientação contra o Abuso Infantil, assustado com a admissão do menino de que tanto ele como o irmão mais novo, Star, tinham dormido na cama de Jackson.

De acordo com a investigação posterior, o departamento interrogou a mãe do garoto, Janet Arvizo, que afirmou que acreditava que a mídia havia tomado tudo "fora do contexto". Jackson, disse ela, era "como um pai" para suas crianças, e era como parte da família. Disse aos investigadores que seu filho Gavin tinha sido interrogado separadamente e que também havia negado a ocorrência de qualquer abuso sexual. Em vez disso, declarou que os meninos gostavam de visitar Neverland. A irmã de dezesseis anos, Davellinm, que frequentemente acompanhava os irmãos para passar a noite lá, também foi entrevistada, e negou ter visto qualquer coisa sexualmente inapropriada.

Os comentários da família aos investigadores pareciam contradizer as queixas feitas ao escritório do promotor público, e que motivaram as denúncias de molestamento contra Jackson. Não era a única vez que suas declarações pareceram estar em desacordo com as queixas posteriores. Logo depois que o documentário de Bashir foi ao ar, o grupo de Jackson revelou que havia mantido câmeras filmando ao mesmo tempo em que as de Bashir filmavam, registrando as mesmas imagens que ele gravava para assegurar que não apresentasse uma gravação distorcida. Essa filmagem, alegaram, retratava uma visão muito diferente daquela que Bashir havia mostrado à sua plateia.

Jackson negociou honorários de 5 milhões de dólares pelos direitos de um especial, usando sua filmagem, que foi ao ar pela Fox — apresentada e narrada pela apresentadora do programa de fofocas e entrevistas, Maury Povich, como *The Michael Jackson Interview: The Footage You Were Never Meant to See* (A Entrevista de Michael Jackson: A Filmagem que Não Era Pra Você Ver).

Nessa versão, Bashir é visto bajulando Jackson sem parar, principalmente ao descrever seu relacionamento "tão natural, tão amoroso, tão carinhoso" com relação aos filhos.

— Seu relacionamento com seus filhos é espetacular — diz. — Na verdade, quase me faz chorar quando eu o vejo com eles.

Em seu documentário, Bashir descreveu "a perturbadora realidade" de Neverland, onde Jackson admitia dormir com crianças.

Na gravação de Michael, ele a descreve como "nada a não ser espiritual".

Em seu documentário, Bashir insinua que foi Jackson que fez seus filhos usarem máscaras. Isso porque tinha deixado de incluir a entrevista que havia feito com a ex-mulher de Jackson, Debbie Rowe, na qual revela que foi ela, não Michael, que tinha insistido no uso das máscaras.

Para uma contestação especial, o cinegrafista de Jackson também entrevistou Gavin Arvizo e sua família, que não tinham ainda ido adiante com suas denúncias. Nessa entrevista, Janet Arvizo disse:

— O relacionamento que Michael tem com meus filhos é [um] bonito, amoroso, relacionamento de pai para filho e filha. Para meus filhos e para mim, Michael é parte da família.

Declarou que Bashir tinha tomado o relacionamento de seu filho fora de contexto e disse que estava considerando entrar com um processo contra o jornalista inglês. Embora o especial de contestação desferisse um golpe na credibilidade jornalística de Bashir, permanecia o fato de que Jackson continuava a admitir compartilhar a cama com um garoto de doze anos. Aos olhos da maioria dos americanos, isso não era um comportamento normal ou aceitável.

• • • •

Na época em que Tom Sneddon terminou de apresentar seu caso contra Jackson ao Tribunal de Instrução, tinha assegurado um indiciamento em dez condados por denúncias de crimes supostamente cometidos contra Gavin Arvizo, identificado como "John Doe" (ou João Ninguém) nos documentos legais, por que ele era ainda menor de idade.

O elemento mais significativo do indiciamento, porém, não eram as muitas acusações contra Jackson. Era o fato de que os atos libidinosos de que era acusado tinham tido lugar supostamente entre 20 de fevereiro e 12 de março de 2003 — *depois* da transmissão do documentário de Bashir. Por mais estranho que fosse, Jackson estava sendo acusado de molestar Gavin Arvizo somente depois de estourar a polêmica mundial por ter compartilhado sua cama com o garoto.

Durante esse período, alegou-se que Jackson havia cometido "deliberada, ilícita e libidinosamente um ato libidinoso e lascivo em e com o corpo e certas partes e membros de John Doe, uma criança com menos de quatorze anos, com a intenção de estimular, de cativar e gratificar a luxúria, paixões e desejos sexuais do mencionado réu e da mencionada criança".

Nos dez condados em que foi acusado, quatro mencionavam a administração de "agente tóxico", nominalmente bebida alcoólica, a um menor, com a intenção de molestá-lo sexualmente. Mais tarde, três relatos adicionais foram acrescentados — conspiração envolvendo abdução de criança, prisão ilegal e extorsão. De acordo com esses relatos,

Jackson era acusado de ter prendido a família Arvizo em Neverland num determinado momento, quando eles desejavam ir embora.

• • • •

Anthony Pelicano não estava mais associado à equipe jurídica de Jackson, mas isso não significava que a equipe tivesse parado de usar detetives particulares para desenterrar sujeira dos inimigos do cantor. E não precisaram procurar muito para encontrar evidências incriminadoras para desacreditar a família Arvizo.

Em novembro de 2003, pouco tempo depois de sua prisão, e antes que o acusador fosse oficialmente identificado pela maioria das agências de notícias, a mídia de repente "soube" que o caso Jackson não era o primeiro em que a família Arvizo tinha se envolvido com alegações de abuso.

Em novembro de 2001, a cadeia de lojas de departamentos J.C. Penney tinha pagado 137,5 mil dólares de acordo aos Arvizos para encerrar um processo legal com a denúncia de que três guardas de segurança numa loja da Califórnia do Sul tinham agredido Gavin Arvizo, sua mãe Janet e seu irmão Star num estacionamento, em 1998, depois de Gavin sair da loja levando roupas pelas quais não havia pagado. Para aumentar a aposta, Janet até mesmo havia acrescentado uma acusação, dois anos depois do incidente, de que os guardas tinham acariciado sexualmente seus seios e a área pélvica por "mais de sete minutos", enquanto tentavam detê-la.

Um mês antes do acordo, Janet tinha dado entrada ao pedido de divórcio de seu marido David, num caso em que se percebia serem tanto o suposto abuso como a prisão ilegal, um espelho das acusações que ela havia feito no caso posterior de Jackson.

Tempos depois, o advogado de David, Russell Halpern, disse que Janet havia mentido a respeito do abuso e que tinha uma habilidade como de "Svengali" (personagem de romance, pessoa que domina os outros por motivos torpes) para fazer seus filhos repetirem suas mentiras.

Quando os assistentes sociais do Departamento dos Serviços da Infância e da Família foram convocados na casa dos Arvizos, em outubro de 2001, para investigar uma briga doméstica, interrogaram as crianças, que disseram não ter ocorrido nenhum abuso por parte do pai.

— Não houve nenhuma surra, apenas gritos, e não um monte de gritos — declararam as crianças.

Porém, quando Janet Arvizo chegou em casa e descobriu que o DCFS tinha entrevistado seus filhos sem sua presença, imediatamente entrou em contato com a agência e exigiu que voltassem. Dessa vez, as histórias das crianças mudaram drasticamente, e elas declararam que os maus-tratos tinham acontecido.

Mais significativo ainda, Halpern afirmou, David Arvizo certa vez havia lhe mostrado um script que sua esposa supostamente escreveu para seus filhos usarem quando fossem interrogados num depoimento civil.

— Ela escreveu todo o testemunho deles. Eu realmente vi o script — recordou-se. — Lembro de meu cliente ter me mostrado, de trazer o manuscrito para mim.

Coincidência ou não, o psiquiatra contratado pela J. C. Penney para avaliar Janet Arvizo constatou que ela teria "ensaiado" os filhos para sustentarem sua história, e a se mostrarem ambos "decepcionados" e "deprimidos".

No auge do julgamento de Jackson, David Arvizo disse mais tarde aos repórteres: "meus filhos são rotineiramente ensaiados pela mãe, Janet, para fazer ou dizer seja lá o que ela desejar".

Até mesmo o advogado de Janet no processo de divórcio, Michael Manning, pareceu questionar as acusações contra Jackson quando os repórteres lhe perguntaram sobre o caso J.C. Penney.

Manning disse à Associated Press que Janet nunca lhe dera qualquer indicação de que Jackson abusava sexualmente de Gavin. Recordava-se dela dizendo coisas positivas sobre Jackson como havia feito recentemente, em abril ou maio de 1993.

— Ele foi realmente bom para nós — foi o que ela disse na ocasião — recordou-se Manning.

• • • •

No decorrer dos anos, desde o julgamento de abuso de Arvizo, os simpatizantes de Jackson haviam declarado quase numa rotina que Janet Arvizo havia contratado Larry Feldman como seu advogado, por ser o mesmo advogado que havia representado Jordan Chandler anteriormente, e ganhara um acordo de 15 milhões de dólares do cantor. Consequentemente, argumentavam, a intenção dela sempre fora extorquir dinheiro de Jackson. Embora houvesse evidências significativas para questionar os motivos de Janet, a história não é bem clara.

Inicialmente, Arvizo tinha contratado um advogado chamado Bill Dickerman, não para processar Jackson, mas para tentar impedir que a entrevista de Martin Bashir fosse ao ar em mais transmissões. Foi Dickerman que a encaminhou a Larry Feldman que, por seu turno, encaminhou Gavin a um terapeuta, ao descobrir que o garoto se comportava de maneira diferente do normal na escola.

O terapeuta era um psicólogo de Los Angeles chamado Stanley Katz. Ele entrevistou Gavin e seu irmão mais novo, Star, por duas vezes em seu consultório em Beverly Hills, em maio de 2003, e um mês depois. Foi durante uma dessas sessões que Gavin revelou pela primeira vez que havia sido molestado por Michael Jackson, o que disparou um relatório automático para a polícia, tal como aconteceu no caso Jordan Chandler, dez anos atrás.

Quando um detetive do departamento de polícia do condado de Santa Barbara telefonou a Katz, um mês depois, para obter sua opinião sobre as acusações de Gavin, o psicólogo fez uma avaliação bastante surpreendente.

Numa conversa gravada, Katz disse ao detetive Paul Zelis que Jackson:

— É um cara que é como uma criança de dez anos. E, está fazendo o que uma criança de dez anos faria com seus amiguinhos. Sabe, vão se masturbar, assistir a filmes, beber vinho, você sabe. E ele nem mesmo se qualifica como um pedófilo. Realmente é assim, atrasado, com dez anos.

O detetive concordou, retrucando:

— É, sim, eu concordo.

Katz também revelou que levou um tempo considerável para Gavin confiar nele, notando que tinha sido ajudado por Janet Arvizo, que "teve realmente de soletrar que o psicólogo estava 'nos ajudando, trabalhando para nós'".

Katz, então, disse a Gavin:

— Sabe, você não quer que Jackson faça essas coisas a crianças outra vez, quer?

Nesse ponto da conversa, Katz revela que Gavin recordou-se do nome de Jordan Chandler.

— Bem, Jordie Chandler não o impediu — Gavin disse.

• • • •

A mídia estava deitando e rolando. Se o caso de assassinato de O.J. Simpson havia sido o julgamento do século passado, a acusação contra Michael Jackson certamente estava sendo tratada como o julgamento do século que se iniciava. E Diane Dimond adorou cada segundo. Como reconhecida autoridade sobre a provação de Jackson, ela parecia estar em toda parte. Outros repórteres se mostravam ansiosos em conseguir algum furo e em usar as idéias de Dimond para seus próprios interesses sobre o caso e, quem sabe, recolher um dedo ou dois de fofoca. A Court TV a contratou para ser sua analista durante o julgamento, e ela estava no horário nobre da CNN, diferindo muito de suas raízes em tabloides de TV.

Um das razões para tamanho apelo sobre sua pessoa era a presunção de que Tom Sneddon a estaria usando para vazar informação, o que queria dizer que ela muitas vezes sabia o que ia acontecer antes de qualquer um de seus colegas. O relacionamento com Sneddon tinha sido recompensado quando ele percebeu que a simpatia de Dimond estava do lado da promotoria.

Isso, porém, também era verdadeiro para muitos repórteres criminais que poderiam aproveitar essa simpatia e transformá-la em vazamentos valiosos a partir do escritório do promotor público. Poucos, porém, estavam dispostos a pagar um favor.

Em março de 2004, Dimond ficou sabendo da existência de um empresário de Nova Jersey, chamado Henry Vaccaro, que estava de posse da ampla memorabilia de Michael Jackson, depois que o cantor tinha deixado de pagar o aluguel de 60 mil dólares pela guarda dos itens no armazém de Vaccaro, em Asbury Park, Nova Jersey. Mais que depressa, ela tomou um avião para Nova Jersey e fez um relatório para a Court TV sobre a abrangente coleção. Entre os itens que descreveu em seu relatório estava um par de cuecas brancas sujas, que ela ergue diante da câmera, especulando que "poderia conter evidências de DNA". Quando as câmeras foram desligadas, Dimond não se limitou meramente a pegar seu equipamento e ir embora. Em vez disso, de acordo com Vaccaro, disse que iria telefonar ao promotor para alertá-lo sobre aquela potencial evidência.

Se realmente agiu assim, tal atitude seria uma fratura potencialmente séria da ética jornalística, de acordo com seus críticos. A própria Dimond nega a acusação. Porém, uma carta que Vaccaro mandou a Sneddon, em 2005, requisitando a devolução do item, parece confirmar o relato do empresário:

"Fui contatado por seu escritório depois que Diane Dimond, da Court TV, informou-o de que havia vários itens de potencial interesse para o senhor entre o conteúdo de um armazém em Asbury Park, N.J."

Tenho por crença pessoal que, se Diane Dimond encontrou evidências que poderiam lançar uma luz sobre uma acusação grave de abuso infantil, tinha por obrigação relatá-la, apesar da ética profissional. Sei que eu teria feito isso.

Os simpatizantes de Jackson havia longo tempo pintavam Dimond como uma das vilãs nesse caso, obcecada em mandar Jackson para a prisão, e esse é o tipo de história que reforça essas crenças. Realmente, durante o julgamento, ela ficava especulando, toda animada, como alguém como Jackson se sairia na prisão, em razão das atitudes da maioria dos prisioneiros com relação a molestadores infantis. E, com isso, sem dúvida, Dimond proporcionou um fórum a inúmeros chantagistas e malucos com o roteiro de como "cair matando" em cima de Jackson.

Entretanto, é importante relembrar que ela também realizou algumas reportagens investigativas brilhantes durante os anos, muitas vezes fazendo um trabalho de ir atrás dos fatos melhor que o escritório do promotor público com seus recursos infinitamente superiores. Também alertou, regularmente, seus espectadores sobre o perigo de falsas acusações.

E, num quadro, levado ao ar não muito tempo depois que o caso Jordan Chandler havia sido encerrado em acordo, Dimond fez um trabalho particularmente memorável ao ilustrar o quanto tais acusações poderiam prosperar facilmente, se a mídia — e o promotor público — não fossem vigilantes. E, embora o quadro tenha sido transmitido antes que o caso Arvizo viesse à tona, mostra uma história convincente e relevante.

No segmento produzido para o *Hard Copy*, não muito tempo depois de o caso Chandler terminar em acordo, Dimond revela que mais outro garoto havia se apresentado com acusações de que fora molestado por Jackson.

Quando o garoto, com o rosto borrado por ter apenas quinze anos, olhou para a câmera, começou a contar sua história de como ele e outro garoto adolescente haviam sido molestados pelo cantor:

> Ele começou só, tipo, encostando na barriga e nas coxas da gente. Tipo, esfregou nossa barriga e depois foi mais pra baixo

e então foi quando eu comecei dizendo, ah, "o que está fazendo?". E ele disse, "Tudo bem. Não se preocupe, seus corpos são feitos para ser tocados".

Nos dias que se seguiram, Dimond explica, ela havia conversado com o garoto durante horas e ele nunca tinha se mostrado hesitante. Sua história continuava consistente. O garoto confirmou que havia conhecido Michael Jackson numa casa de jogos eletrônicos canadense. Que deveria passar o fim de semana com um amigo, mas que havia mudado de ideia depois que Jackson o tinha convidado para visitar Neverland. Fizera um voo até lá num jato particular. O garoto tinha prosseguido, descrevendo em detalhes o pessoal na comitiva de Jackson, a distribuição física do rancho e até mesmo a casa da família de Jackson em Encino.

— Mais tarde, ele desenhou mapas incrivelmente detalhados de ambas as casas de Jackson — Dimond revela. — Era evidente: ou o garoto estava dizendo a verdade, ou foi bem treinado.

A história do garoto, ela revela, tinha lhe sido enviada originariamente como um relato gravado por um homem de Toronto chamado John Templeton. Ele ligou para o *Hard Copy* várias vezes para conferir se o material havia chegado. Dimond voou para Toronto para conhecer o garoto e Templeton, e saber mais. Explica o que aconteceu a seguir:

O plano era encontrar o par no saguão de [um] hotel de aeroporto. Porém, quando cheguei, o único a me cumprimentar foi o garoto. Foi comigo para a cidade e disse que morava nas ruas de Toronto — num setor chamado de "Boy's Town" (Cidade dos Meninos), onde os meninos de rua se reuniam. Explicou que sua mãe o expulsou de casa, e que John Templeton era apenas um homem que ele tinha conhecido nas ruas.

Durante os dias que se seguiram, uma equipe do *Hard Copy* realizou horas de longas entrevistas, testando o garoto e tentando induzi-lo a cometer um erro. Por perto, havia funcionários da polícia tanto da Califórnia como de Toronto, esperando para conduzir sua própria investigação sobre as denúncias do garoto.

Diante da câmera, Dimond o confronta a respeito de seus motivos:

Dimond:	As pessoas vão pensar que você está atrás do dinheiro dele.
Garoto:	Não ligo pro dinheiro dele.
Dimond:	Vão pensar que você está inventando.
Garoto:	Eu sei. Eu sei. Mas não ligo pro dinheiro dele. Ele pode guardar.
Dimond:	Está dizendo a absoluta verdade?
Garoto:	Estou.

Finalmente, decidiram lhe dar um teste. Mostraram ao garoto diversas fotos, inclusive várias de empregados de Neverland. Ele identificou-os perfeitamente.

Então, Dimond levou-o para a cidade, até a sede da polícia de Toronto, onde ele foi interrogado por seis horas, direto.

O garoto apegou-se à sua história sem vacilar, de que Michael Jackson o havia molestado.

— Achei que ele era perfeitamente confiável — diz um detetive chamado Campbell a Dimond.

Sabe por que a história desabou? O *Hard Copy* tinha recebido anteriormente, por algum tempo, relatos semelhantes do mesmo subúrbio de Toronto onde o garoto vivia. E tudo foi descoberto quando um homem chamado Rodney Allen telefonou alegando que um membro da família Jackson o havia molestado, anos atrás. Rodney Allen e John Templeton eram a mesma pessoa. E a história toda, na verdade, era um golpe.

Ao constatar o fato, Dimond o entrevista:

Dimond:	Só me preocupo em saber como esse garoto, que me deu todo tipo de informação sobre Neverland, sobre Havenhurst, sobre a Disneylândia, sobre o corpo de Michael Jackson, onde ele conseguiu toda essa informação?
Allen:	Conseguiu de mim.
Dimond:	Você plantou toda essa coisa na cabeça desse garoto?
Allen:	Eu não plantei isso na cabeça dele. Ele ficava me fazendo perguntas. Eu respondia o melhor que podia. Disse a ele que eu podia contar sobre o lugar porque eu quero que Michael encare a coisa.
Dimond:	Então, esse garoto é um mentiroso número um?
Allen:	Profissional.

A polícia de Toronto prendeu Rodney Allen e o acusou de dano público por tramar a história contra Jackson. Quatro anos mais tarde, ele foi preso novamente por molestar vários garotos.

• • • •

Se Diane Dimond estava convencida de que Jackson era culpado de abuso sexual e merecia ir para a prisão por seus crimes, seu co-âncora de uma apresentação, Geraldo Rivera, tinha um enfoque muito diferente do caso. Antes de embarcar numa carreira como um bem-sucedido apresentador de entrevistas, especializando-se em tópicos da cultura pop, Rivera havia sido um dos mais respeitados jornalistas investigativos dos Estados Unidos, ganhando um prêmio Emmy por sua investigação sobre a negligência com os pacientes com deficiência mental numa instituição do estado. Rivera, cujo bigode, sua marca registrada, era instantaneamente reconhecido pela maioria dos americanos, também fora o primeiro jornalista a informar que Elvis Presley tinha morrido de overdose de um medicamento sob prescrição em vez de ataque cardíaco — uma investigação que fez o estado do Tennessee revogar a licença médica do médico de Elvis por se exceder na medicação.

Como ex-investigador do Departamento de Polícia de Nova York, Rivera sentia-se particularmente à vontade com histórias relacionadas a crimes. Quando estourou a notícia da prisão de Michael Jackson, Rivera resolveu conduzir sua própria investigação, que durou meses. Na noite final do julgamento, Rivera preparou-se para anunciar os resultados a seus espectadores. Se Michael Jackson fosse condenado, ele tinha jurado raspar seu bigode.

TREZE

Em 28 de fevereiro de 2005, teve início o julgamento de o *Povo do Estado da Califórnia versus Michael Joseph Jackson*, num tribunal de Santa Barbara, mais de um ano depois de Jackson ter sido preso pela primeira vez por acusações de abuso sexual infantil.

Na América, um cidadão em julgamento tem o direito de um "júri de seus pares", mas quando Michael Jackson olhou pelo recinto para os doze jurados que decidiriam seu destino, não viu uma única cara negra.

Tom Sneddon estava resolvido a evitar uma reprise do fiasco de O.J. Simpson, em que um grupo dos jurados de maioria negra havia absolvido o ex-jogador de futebol depois de seus advogados lançarem mão inteligentemente da etnia na jogada. Durante a seleção do júri, Sneddon tinha feito os maiores esforços para eliminar qualquer um que pudesse ser considerado simpático ao cantor. Acima de tudo, os fãs de Michael Jackson e negros. Depois de Sneddon rejeitar sumariamente duas mulheres negras do corpo de prováveis jurados, o advogado-chefe de Jackson, Tom Mesereau, entrou com objeção com base em preceito constitucional, argumentando que estavam sendo recusadas por causa da etnia. O juiz indeferiu a objeção. O resultado foi um júri de maioria branca. O banco parecia estar arranjado contra Jackson.

Ao rumar para o dia de abertura do julgamento, Tom Sneddon parecia acreditar que seu caso era um sucesso garantido, embora a maioria dos analistas jurídicos estivesse intrigada com sua autoconfiança sem limites. Dada a credibilidade da família Arvizo, que já fora dissecada e julgada sem valor pela mídia, será que Sneddon tinha algum trunfo na manga? Evidência de DNA? Uma testemunha surpresa?

Pouco tempo depois da detenção do cantor, Diane Dimond havia provocado a curiosidade de seu público com uma revelação que parecia lançar uma maldição sobre as chances de Jackson, ao divulgar que ele tinha escrito uma série de cartas de amor "sensacionais" e "lascivas" para Gavin Arvizo. Quando, mais tarde, ela apareceu no programa da CNN, *Larry King Live*, disse que as cartas tinham sumido antes que a polícia fizesse a batida em Neverland. Depois ela disse, "sei com absoluta certeza de sua existência", King confrontou-a sobre a existência dessas cartas. Dimond foi então obrigada a admitir que na verdade nunca tinha visto ou lido as cartas.

Esse foi outro exemplo ainda de sua aparente disposição crescente de acreditar nos acusadores de Jackson sem obter provas, primeiro. E, compreensivelmente, os simpatizantes de Jackson apontaram a história das cartas como mais outro exemplo do viés tendencioso e desfavorável de Dimond contra o cantor.

Assim, a primeira chance que o mundo teve de avaliar o atual caso de Sneddon foi durante os argumentos iniciais, quando ele os apresentou, peça por peça, à sua plateia cativa.

Durante três horas, o promotor público disse ao júri que Michael Jackson havia mantido um paciente de câncer de treze anos de idade e sua família retidos em Neverland, tinha oferecido bebida alcoólica ao garoto, mostrado a ele revistas pornográficas, além de tocá-lo de maneira imprópria. Depois, havia se empenhado numa conspiração detalhada com seus associados para impedir que a família Arvizo deixasse o rancho.

— Vejam — disse Sneddon, num tom penoso —, o mundo particular de Michael Jackson revela que, em vez de ler a eles *Peter Pan*, Jackson está lhes mostrando revistas sexualmente explícitas. Em vez de biscoitinhos e leite, podem substituir por vinho, vodca e conhaque.

A essência do caso, ele explicou, era que o garoto havia conhecido Jackson através de uma organização que coloca astros em contato com crianças doentes.

Durante agosto de 2000, depois que Gavin tinha ido do hospital para casa, seu irmão Star, então com nove anos, assim como seus pais e irmã foram apanhados por uma limusine e levados para ficar em Neverland por alguns dias.

Na noite anterior ao último dia no rancho, Jackson havia puxado Gavin de lado e dito:

— Gavin, por que não pede a seus pais, durante o jantar, se pode passar a noite em meu quarto?

Os pais concordaram. Então, supostamente, o cantor e seu assistente pessoal haviam mostrado pornografia num computador num quarto aos garotos Arvizos, num esforço para "prepará-los" para uma sedução posterior. Jackson disse aos garotos para passarem a noite na cama, mas ele e Tyson dormiram no chão.

A denúncia deixava claro que o abuso havia começado apenas *depois* que o documentário de Bashir fora ao ar e quando o cantor supostamente havia tentado aprisionar a família para impedi-la de cooperar com as autoridades. Mais, alegou-se, no processo, que Jackson os havia obrigado a fazer uma gravação elogiando o cantor para o vídeo de contestação, aquele usado para desacreditar o filme de Bashir.

O mais efetivo elemento da apresentação de Sneddon talvez tenha sido quando ele exibiu trechos do documentário para o júri. Quando Jackson diz: "Isso é uma coisa linda. É muito amoroso... É muito meigo", depois que Bashir lhe pergunta se dormir numa cama com garotos era uma boa ideia, vários jurados foram vistos se encolhendo.

Então, foi a vez da defesa dirigir-se ao júri. Tom Mesereau levantou-se num dramático floreio e partiu para o ataque.

— Estou aqui para dizer a vocês que essas acusações são falsas, são espúrias e esses fatos nunca aconteceram — disse, os cabelos brancos – sua marca registrada – dançando pelos ombros. — Tais acusações são imposturas ridículas.

Mesereau prometeu provar que Janet Arvizo, a quem se referiu como Jane Doe - ou Maria Ninguém -, era uma malandra que treinava seus filhos em como mentir para lucrar. Contou aos jurados sobre o acordo com a J.C. Penney e, mais recentemente, como ela havia tentado usar o câncer do filho, em esforços às vezes bem-sucedidos, às vezes malogrados para conquistar simpatia e dinheiro de celebridades, tais como Jay Leno, Chris Tucker e George Lopez.

Disse que outra atriz iria prestar testemunho de que dera 20 mil dólares à família para preparar um quarto para Gavin em seu retorno do hospital. E que havia ficado chocada ao descobrir que o dinheiro tinha sido gasto numa TV de tela gigante.

— Provaremos que a mãe, tendo os filhos como instrumento, queria encontrar uma celebridade para agarrar-se, para usufruir das vantagens e oportunidades que não tinha por si própria.

Destacou que Janet também tinha feito declarações mentirosas a muitas pessoas de que era necessitada e que seu filho precisava de dinheiro para a quimioterapia. Na verdade, disse ele, o pai do garoto era membro de um sindicato que cobria suas despesas médicas.

— A mais conhecida celebridade, a mais vulnerável celebridade tornou-se o alvo — Michael Jackson — disse Mesereau.

Ao abordar pela primeira vez as acusações atuais de abuso sexual, ele afirmou que, apesar de duas extensivas batidas da polícia no rancho Neverland, nenhuma evidência de DNA havia sido encontrada, nada que indicasse que o garoto ou seu irmão mais novo tivessem praticado atos sexuais.

— O DNA das crianças jamais foi encontrado no quarto de Michael Jackson, mesmo depois de busca e teste — disse.

— Há uma testemunha — Mesereau prometeu ao júri, referindo-se às acusações de ingestão de álcool — que lhes dirá que o senhor Jackson ordenou que fosse servida alguma bebida alcoólica para ele e seus convidados, e as crianças roubaram. Elas [as crianças Arvizo] foram pegas embriagadas. Foram pegas com garrafas. O senhor Jackson não estava em momento algum por perto. Provaremos a vocês que eles estão agora tentando dizer que ele estava por trás disso. E é falso.

Diante da exposição, a maioria dos analistas jurídicos concordou que Mesereau havia apresentado os mais convincentes argumentos de abertura.

— Se estilo for mais importante que substância — e, às vezes, isso acontece em tribunal, então a defesa tem a vantagem depois do primeiro dia de julgamento — disse um analista para a CBS News. — A argumentação de abertura de Sneddon foi fatigante e incluiu muitas datas, nomes e detalhes insignificantes. Mais importante, serpeou para trás e para frente ao longo da cronologia que os jurados vão precisar compreender para condenar Jackson. No final, o monólogo parecia um livro sobre a história russa, em que todos os nomes estão tão misturados e tão pouco familiares que perderam a maior parte do significado. Isso não é uma receita para um bom início de um longo julgamento criminal.

Quando Jackson deixou o tribunal no fim do dia, foi saudado por um dilúvio de fãs e grupos de protestos.

— Michael, nós amamos você — um simpatizante gritou.

Outro respondeu:

— Michael, como é enfiar as mãos pelas calças de um garoto?

••••

Se tudo corresse conforme o plano, a testemunha estelar de Tom Sneddon seria a própria família Arvizo — não apenas Gavin, mas seu irmão mais novo, Star, e sua irmã mais velha, Davellin, assim como a mãe, Janet. Estavam todos preparados para apresentar num depoimento devastador sobre o que tinham visto e ouvido em Neverland entre fevereiro e março de 2003. E esse testemunho seria especialmente importante para assegurar uma condenação contra Jackson pela grave acusação de abdução e prisão ilegal.

Depois do testemunho de Martin Bashir e outros sobre o documentário que tinha preparado o palco para o presente caso, chegou a hora de o júri ouvir a irmã de dezoito anos de Gavin, Davellin. Sneddon a conduziu pela linha do tempo, e ela falou sobre como ela e seus irmãos tinham conhecido Jackson através de Jamie Masada, o dono do clube de comédia de Los Angeles, The Laugh Factory. Depois que Gavin havia sido diagnosticado com câncer, com a idade de dez anos, tinha feito uma lista de últimos desejos em que pedia para conhecer Chris Tucker, Adam Sandler e Michael Jackson.

Logo depois, por insistência de Masada, Jackson telefonou ao seu irmão no hospital, dizendo-lhe para "comer todas as células de câncer como o Come-Come (do jogo de videogame)". Jackson, disse ela, estava tentando ensinar a Gavin uma técnica de visualização para que ele pudesse imaginar as células saudáveis comendo as doentes; quando Gavin recuperou-se, por fim, Jackson convidou-o, além de toda família, para visitá-lo em Neverland. No final, testemunhou Davellin, depois que o documentário de Bashir tinha ido ao ar, ela e a família foram levados, num clima de "conspiração" para ver Jackson em Miami, a bordo do jato particular de Chris Tucker.

Quando voltaram a Neverland, ela continuou, uma "lista de coisas gentis de dizer" sobre Jackson foi entregue a ela e à sua família para o vídeo de contestação, ocasião em que ela sentiu que estavam sendo mantidos cativos.

— A gente ficou apavorada com a situação toda — disse ela. — A situação toda, o segredo. O clima... autêntico de agressividade. Eu estava apavorada.

Davellin também disse que nunca havia consumido bebida alcoólica até que Jackson lhe tinha dado um drinque, em Neverland.

Quando foi a vez de Mesereau fazer o interrogatório, ele lhe mostrou o vídeo que ela tinha feito com a família, elogiando Jackson.

— Ele é um homem muito generoso, humilde. Tomou a gente sob suas asas quando ninguém mais faria isso — diz Davellin na gravação, enquanto lágrimas escorrem por sua face.

Antes, ela havia afirmado a Sneddon que Jackson não tinha deixado ninguém da família assistir ao vídeo de Bashir. Porém, no vídeo de contestação, Janet Arvizo dá a entender ter visto a entrevista de Bashir, mostrando o garoto de mãos dadas com Jackson e pousando a cabeça no ombro do cantor.

Apesar dessa óbvia contradição, Davellin ainda insistiu que nenhum dos membros de sua família havia assistido ao vídeo de Bashir.

Mesereau também se concentrou numa entrevista que ela havia dado ao Departamento de Serviços à Família e à Infância da Califórnia, em que negava que Jackson tivesse agido de maneira inapropriada com seu irmão. E ela admitiu que tivesse mentido naquela entrevista.

— Então, você mentiu sobre certas coisas e disse a verdade sobre outras, dependendo do que lhe era perguntado, certo? — disse Mesereau.

— Sim — ela respondeu baixinho.

Depois de Davellin, foi a vez de seu irmão Star, na verdade, a primeira testemunha a alegar ter visto práticas sexuais envolvendo seu irmão e Jackson.

Star, que estava com doze anos na ocasião do incidente, testemunhou que, por duas vezes, havia surpreendido Jackson molestando seu irmão.

— Eu enxerguei direto lá dentro do quarto e meu irmão estava em cima das cobertas. Vi a mão esquerda de Michael dentro da cueca de meu irmão e a mão direita na cueca dele — disse o garoto.

Disse que tinha visto o alegado abuso quando subia uma escada que levava ao quarto do cantor, onde ele e Gavin normalmente dormiam durante suas visitas ao rancho Neverland.

— O que [Gavin] estava fazendo? — Sneddon perguntou a ele sobre o primeiro incidente.

— Estava dormindo. Estava meio que roncando — o garoto recordou-se, acrescentando que Jackson estava "se esfregando" enquanto tocava seu irmão.

Um segundo incidente semelhante aconteceu de novo dois dias depois, disse o menino. Dessa vez, Jackson até tinha fingido transar com um manequim de mulher do tamanho de uma menina de oito anos.

— Ele estava todo vestido e se comportava como se estivesse transando com ela — disse Star, enquanto ria descontroladamente.

Jackson certa vez também tinha feito uma "disputa de palavrões" com Gavin num dia em que deu vinho tinto ao garoto, testemunhou Star.

— Eu vi meu irmão cambaleando com uma lata de refrigerante na mão... Eu vi o vermelho, vermelho claro ao redor da tampa da lata de 7-UP — testemunhou o garoto. Seu irmão "não tinha passado bem" no dia seguinte, afirmou.

Além disso, Jackson também havia mostrado revistas pornográficas aos dois, revistas que guardava numa pasta preta Samsonite, de acordo com Star. As autoridades tinham encontrado mais de setenta revistas durante as batidas em Neverland, todas mostrando sexo *heterossexual* adulto. No entanto, Tom Sneddon relembrou insistentemente aos jurados da coleção de pornografia de Jackson. Os analistas jurídicos estavam intrigados com a razão de ele enfatizar esse fato, já que ele estava tentando retratar Jackson como um gay pedófilo.

A mídia mais tarde noticiou, com base em fatos, que haviam sido encontrados dois livros, durante as batidas em Neverland, mostrando pornografia infantil ou plena nudez frontal de meninos, o que contribuiu para a percepção pública de Jackson como um pedófilo. Porém, conforme o júri descobriu no decorrer do processo, ambos os livros eram obras de arte bastante respeitadas de fotógrafos reconhecidos da moda, que só apresentavam crianças nuas de passagem e não poderiam ser definidos como pornografia infantil segundo qualquer definição legal. Um deles fora mandado a Jackson por uma fã. E a maioria dos especialistas em pedofilia estava, na verdade, surpresa que nem um único exemplo de pornografia infantil fosse encontrado nas muitas buscas nas residências de Jackson, coisa altamente incomum no caso de um verdadeiro pedófilo, que normalmente se delicia com tais imagens.

Os garotos e Jackson folhearam as revistas em duas ocasiões, uma no banheiro do cantor e uma no quarto dele, Star testemunhou. Entre os títulos estavam *"Barely Legal"* (Dificilmente Legal) e *"Juicy, Ripe and Ready"* (Suculento, Maduro e Pronto).

Em outra ocasião, Jackson conversou sobre masturbação, dizendo que "todo mundo faz, você deveria tentar", acrescentou o garoto.

O testemunho do garoto foi provocativo e extremamente danoso para a defesa.

Até que Tom Mesereau caminhou para o banco das testemunhas para seu interrogatório.

Mesereau apresentou uma entrevista que Star dera aos auxiliares do delegado, na qual dizia que estava deitado num colchão fingindo que dormia quando testemunhara o segundo abuso, contradizendo seu testemunho atual ao júri.

— Eu estava fingindo que estava dormindo. Eu estava no colchão, no colchonete dele — o advogado de Jackson citou de uma transcrição.

— Eu estava nervoso quando fiz a entrevista — retrucou o menino.

— Então, por que estava nervoso você não contou os fatos direito? — perguntou o advogado.

— Sim — disse o menino.

Mesereau, então, apresentou outra transcrição de uma entrevista que o menino tinha dado a um terapeuta, Stan Katz, numa nova contradição ao que havia deposto no banco das testemunhas.

Star havia dito a Katz que viu Jackson pôr a mão "em cima" da cueca de Gavin, não dentro, como tinha acabado de depor no banco.

— Eu não me lembro — o menino disse, em resposta ao lembrete de Mesereau.

Referindo-se ao segundo incidente, Mesereau questionou-o com a transcrição na mão. — Contou a Stan Katz que o senhor Jackson alisou a bunda de seu irmão, não a virilha?

— Eu nunca disse que ele alisou a bunda dele! — Star retrucou, com raiva.

Quando Davellin depusera no banco das testemunhas, havia afirmado que tinha bebido vinho com Jackson e seus irmãos numa adega. Star, porém, disse a Mesereau que, na verdade, sua irmã havia recebido bebida alcoólica de Jackson na cozinha, e que a bebida era vodca, não vinho.

— Não foi na adega? — perguntou Mesereau.

— Não — respondeu Star, contradizendo a irmã.

Mesereau, então, fez Star admitir que seria quase impossível "pegar" Jackson molestando seu irmão, porque o quarto de Jackson é equipado com um sistema de segurança de alta tecnologia que o avisa quando alguém está chegando.

— Então, havia sensores que você ativou, um alarme que disparou e a câmera? — perguntou Mesereau.

— Sim — concordou Star.

Mesereau então mostrou à testemunha um vídeo no qual ele, o irmão, a mãe e a irmã desfiam um leque de elogios a Jackson e dizem que ele era uma figura paterna amorosa e compassiva para eles.

— Tudo que você disse [no vídeo] é uma mentira? — indagou Mesereau

— Basicamente, sim — retrucou Star.

O advogado continuou a ridicularizar as acusações de que os Arvizos tinham ficado prisioneiros em Neverland, destacando que a família saiu do rancho duas vezes e que mais tarde havia voltado à propriedade.

— Quantas vezes você acha que sua família fugiu de Neverland e voltou para poder fugir de novo? — o advogado perguntou, com ironia.

Quando Mesereau mostrou a ele uma cópia de uma revista pornográfica intitulada *Barely Legal*, perguntando se aquela era a exata edição que Jackson havia mostrado aos meninos, Star testemunhou que era.

— Tem certeza?

— Sim.

Mesereau então apontou que a revista que ele tinha mostrado a Star era datada de agosto de 2003, meses depois que os garotos terem visitado Neverland pela última vez.

Finalmente, Mesereau levou o garoto a admitir que mentiu sob juramento num depoimento para outro caso, quando havia jurado que sua mãe e seu pai nunca brigavam, e que seu pai nunca o agredia durante o processo civil contra a loja de departamentos, anos antes.

— Alguém lhe disse para mentir no caso J.C. Penney? — o advogado perguntou.

Na hora em que Star saiu do banco, era evidente que a credibilidade do garoto e a de sua irmã havia sido reduzida a pó aos olhos do júri que, pela primeira vez, começou então a olhar regularmente para Jackson.

No dia seguinte, um jornal de Santa Barbara, o The Independent, publicou um editorial questionando se o público e a mídia teriam, talvez injustamente, pré-julgado Jackson:

E se Michael Jackson é inocente? Isso deveria ser uma consideração óbvia, dado o mantra legal de nosso país "inocente até que se prove culpado", e, no entanto, é uma pergunta que merece especial atenção no caso em andamento de abuso sexual infantil contra o Rei do Pop.

Desde a batida em Neverland, em 2003, a maioria das pessoas pelo globo — exceto uma devotada, porém vacilante base de fãs — automaticamente presumiu que Jackson deveria ser culpado de alguma forma.

Por fim, havia chegado a hora de Jackson encarar seu acusador. Em 15 de março de 2005, Tom Sneddon chamou Gavin Arvizo ao banco das testemunhas, onde ele contou mais ou menos a mesma história que seu irmão e irmã. Também acrescentou uma nova acusação chocante. Disse que antes que Jackson o masturbasse, o cantor lhe havia dito que se os homens não se masturbassem, acabariam estuprando mulheres. O comentário fez vários do júri suspirarem.

Porém, quando Mesereau levantou-se para o interrogatório, tinha na mão a declaração de Gavin à polícia, datada de 2003. Naquela ocasião, ele tinha dito aos investigadores que fora sua avó que lhe dissera que os homens tinham de se masturbar para evitar que violentassem mulheres.

Confrontado em sua inconsistência, o garoto ficou vermelho, como é compreensível. Porém, tinha uma explicação pronta. Jackson lhe dissera a mesma coisa que sua avó "mais ou menos na mesma época".

— Michael tentou me explicar primeiro — emendou. — Insistiu mais comigo... Acho que minha avó viu que eu estava muito confuso sobre essa coisa de sexo. Ela não fez um comentário igual.

Foi um dia bizarro no julgamento, que começou quando Mesereau disse ao juiz que Jackson estava no hospital com um problema de saúde depois de supostamente ter tropeçado e machucado as costas, enquanto se vestia. O juiz não se mostrou simpático e ordenou ao advogado que apresentasse seu cliente, o que resultou no estranho espetáculo de Jackson chegando ao tribunal apenas de pijamas.

Mesereau também apresentou a declaração de uma testemunha surpresa, Jeffrey Alpert, um administrador da escola de Gavin, que disse que interroga o garoto acerca do abuso, na esteira do documentário de Bashir, mas que Gavin por duas vezes nega que qualquer coisa imprópria tivesse ocorrido.

Mesereau citou o funcionário da escola, que tinha dito ao garoto:

— Olhe para mim, olhe para mim... Não posso ajudá-lo a menos que me diga a verdade — alguma coisa disso aconteceu?

Gavin reconheceu que teve a conversa com Alpert, que era o diretor da escola de ensino médio John Burroughs, em Los Angeles.

— Eu disse a Dean Alpert que ele não tinha feito nada pra mim — disse o garoto, acrescentando que havia mentido para não ser motivo de piada dos colegas.

Durante o testemunho, Gavin declarou que havia sido molestado por Jackson duas vezes. Porém, quando o sargento Steve Robel, investigador-chefe do Departamento da Delegacia de Santa Barbara sentou-se no banco das testemunhas, depôs que Gavin, na verdade, tinha afirmado aos investigadores que o cantor o molestou de cinco a sete vezes, "mas poderia não ter se expressado com desembaraço e exatidão" para contar o que havia acontecido.

A intenção da defesa era retratar o clã inteiro dos Arvizos como "vorazes predadores financeiros" que usavam celebridades para fazer dinheiro, e Mesereau insistiu nessa linha.

Quando perguntou a Gavin, durante seu testemunho, se ele alguma vez tinha ligado para o apresentador de programas de entrevistas Jay Leno, por exemplo, o garoto admitiu, mas disse que nunca conversou diretamente com o comediante, alegando ser atendido por uma secretária eletrônica. Também negou que sua mãe estivesse presente quando tinha feito a ligação, dizendo que havia uma mulher presente, mas que era uma amiga da família.

Contudo, a ABC News obteve a transcrição da polícia de uma conversa em que Leno conta aos investigadores uma história muito diferente.

— Faz algum tempo a mãe telefonou: "Ah, meu filho, ele tem doze anos, oh, ele o adora" — disse Leno, contradizendo o testemunho juramentado de Gavin. — Não sou egomaníaco assim, não sei por que um garoto de doze anos ficaria encantado com um cara de cinquenta e cinco que faz piadas políticas... e eu disse: "Bem, o que posso fazer por você? — continuou. — Tudo me pareceu muito ensaiado — emendou.

O investigador então pergunta a Leno se a mãe ou o filho estavam "atrás de dinheiro".

— Acho que sim. Pareceu um pouco suspeito... Não sei se ele estava lendo um script, mas soava treinado — retrucou.

Leno subiu ao banco para testemunhar, por fim, em defesa de Jackson, embora dissesse à polícia que achava que ele era culpado das acusações.

Leno não tinha sido a única celebridade na mira dos Arvizos por dinheiro, aparentemente. O comediante Chris Tucker, que apresentou Gavin a Jackson, testemunhou que tinha conhecido Gavin num evento beneficente em 2000, enquanto o garoto lutava contra o câncer, e que os dois haviam se tornado amigos.

— Ele era realmente inteligente, sagaz às vezes, e seu irmão... era, definitivamente, esperto — recordou-se. Contou ao júri que Gavin ficava constantemente pedindo presentes, e que um dia ele puxou Jackson de lado e o avisou para ficar "de olho" em Janet Arvizo, porque tinha começado a se encher de suspeitas a respeito da mulher.

Outra celebridade, o apresentador Larry King, do programa de entrevistas da CNN, tinha uma história semelhante a contar a respeito de Janet Arvizo, mas o juiz não permitiu que ele falasse a um júri, julgando o fato irrelevante. Não obstante, King contou à corte que tinha conversado com o ex-advogado civil dos Arvizos, Larry Feldman, tentando convencê-lo a ir ao seu popular programa para falar sobre o caso. Feldman havia recusado, disse ele, mas não antes de contar a King que não quis aceitar o caso de Janet por que não julgava a mulher confiável.

— Ele disse apenas que ela é pirada — King recordou-se, num testemunho que seria devastador para a promotoria, se o júri tivesse permissão para ouvi-lo. — Disse que ela está nisso por dinheiro — afirmou King.

Quando os jurados ouviram finalmente a própria Janet Arvizo, ela apresentou um relato desconexo e muitas vezes contraditório do tempo da família em Neverland, e pintou um retrato sinistro de Jackson.

— Ele nunca se importou com a gente ou com meu filho — acusou.

Virando-se para o júri, discursou várias vezes durante seu testemunho.

— Ele conseguiu enganar o mundo — anunciou. — Agora, por causa desse processo, as pessoas sabem quem ele é realmente.

Durante cinco dias, Arvizo ficou no banco das testemunhas dando a Tom Mesereau a oportunidade de destruir sua credibilidade várias vezes. Ele voltou a citar o processo judicial contra a J.C. Penney, apresentando fotos do incidente que pareciam contradizer a versão de Janet Arvizo sobre os acontecimentos.

Apesar disso, talvez a parte mais prejudicial para seu testemunho seja uma história a respeito do filho que ela contou a um jornal local, afirmando que a família era extremamente pobre e se via obrigada a pagar 12 mil dólares a cada tratamento de quimioterapia que Gavin recebia. A história incluía um endereço para onde enviar contribuições.

Sob interrogatório, Arvizo primeiro declarou que a soma era um erro tipográfico e que deveria ser lido 1,2 mil dólares, mas finalmente reconheceu que a família, na verdade, não havia pagado nada pelos tratamentos porque o seguro de seu marido cobria a quimioterapia.

• • • •

Se a família Arvizo passava a ser vista como um bando de calculistas, chantagistas e cavadores de ouro conforme Mesereau destroçava a credibilidade de cada membro no banco das testemunhas, Tom Sneddon ainda tinha alguma artilharia pesada para reforçar seu caso, caso esse que se deteriorava rapidamente, principalmente depois que o juiz determinou que a promotoria tinha permissão de usar acusações anteriores contra o cantor para demonstrar um padrão de abuso.

Em 5 de abril de 2005, Sneddon chamou Jason Francia, de 24 anos, ao banco. Era o filho da criada Blanca Francia, que havia vendido sua história para o *Hard Copy* por 20 mil dólares, anos atrás. Blanca alegava ter visto Jackson tomando banho de chuveiro nu com garotos. Num depoimento juramentado tomado pela equipe jurídica de Jackson, Blanca admitia ter "enfeitado" partes de sua história para o *Hard Copy*. E, sob juramento, ela admitiu que, na verdade, nunca tinha visto Jackson tomar banho com alguém, nem o vira nu com garotos na jacuzzi. Eles sempre estavam com suas sungas, ao contrário da história que ela tinha contado a Diane Dimond.

Já Jason Francia contou ao tribunal que Jackson tinha abusado dele três vezes, a começar de 1990, durante uma brincadeira de cócegas enquanto assistia a desenhos animados no condomínio Century City de Jackson. Testemunhou que nas primeiras duas vezes, Jackson havia alisado seus testículos por alguns minutos fora das calças e depois enfiado uma nota de cem dólares nas calças do menino quando parou.

Da terceira vez, Jackson pôs a mão dentro de sua cueca, Jason Francia disse, num tom emocionado. Ainda mais espantosa foi a afirmação de que Jackson tinha feito, em sigilo, um acordo de

2,4 milhões de dólares com sua mãe, anos antes, para escapar de uma ação civil.

Esse foi o testemunho mais poderoso e prejudicial contra Jackson até a data. Mas, no interrogatório, Mesereau recordou a Francia que ele tinha negado o abuso a princípio, quando a polícia o havia interrogado em 1993. Insinuou que os detetives o tinham intimidado diante de suas acusações, e então, apresentou a transcrição de uma declaração que Francia havia feito a respeito do interrogatório, no qual afirmava: "Eles me fizeram inventar um monte mais de coisas. Ficavam insistindo. Eu queria acertá-los na cabeça".

Tivesse ou não o júri "engolido" a história, o testemunho de Francia certamente pareceu mais confiável do que o de outra testemunha da promotoria, Ralph Chacon. Chacon era um guarda de segurança e fazia parte dos Neverland Five que havia entrado com processo contra Jackson por demissão sem justa causa, anos atrás. O grupo, posteriormente, tinha negociado a história com o *Hard Copy* por uma grande quantia.

Chacon disse ao júri que estava fazendo sua ronda, certo dia, quando viu Jackson e um garoto na jacuzzi perto do parque de diversões de jogos eletrônicos de Neverland.

— Vi o senhor Jackson acariciando o cabelo do garoto, estava beijando ele... chupando seus mamilos — testemunhou.

Porém, interrogatório, Mesereau foi rápido em atirar de volta, acusando Chacon de ter tentado "extorquir" 16 milhões de dólares de Jackson num longo processo judicial que o guarda tinha perdido, o que o levou à falência. Também fez questão de destacar que Chacon tinha sido despedido por furto em Neverland.

— Depois de um julgamento de seis meses, esta é uma boa maneira de ficar quite com ele, não é? — disse Mesereau, arrancando uma objeção do promotor. — Tem algum motivo para querer ficar quite com o senhor Jackson? — insistiu Mesereau.

— Não, senhor — retrucou Chacon.

A testemunha da promotoria que colecionou mais manchetes, no entanto, foi Adrian McManus. Ela trabalhava como criada em Neverland entre 1990 e 1994. McManus arrancou lamentos depois de testemunhar que tinha visto Jackson molestar Macaulay Culkin, assim como dois outros garotos.

Quando Mesereau fez o interrogatório cruzado, perguntou a ela por que nunca havia citado o nome de Culkin durante o depoimento de 1994, no caso da demissão sem justa causa dos guardas.

— Eu não contei a verdade. Disse que não tinha visto nada — ela respondeu, explicando que tinha ficado com medo de Jackson porque ele havia ameaçado denunciá-la a seus superiores se ela alguma vez fizesse alguma coisa de que ele não gostasse. Acrescentou que precisava do trabalho porque seu marido havia sido despedido e deviam uma prestação da casa.

Mesereau apontou que, no processo original, descobriu-se que ela furtou um esboço de Elvis Presley desenhado por Jackson, que depois tinha vendido a um tabloide. Na primeira versão, ela havia alegado que o encontrou no lixo. Contudo, o que acabou com sua credibilidade foi um processo legal envolvendo a ela e ao marido, no qual se descobriu que haviam fraudado três crianças em mais de 30 mil dólares. Finalmente, McManus reconheceu que tinha sido completamente mentirosa no depoimento que dera durante o caso de Jordan Chandler, em 1994.

— Sabe quantas vezes mentiu sob juramento no... depoimento juramentado? — perguntou Mesereau.

— O tempo inteiro — ela retrucou. — Creio que eu não disse a verdade.

O caso arrastou-se por outros dois meses, com os jurados obrigados a separar e ordenar o grande acúmulo de evidências contraditórias, e os depoimentos de uma multidão de testemunhas de ambos os lados, inclusive do próprio Culkin, que foi chamado para defesa de Jackson por causa da surpreendente alegação de McManus.

O ator negou com veemência que qualquer coisa imprópria tivesse alguma vez ocorrido entre ele e Jackson, assim como entre dois outros antigos "amigos especiais" do cantor, os australianos Brett Barnes e Wade Robson. O testemunho do trio em defesa de Jackson foi uma pílula particularmente amarga para Tom Sneddon engolir, que havia alimentado esperanças durante muito tempo de conseguir convencer os três a reforçarem seu caso. Estava tão confiante, na verdade, que havia relacionado todos os três como potenciais testemunhas de acusação no início do julgamento.

Em 3 de junho, os jurados retiraram-se para deliberar, mas não antes de ouvirem um poderoso argumento de encerramento por parte de Tom Mesereau atacando os Arvizos pela última vez.

— É o maior golpe de suas carreiras — declarou. — Estão tentando lucrar em cima de Michael Jackson. Pensam que tiveram sucesso. Só estão esperando por uma coisa, o seu veredicto.

Tom Sneddon, que havia sido extremamente criticado pelos analistas jurídicos pela condução do caso durante os três meses de julgamento, decidiu então deixar o argumento de encerramento para seu assistente, Ron Zonen, que pintou Neverland como um "palácio de tentações" programado, e o quarto de Jackson como "um mundo proibido", onde garotos pré-pubescentes "aprendiam sobre a sexualidade humana com alguém que estava mais do que disposto a ser seu professor".

Durante dez dias, os jurados ficaram atrás de portas fechadas tentando analisar um labirinto complexo de argumentos legais e testemunhos. Muitos analistas jurídicos previam que Jackson poderia ser julgado culpado de pelo menos algumas das acusações contra ele, talvez por servir bebida alcoólica a um menor. Não foi.

Em 13 de junho de 2005, o júri o inocentou de todas as acusações. Porém, no momento em que o juiz terminou de ler a última sentença de inocente, Michael Jackson parecia perto de um colapso.

Estava tão dominado pela emoção quando deixou o tribunal pela última vez, minutos depois, que dificilmente percebeu o enorme cartaz que foi hasteado por um de seus simpatizantes:

"MICHAEL, EM NOME DA HUMANIDADE,

NÓS SENTIMOS MUITO."

CATORZE

Estou sentado na sala dos fundos de um estúdio de ensaio de dança, fumando um baseado com uma lenda viva, mas as coisas não estão saindo exatamente como o planejado.

Durante meses, com um duvidoso sucesso, tento seguir a pista daqueles que conheciam melhor Michael Jackson. Meu leque de potenciais fontes vai de atuais e antigos membros da equipe doméstica a parceiros, funcionários da Sony, músicos e "amigos especiais". Porém, o Santo Graal é uma entrevista com a melhor amiga de Jackson, Elizabeth Taylor. Meu costumeiro modus operandi é me apresentar disfarçado, porém Taylor está com a saúde debilitada e não sai muito, deixando minhas opções limitadas. Infiltrar-se no staff da casa parece uma causa perdida. Inúmeros comentaristas da mídia notaram a descrição de Taylor durante o julgamento Arvizo, em contraste marcante com sua presença aparentemente constante na mídia uma década atrás, quando repetidas vezes telefonava para defender a reputação do amigo. Será que ela finalmente teria "tido um estalo" e resolvido distanciar-se dos problemas de Jackson?

Em maio de 2006, porém, Taylor, de 74 anos, tinha ido ao programa *Larry King Live* e fora tão vigorosa como sempre em sua defesa de seu velho amigo, dizendo a King: "Nunca fiquei tão brava em minha vida", diante das acusações de abuso infantil.

Quando King pergunta a ela se não parece estranho para um homem em seus 40 anos passar a noite com crianças, Taylor é rápida em responder.

— Tudo bem — diz. — Vou responder a isso porque estive lá quando os sobrinhos dele estavam lá, e nós todos ficávamos na cama assistindo televisão. Não havia nada anormal nisso. Não havia nenhum "esfrega-esfrega" acontecendo. Ríamos feito crianças, e assistíamos a um monte de Walt Disney. Não havia nada estranho nisso.

— Acha que estavam atrás dele? — perguntou King.

— Acho — respondeu a grande dama do cinema americano.

Se não pudesse chegar a Taylor, eu sabia quem teria de ser minha segunda escolha. Em 2002, aconteceu um dos espetáculos mais bizarros dos últimos anos, o casamento de Liza Minnelli — a lendária ganhadora do Oscar e do Tony, filha do ícone gay Judy Garland — com o empresário David Gest, o homem de aparência mais estranha que já vi. Apesar da zombaria quase universal a respeito da escolha de Liza, e das piadas continuadas sobre as preferências sexuais de Gest, o casamento em si foi diferente de qualquer coisa que Nova York já tinha visto, com uma lista de convidados guarnecida de astros saída do Who's Who.

Gest escolheu Michael Jackson para ser seu padrinho, alegando a amizade íntima desde a infância e o fato de que foi Jackson que apresentou o casal em seu show de 2001. Os dois tinham mais que amizade em comum. A aparência estranha de Gest tinha nascido das múltiplas plásticas, anos antes, pelas mãos do cirurgião plástico de Jackson, Steven Hoefflin, e se transformado em eterno motivo de queixas, com ele dizendo: "Detesto minha aparência".

Para sua dama de honra, Minnelli escolheu Elizabeth Taylor. Quando chegou a hora, porém, foi Jackson que segurou a cauda do vestido de Liza enquanto ela descia a nave. E foi ele também que entregou a noiva.

O casamento em si durou menos tempo que a malfadada união do cantor com Lisa Marie, mas Jackson e Liza continuaram amigos íntimos, e Minnelli havia afirmado saber "onde os corpos estavam enterrados". Mas, como Elizabeth Taylor tinha se mostrado ostensivamente silenciosa durante o julgamento Arvizo, eu estava curioso para saber por quê.

Durante vários meses, eu havia me disfarçado como um paparazzo para outro projeto de livro, portanto estava bastante familiarizado com vários cantos, buracos e bibocas onde celebridades estabelecidas em Nova York gostam de passar o tempo. No caso de Liza, era um estúdio de dança chamado Luigi's, onde ela sempre ensaiava. Eu, porém, ainda precisava de um gancho. Arriscando a sorte, resolvi explorar minha amizade de algum tempo com a lendária atriz de Hollywood, Ava Gardner, que eu havia conhecido anos antes em Londres.

Encontrei Ava um dia depois de me exibir de improviso na rua perto do Hyde Park de Londres, quando ela sentou-se a meu lado num banco do parque, passeando com seu cãozinho da raça corgi. Quando viu meu sax, perguntou-me que tipo de música tocava. Quando eu disse que era jazz, ela exclamou, casualmente:

— Ah, fui casada com dois músicos de jazz.

Em resposta à minha pergunta de a quem ela se referia, retrucou:

— Artie Shaw e Frank Sinatra.

Pela resposta, eu provavelmente deveria saber quem era ela, mas, na época, eu não estava muito familiarizado com a cultura pop. Pode ter sido por essa razão que encetamos uma amizade. Ela me convidou para um chá em seu apartamento nas Hyde Park Towers, onde havia uma foto em destaque dela com a Rainha - explicando que as duas tinham criado vínculo em razão do amor mútuo pelos cães corgis - e tivemos várias reuniões amigáveis muito agradáveis juntos desde então, até sua morte, em 1990.

Durante nossa amizade, Ava compartilhou muitas histórias sobre seus dias de Hollywood, especialmente seu casamento tempestuoso com Frank Sinatra.

Um dia, ela limpou um pouco a maquiagem e me mostrou uma cicatriz acima do lábio, ocasião em que me contou que Sinatra a agredira com alguma coisa num ataque de raiva.

Contou-me que estava vivendo na Inglaterra por que os "meninos de Frank" tinham deixado claro a ela que a queriam do outro lado do Atlântico, tão longe quanto possível dele.

— Ele não conseguia lidar com a ideia de tropeçar comigo com outro homem — disse ela, aludindo ao ciúme obsessivo de que eu sempre ouvia falar de um homem que aparentemente nunca superou a perda de Ava. — Quando não estava bebendo ou cometendo adultério, conseguia ser muito carinhoso — ela enfatizou, acrescentando que ele era "bem-dotado como um cavalo".

Eu sabia que Liza Minnelli era próxima de Sinatra, que foi bom amigo de sua mãe. Depois de adulta, ela sempre o chamava de "Tio Frank", mas apostei que deveria ter lembranças mais afetuosas de Ana Gardner do que Sinatra teria.

Assim, um dia, depois do ensaio, entrei com tudo e disse a Liza que eu era "unha e carne" com Ava Gardner durante os últimos anos da atriz. Sabia que a impressionaria um pouco. Primeiro, eu era obviamente gay — um plus definitivo para uma das mais conhecidas amigonas da "veadagem" do mundo — e, segundo, eu era amigo de um amigo. Como previsto, ao som do nome de Ava, Liza se emocionou.

— Você conheceu Ava? Ela era tão linda. Quando eu era mais moça, sempre quis ter a aparência dela — desabafou. — Vamos lá no fundo e me fale dela.

A próxima coisa que eu percebi é que estávamos sentados na sala do fundo com um casal de dançarinos e um baseado que foi passado em círculo, enquanto vivenciávamos o privilégio de ver Liza sendo Liza. Falei um pouco sobre Ava, que ela havia conhecido quando era criança, mas fui cauteloso e deixei de fora as histórias que ela tinha me contado sobre as tendências violentas de Sinatra. Imaginei que Liza, provavelmente, não reagiria bem a coisas tão pouco elogiosas sobre Tio Frank.

Eu precisava de uma transição para levantar o assunto de Jackson, então lhe contei que Ava havia sido uma ardorosa fã de Jackson, e costumava praticar alguns de seus movimentos de dança. Diante disso, ela soltou aquela risada marca registrada de Liza Minnelli. E olha só, essa risada comprovou-se contagiosa, fazendo todo mundo presente descambar pra histeria, especialmente depois de Liza levantar-se e fazer uma imitação de Ava Gardner tentando repetir o moonwalk.

Sentindo uma oportunidade ali, e esperando que o baseado lhe soltasse a língua, abordei o assunto:

— Você conhece Jackson, não conhece? — perguntei, com meu ar mais inocente.

— Adoro Michael — ela retrucou —, mas não converso com ele há meses. É terrível o que fizeram com ele, tão horrível...

Mas ele mesmo não seria um pouquinho responsável por isso, eu ponderei, ao lembrar a ela que o cantor compartilhava sua cama com crianças, mesmo depois do acordo com Jordan Chandler?

— É ridículo. Se você o visse com aquelas crianças, ia perceber como tudo é inocente. Estive em Neverland. É incrível o que ele faz pelas crianças lá. Acredite em mim, já vi praticamente tudo em Hollywood, e eu digo de *tudo*. Existem mais psicopatas do que você poderia apontar. Michael não é um deles.

O encontro foi divertido, mas, em termos de informações, não muito esclarecedor. Porém, logo no dia seguinte, minha sorte mudaria, quando dei de cara com um conhecido de longa data, tanto de Minnelli como de Jackson, uma lendária colunista de fofocas do *New York Post*, saindo do escritório de Joe Franklin, personalidade da TV e do rádio americano, na 8th Avenue. Foi Franklin que mencionou a ela que eu estava trabalhando num documentário a respeito de Michael Jackson, dizendo:

— Você poderia contar a ele uma coisinha ou duas sobre esse cara, Liz.

A menção do nome de Jackson pareceu enfurecer a colunista.

— Jackson ainda tem bandos de demônios que não revelou — ela avisou. —Tome cuidado.

Eu disse a ela que ficaria contente em revelá-los em meu filme, se ela soubesse de algo em particular que o mundo precisasse saber. Contudo, como todos que fazem advertências semelhantes, ela não foi nada afável sobre os detalhes, dizendo apenas:

— Ouço coisas.

• • • •

Durante o tempo de disfarce, tive mais de um vislumbre do Michael verdadeiro. Passei mais de cinco anos dentro de seu "acampamento", de tempos em tempos, às vezes fingindo ser um fã, outras vezes como um motorista, uma vez como um florista — sempre disfarçado, eu o vi face a face, muitas vezes.

Porém, minhas próprias tentativas para conhecer realmente Michael Jackson foram persistentemente frustradas desde que comecei minha investigação. Mais uma vez, precisei convocar minhas melhores habilidades investigativas. Assim, em 2007, quando ouvi dizer que Jackson estaria em Nova York para fazer uma sessão de fotos para a *Vogue* italiana, percebi que era a oportunidade que eu estava procurando. Uma de minhas primeiras aventuras disfarçado tinha sido uma investigação da indústria da moda, em que eu passei por modelo masculino para expor as entranhas do negócio. No processo, até mesmo consegui um trabalho de modelo para a linha fashion Fubu, de trajes casuais de rua. Com essa experiência, aprendi uma considerável quantidade de coisas sobre o caos que rodeia um lançamento de moda.

Com isso em mente, contatei uma de minhas fontes, que me disse que o ensaio seria na luxuosa suíte de Jackson no Four Seasons Hotel de Manhattan.

Depois de dar um jeito de passar pela segurança do hotel, descobri onde o ensaio estava acontecendo, depois de dizer a um porteiro que eu era um técnico de iluminação da *Vogue*. Em seguida, passei pela equipe de segurança de Jackson alegando a mesma coisa. Quando cheguei à enorme suíte, precisei de uma história diferente. Disse a uma assistente que eu fazia parte da equipe do estilista. Ela me falou que o ensaio não começaria ainda por horas, mas que eu poderia me servir da comida que estava à disposição em um dos quartos.

Jackson não estava em parte alguma à vista.

Enquanto bebia uma água mineral, comecei a bater-papo com outra assistente, e perguntei a ela o que "estava pegando". Foi durante essa conversa que ela me informou que o aplique de cabelo de Jackson tinha de ser arrumado e preso.

— É complicado? —perguntei.

— Depende de qual ele usa — ela explicou, revelando que ele viaja com quatro perucas dependendo da ocasião — Leva uma eternidade para deixá-las direito.

Vinte minutos depois, houve uma comoção. Jackson estava a caminho. Nesse momento, um membro da equipe de segurança do cantor pediu para ver as credenciais de todo mundo presente. Quando chegou a mim vez, eu lhe disse que esquecera as minhas no táxi. Minutos depois, era escoltado para fora do saguão do hotel de uma maneira educada, porém ameaçadora — tão próximo de meu objetivo, embora absolutamente frustrado.

Poucos meses mais tarde, minha sorte mudou; eu finalmente cheguei a encontrar o Rei do Pop. Jackson estava em Los Angeles, num passeio a uma pizzaria de Hollywood com dois de seus três filhos — um amigo em comum me alertou que eles estavam lá. Enfiei-me em meu disfarce de cabeleireiro e voei até a pizzaria em meu carro alugado. Quando cheguei, estavam todos sentados numa mesa de canto devorando fatias de pizza e bebendo refrigerante. Fiquei nervoso, com medo de ser descoberto no segundo em que entrei. Mas quando meu amigo, que estava com eles, me apresentou a Michael, foi a experiência mais incrível que já tive. Conversamos sobre os velhos filmes de Hollywood e estilos de cabelo que eu pesquisei durante meses antes de assumir essa personagem secreta. E Michael continuou a falar sem parar sobre os estilos de cabelo de Hollywood na tela de prata durante os anos 40 e 50.

— Foi a época mais glamorosa de Hollywood — Michael exclamou, numa voz frágil, porém clara. — Não apareceu ninguém com tanta classe e estilo desde Deborah Kerr, Dorothy Lamour e Susan Hayward.

Quando comentou como Ava Gardner era linda, contei a Michael sobre minha amizade íntima com ela. E, depois de ouvir isso, Michael começou a me tratar como parte da família. Ficou encantado com minhas histórias sobre Ava e me pediu para relatar todas as coisas saborosas que sabia sobre o relacionamento de Ava com Frank Sinatra.

Num certo momento, durante nossa conversa na pizzaria, Jackson pousou a mão sobre a minha. Depois de me fitar por mais de um minuto em completo silêncio, disse que meus olhos azuis o faziam recordar-se de Frank Sinatra, ironicamente o ex-marido de Ava Gardner. Isto me deixou extremamente nervoso. Tive a impressão de Michael inclinando-se e me beijando na boca. Graças a Deus, ele não o fez. Foi um dos momentos mais intensos que já vivenciei, olhos no olhos com outro homem. Senti a energia sexual de Michael começar a fluir. Fui embora, sentindo-me muito desconfortável e passei as próximas semanas tentando descobrir se ele estava ou não realmente dando em cima de mim. Naquele dia, creio que estava.

Jackson sempre confiou numa imensa coleção de perucas para esconder seu cabelo pixaim. Porém, debaixo de sua exuberância, o Peter Pan de Neverland fazia uma triste figura, esquelética. Jackson me disse que gostaria de um novo começo, e assim, só por brincadeira, tentei convencê-lo a mudar seu look com uma peruca loura platinada com uma mecha azul oceano no meio. Ao olhar para trás, sinto uma pontada de culpa por causa disso. Alguns gostavam de rir e caçoar de sua imagem pública, e é verdade que as roupas espalhafatosas e a maquiagem bizarra o tornavam um cômico grotesco; porém, sem elas, assim de perto, sua aparência era preocupante.

• • • •

Logo depois do veredicto do caso Arvizo, Jackson jurou nunca mais morar nos Estados Unidos outra vez. Quando Larry King perguntou a Elizabeth Taylor sobre isso, um ano depois, ela esbravejou:

— Ora, realmente, por que ele deveria? Está sendo tratado como lixo aqui.

Realmente, uma pesquisa da Gallup realizada imediatamente depois de sua absolvição mostrou que quarenta e oito por cento dos americanos discordavam do veredicto. Somente trinta e oito por cento julgavam que o júri decidira corretamente.

Por algum tempo, ele morou no Bahrain, onde um príncipe que se julgava ele próprio um compositor amador ofereceu-lhe refúgio em um de seus palácios grandiosos. Até mesmo construiu um estúdio de gravação de 300 mil dólares para Jackson.

Jackson, porém, achou a vida numa propriedade muçulmana opressiva, reduzido a vestir-se como uma mulher árabe para andar por todos os lados livremente.

Precisava de um lar permanente e estreitou as possibilidades para três locais. Sempre tivera uma afinidade com a Inglaterra, onde os fãs o tratavam com gentileza e afeição.

Lá, as pesquisas mostravam que a maioria dos britânicos o julgava inocente das acusações de abuso sexual infantil. A única desvantagem eram os tabloides. Foram eles os primeiros a usarem o termo "Wacko Jacko" (Jacko Pirado) e pareciam determinados a tornar sua existência um inferno em vida sempre que visitava o país. Mesmo assim, Jackson levou seus três filhos para o interior da Inglaterra em março de 2006, e a família divertiu-se muito na estadia em Cliveden, uma mansão localizada em Berkshire que tinha servido de pano de fundo para o vergonhoso escândalo sexual de Profumo (Ministro da Guerra inglês, que teve de renunciar por isso) no início dos anos 60, envolvendo garotas de programa, espiões russos e segredos de Estado. Na verdade, o clã Jackson se escondera no Spring Cottage (Chalé do Riacho) da propriedade, onde aconteceram inúmeras orgias famosas que tinham detonado o escândalo original.

— Não seria surpresa para ninguém se Michael terminasse ficando na Inglaterra — o porta-voz de Jackson anunciou na época. — Michael está no Reino Unido há várias semanas. É muito improvável que retorne aos Estados Unidos. A Europa, e a Inglaterra em particular, parecem um refúgio seguro para ele desta vez.

Cliveden proporcionou exatamente a reclusão que Jackson procurava, mas quando ele tentou comprar a propriedade, foi informado pelos donos que não estava à venda por dinheiro nenhum.

Sua segunda opção era Berlim, o cenário do famoso incidente do bebê balançando, quatro anos antes. Jackson nunca se esqueceu da reação dos berlinenses que se juntaram em torno dele enquanto o resto do mundo berrava de indignação por causa do episódio.

— Michael é um fã da Alemanha, e apaixonou-se pela cidade de Berlim. A família Jackson também gosta muito da cidade de Potsdam — disse seu conselheiro, Shawn Andrews.

O pai de Michael, Joe Jackson, disse aos repórteres a mesma coisa.

— Michael quer mudar para a Europa — disse Andrews. — Está decidido a esse respeito. Sente-se em casa em Berlim. Ninguém na Alemanha nunca deixou de apoiá-lo durante o julgamento — afirmou.

— O próprio Michael não consegue explicar por que caiu de amores tão profundamente por Berlim.

Na verdade, eu soube que Jackson estava considerando seriamente a ideia de construir uma réplica de Neverland, preparando-se para o dia em que vendesse o original e mudasse dos Estados Unidos. Depois de inocentado das acusações de abuso, ele tinha jurado que jamais moraria de novo na Neverland original, dizendo que fora "violada" pelos policiais que a invadiram em 2003. Embora Berlim fosse há muito tempo sua primeira opção para uma nova casa, ele achou difícil encontrar a localização exata nos arredores da cidade, e começou a procurar um local alternativo mais longe, a leste, onde a terra era mais barata e disponível. A única coisa no caminho, me disseram, era sua progressiva derrocada financeira.

— Depois da próxima turnê, ele deve ficar com o caixa cheio — disse-me um associado. — Acho que é quando ele finalmente vai se mudar de uma vez por todas. A Alemanha provavelmente está no topo da lista, embora eu suspeite que ele vá escolher mais de uma casa.

Descobri a terceira localização preferida de Jackson por acaso porque aconteceu de ser minha cidade natal, Montreal, embora eu estivesse morando em Nova York na época. Por alguma razão, Quebec sempre teve uma afeição especial por Jackson, e aconteceu de ser a única jurisdição na América do Norte onde as pesquisas mostravam que a maioria dos residentes rejeitava firmemente as acusações de abuso infantil contra o cantor, talvez porque os quebequenses saibam como é ser perseguido.

— Eu estava nos bastidores com Michael num de seus shows em Montreal, em meados dos anos 80, e o ouvi por acaso conversando com um jornalista francês — contou-me o falecido jornalista de Montreal, Ted Blackman, anos atrás.

> Estavam conversando se seria melhor ou não Quebec separar-se do Canadá. Jackson retrucou: "Oui, oui". Eu fiquei admirado. Jackson disse que achava que Quebec seria outra Paris e que o Canadá era culturalmente muito atrofiado para reter Quebec. Pareceu-me que Jackson era um separatista, o que me aborreceu na época, porque não incentivo o separatismo, e fiquei com receio de que ele pudesse influenciar os jovens quebequenses se falasse sobre isso publicamente. Lembro-me que ele ignorou os jornalistas ingleses e conversou num francês mal falado com a

mídia francesa. Também aceitou um chaveiro com uma flor-de-lis de uma jornalista da *La Presse*. A cena toda foi surreal.

Houve outra conexão Quebec, também. Em 2002, o Neverland Entertainment Group de Jackson tinha entrado em negociações com uma companhia de cinema de Montreal para abrir uma nova divisão de produção de filmes chamada Neverland Pictures. A MDP Worldwide Entertainment Inc., com escritórios em Los Angeles e Montreal, anunciou que fora feito um acordo. Mark Damon, executivo chefe da MDP, disse que Jackson tinha se comprometido a investir 20 milhões de dólares de seu próprio dinheiro para tornar-se sócio e acionista majoritário na MDP, que havia assumido o controle da firma de Montreal, Behaviour Communications, em 2000. Damon, um veterano produtor de cinema, disse que Jackson seria produtor, ator e diretor da Neverland Pictures. Jackson travara conhecimento com Damon através de seu velho amigo e produtor de cinema, Raju Sharad Patel. Pavel havia produzido inúmeros filmes importantes, inclusive a adaptação de 1994 para o cinema de Jungle Book (Mogli, o Menino Lobo), de Rudyard Kipling — cofinanciada por Damon — e o filme de extraordinário sucesso de Tom Hanks, *Bachelor Party* (A Última Festa de Solteiro), em 1984.

— Michael Jackson e eu somos amigos há anos, e toda vez que nos encontramos, Michael expressa seu interesse e o desejo de formar uma companhia independente de cinema — disse Damon na coletiva de imprensa, revelando a nova parceria. — Agora, pudemos juntos criar a Neverland Pictures para tornar realidade o sonho mais longamente acalentado de Michael. Essa sociedade vai expandir significativamente a produção e a capacidade de financiamento da MDP assim como trará a visão criativa de Michael como um produtor de filmes - visão essa demonstrada em produções de muitos vídeos pioneiros como *Thriller* — para os espectadores de cinema ao redor do mundo, e nos sentimos empolgados de estar trabalhando com ele.

O negócio foi rompido, no final, devido aos contínuos problemas financeiros de Jackson.

— Não foi bonito — um sócio de muitos anos de Damon me disse. — Michael mentiu inúmeras vezes, esperando que a MDP resolvesse ir adiante com o projeto mesmo que ele não soltasse o dinheiro que, se supunha, investiria. Ficou tudo muito confuso e o negócio por fim desandou.

Porém, o fim do relacionamento de negócios com a MDP não amargurou Jackson em Montreal. Em junho de 2007, compareci a uma reunião após a corrida do Grande Prêmio de Fórmula 1 de Montreal, onde fui apresentado a uma das mais importantes corretoras de imóveis da cidade. Ela anunciou ao nosso pequeno grupo que estava em processo de venda de uma casa a Michael Jackson, e que ele já estivera em Montreal por duas vezes para olhar propriedades em potencial.

— Chegou incógnito — ela revelou. — Até mesmo compareceu a um jogo de hóquei enquanto esteve aqui.

Disse que já lhe mostrara várias localizações potenciais nos bairros exclusivos da cidade, Westmount e Outremont, porém ele ainda não tinha achado o local ideal.

— Privacidade é a chave — disse ela, revelando que o cantor havia pensado em fixar residência numa mansão sofisticada de propriedade da família Brofman, herdeira da fortuna Seagram (a destilaria e distribuidora internacional de bebidas sediada em Montreal). Mas, o imóvel não estava à venda.

QUINZE

Mais de um ano depois, Jackson ainda não havia deixado os Estados Unidos. Parecia estar passando uma exagerada quantidade de tempo em Los Angeles — num país que tinha jurado abandonar depois do veredicto de três anos atrás. Eu sabia, por fontes seguras, que aquilo não havia sido uma ameaça vazia e que ele tinha procurado novos locais de moradia. Portanto, por que ainda estava ali?

Voei para Los Angeles e comecei a explorar minhas várias fontes, nenhuma das quais foi particularmente útil em me fornecer revelações sólidas. Quando perguntei a um de meus informantes, alguém na folha de pagamento de Jackson, por que o astro estava passando tanto tempo em Los Angeles, a resposta me surpreendeu.

— É por causa de sua condição.

— Que condição? — perguntei.

— Alfa alguma coisa; é genético.

Poucas semanas depois, um fotógrafo chamado Mike Lopez tirou um instantâneo de Jackson sendo empurrado por um auxiliar numa cadeira de rodas e usando uma máscara cirúrgica. Lopez contou ao show de TV *The Insider* que Jackson não parecia bem.

— Ele está muito frágil — disse.

Pensei naquilo que minha fonte me dissera sobre sua "condição" e comecei a fazer algumas pesquisas, entrevistando vários médicos. O nome "Alfa" acionou uma lembrança num dos médicos que entrevistei, que disse: "Poderia ser Alfa-1". Como previsível, procurei Alfa-1 num dicionário médico e descobri que era uma condição genética chamada alpha-1 antitrypsin deficiency (deficiência de alfa-1 antitripsina), que é causada por um colapso de uma substância no corpo que protege os tecidos de enzimas de células inflamatórias. Em casos graves, pode conduzir ao enfisema, principalmente em fumantes. De acordo com o *Scientific American*, a Alfa-1 não é assim tão rara.

"É muito reconhecido", diz o Dr. James Stoller, um especialista na doença, na época da publicação. A melhor estimativa nos Estados Unidos é que haja provavelmente cerca de 100 mil americanos gravemente afetados. Se se considerar os portadoras da doença, é provável que afete três por cento dos americanos. É bastante comum — uma das mais predominantes variantes genéticas nos Estados Unidos.

Será que era por isso que Jackson tinha sido fotografado durante anos usando uma máscara cirúrgica em público, para proteger os pulmões dos efeitos danosos da doença?

Quando voltei a procurar minha fonte no círculo íntimo de Jackson em busca de confirmação, ele disse:

— Sim, é isso o que ele tem. Está em péssima forma.

Estavam preocupados de que ele pudesse precisar de um transplante de pulmão, mas que estivesse muito fraco para isso. Alguns dias, ele mal conseguia enxergar e estava encontrando problemas em caminhar.

Quando eu noticiei a história, em dezembro de 2008, atraindo manchetes no mundo inteiro com a declaração de que Michael tinha "seis meses de vida", a equipe de Jackson foi rápida em divulgar uma negativa, chamando a reportagem de uma "completa fabricação", e insistindo que o cantor gozava de perfeita saúde.

Contudo, menos de um mês antes, eu tinha descoberto que os próprios advogados de Jackson diziam que ele estava muito doente para viajar para Londres para testemunhar num processo civil de 7 milhões de dólares apresentado contra ele por um príncipe do Bahrain, o Xeque Abdullah bin Hamad al-Khalifa.

— Seria imprudente para ele viajar, dado o que tem agora — disse o advogado de Jackson, Robert Englehart, na ocasião, mas se recusou a explicar melhor, "por razões óbvias".

O advogado de Al-Khalifa, Bankim Thanki, chamou de "muito insatisfatória" a evidência médica apresentada pela equipe jurídica de Jackson, destacando que "não é a primeira vez que um atestado de saúde era apresentado pelo senhor Jackson".

Em janeiro de 2009, divulguei um desafio público para que Jackson se submetesse a um completo exame médico na clínica Mayo, às minhas custas, para provar que sua saúde era sólida. O desafio foi ignorado. Um especialista médico que certa vez trabalhou no sistema respiratório de Jackson concordou em me encontrar em particular. Tive de assinar um acordo garantindo seu anonimato. Encontrei-o num restaurante mexicano no centro de Los Angeles. Conversamos por quarenta e cinco minutos.

Ele me disse para ficar atento à natureza controversa de Jackson. Advertiu-me que seria cauteloso naquilo que me revelaria porque "não poderia arriscar-se a perder sua licença médica".

— Você acertou na mosca — disse-me. — Só posso lhe revelar que Michael tem tido problemas graves no pulmão e outras enfermidades relacionadas a isso há anos. Essa é a razão de usar sempre uma máscara cirúrgica. Claro que seu pessoal vai negar. Podem tentar processá-lo e arrastá-lo para o tribunal só pra fazer você calar a boca. Tome cuidado.

Nessa mesma ocasião, o colunista da Fox News, Roger Friedman, tinha sua própria teoria sobre a condição de Jackson, rejeitando completamente quaisquer rumores.

— Todo mundo pode relaxar — escreveu. — Notícias de sua saúde comprometida são extremamente exageradas. Posso assegurar que as informações surgidas durante o fim de semana, de que Jackson tem alguma doença recentemente revelada que exige um transplante de pulmão, são uma completa e arrematada asneira. Conversei ontem com um dos habituais frequentadores do círculo íntimo de Jackson, que me informou que o excêntrico ex-Rei do Pop está ótimo, brincando com seus filhos e vivendo muito bem numa casa que, diga-se de passagem, não pode se dar ao luxo de ter em Beverly Hills.

Friedman, que sempre foi um dos mais justos e precisos cronistas das atividades de Jackson, acrescentou:

— Ele também é um caçador de publicidade que pensa que notícias de doença o tornarão simpático ao público. Aprendeu isso com Elizabeth Taylor, sua única melhor amiga.

Será que eu tinha sido enganado, pensei, e induzido a pôr em circulação uma história para fazer Jackson parecer mais simpático? Quando confrontei minha fonte, ele disse que a história era verdadeira, embora acrescentasse que "Michael é um pouco hipocondríaco, talvez esteja exageradamente dramático sobre sua condição". Mesmo assim, ele insistiu que Jackson tinha sido diagnosticado como tendo Alfa-1.

— Por que você pensa que ele tem permanecido em Los Angeles? É para ficar perto de seu médico. Estão lhe dando "picos" para reverter a condição.

Na verdade, Jackson havia alugado recentemente uma luxuosa mansão em Beverly Hills e fora fotografado visitando toda semana a clínica próxima de seu dermatologista, o Dr. Arnold Klein, cujos escritórios tinham servido de base durante anos para seus vários tratamentos médicos.

Pegando o que minha fonte havia me contado a respeito dos "picos" que Jackson tomava, percebi que, sem dúvida, ele ia à clínica para receber injeções regulares de alfa-1 antitripsina, uma substância que é derivada do plasma humano e muitas vezes usada para tratar os sintomas de Alfa-1. Dizem que o tratamento é notavelmente eficiente em reverter os efeitos da doença e pode permitir ao portador ter uma vida normal.

• • • •

Eu tinha ouvido uns buchichos de que algo estava acontecendo, mas, mesmo assim, o anúncio foi uma surpresa, tanto para mim como para qualquer outra pessoa. Poucas semanas antes de Jackson convocar uma coletiva de imprensa em Londres, anunciando seu retorno com o quinquagésimo show de sua carreira na O2 Arena, em julho, uma de minhas fontes em sua equipe me contou que tinham oferecido 3 milhões de dólares ao cantor para se apresentar numa festa para um bilionário russo no mar Negro, na primavera de 2009.

— Ele está a fim disso? — perguntei.

— Ele não tem escolha. Precisa de dinheiro. Não pode dizer não. Seu pessoal está pressionando muito.

Meu primeiro pensamento foi sua saúde. Será que ele aguentaria ficar de pé num palco para um show de uma hora?

— Ele pode ficar. Os tratamentos foram bem-sucedidos. Ele até vai poder dançar assim que ficar em melhor forma. Só não consegue cantar — disse o parceiro, explicando que Jackson teria de usar tecnologia de sincronização labial para chegar até o fim da performance. — Ninguém se importará, contanto que ele apareça e dance o moonwalk.

Revelou mais algumas informações. Foi oferecido a Jackson uma grana acima de 100 milhões de dólares para se apresentar em Las Vegas por seis meses.

— Ele disse não, mas seu pessoal está tentando forçar a barra. Ele está perto de perder tudo.

Realmente, por todos os relatos, as finanças de Jackson estavam no bagaço. O julgamento Arvizo, em si, até que fora uma relativa barganha, custando pouco mais que 30 milhões de dólares em honorários legais. Porém, o dano à sua carreira — já vacilante antes das acusações —, fora incalculável.

Anos de gastança tinham cobrado seu pedágio, e um jornal inglês já chamava Jackson de "Rei das Dívidas". Depois do julgamento Arvizo, o xeque do Bahrain hospedara Jackson em seu palácio, financiando seu estilo de vida esbanjador, mas alguns anos mais tarde, o príncipe tinha resolvido processar o ex-hóspede, exigindo pagamento pela hospitalidade. Jackson declarou que havia pensado que fora um presente, como, aliás, tinha parecido ao resto do mundo. Roger Friedman, porém, construíra sua própria teoria:

— Durante um ano, o príncipe financiou a vida de Jackson no Bahrain — tudo, inclusive acomodações e sustento, hóspedes, segurança e transporte. E o que Jackson fez? Foi para o Japão e depois para a Irlanda. Pegou o dinheiro e saiu dançando moonwalk direto para a porta. Este é o verdadeiro Michael Jackson. Ele nunca retornou uma chamada telefônica do príncipe desde que foi embora do Bahrain.

Embora Jackson fizesse um acordo com o xeque na noite do julgamento — que iria ao ar e lavaria sua roupa suja financeira para o mundo ver —, o acordo só o enfiou ainda mais fundo no buraco. Um buraco que continuava ficando cada vez maior, mas que era garantido pela metade de Jackson no catálogo dos Beatles.

— Jackson está sob ameaça da Sony em centenas de milhões — uma fonte familiarizada com seus problemas financeiros me disse, na primavera de 2009. — Nenhum banco vai lhe dar algum dinheiro, portanto a Sony tem pagado suas contas. O problema é que ele não tem cumprido suas obrigações. A Sony está empenhada em manter essa posição há mais de um ano, e eles podem tomar posse da cota de Michel do catálogo [dos Beatles]. Esse sempre foi o cenário dos sonhos deles: obter a plena propriedade. Porém, não querem fazer isso porque têm receio da reação contrária dos fãs de Michael. Seu pesadelo é um movimento de boicote organizado contra a Sony no mundo inteiro, que é a única coisa entre Michael e a falência no momento.

Ela disse, na ocasião, que os shows agendados para Londres não acabariam completamente com as dívidas de Jackson — estimadas em quase 400 milhões de dólares — mas iriam permitir que ele as colocasse sob controle e, mais importante, livrá-lo da falta de pagamento para a Sony.

De acordo com duas fontes distintas no círculo de Jackson, o cantor tinha posto em prática um plano de contingência muito bem montado para assegurar que seus filhos fossem bem cuidados no caso de uma falência.

— Ele tem mais de 200 canções inéditas que está planejando deixar para os filhos quando morrer. Não podem ser tocadas pelos credores, mas poderiam valer cerca de 100 milhões ou mais. Isso irá assegurar que seus filhos tenham uma existência confortável, não importa o que aconteça — revelou um de seus colaboradores.

Outro produtor com quem Jackson colaborou disse que algumas das canções que ele tinha escrito e produzido eram de estilos muito diferentes daquele que seus fãs estavam acostumados a ouvir.

— Quando ele morrer, seu catálogo de canções inéditas vai consistir de muitas surpresas — disse o produtor. — Há muitas baladas, cantigas de ninar, batidas africanas e até mesmo música "country". Michael gostava de experimentar quando perambulava pelo estúdio. Deixará para trás mais canções inéditas que qualquer astro de rock alguma vez deixou. É o único meio de assegurar que seus filhos sejam cuidados para sempre.

O produtor acrescentou que o catálogo de inéditas de Jackson também consistiria de inúmeros filmes caseiros e ilustrações.

— Michael tem uma biblioteca inteira de filmes que fez, muitos deles com uma câmera de vídeo doméstica. Sempre estava criando coisas novas. Também desenhava, mas sempre foi relutante em lançar seus esboços com medo de que fossem criticados. Era o artista mais sensível que já conheci. E o mais excêntrico. Com Michael, nunca se sabe o que esperar quando chega a hora de criar. Uma vez me disse que se pudesse começar tudo de novo, ele se concentraria em arte visual em vez de música. Realmente, tinha um olho para filme e arte. Muitas vezes comparou-se a grandes artistas como Van Gogh e Rembrandt. Você nunca ouvia Michael comparando-se com músicos. — O produtor recordou-se de uma conversa de sete horas que uma vez tivera com Michael sobre a arte da Renascença. — Michael era um verdadeiro homem da Renascença — disse. — Certa noite, a gente tinha de fazer uma gravação em estúdio. Michael disse que tinha algumas batidas novas que queria experimentar. Em vez disso, passamos a noite inteira conversando sobre história da arte. Ele sabia de tudo. Nunca conheci alguém mais educado em arte e suas origens. Terminamos não gravando uma nota naquela noite. Nem fizemos uma pausa para um copo d'água. Veja como a coisa foi intensa.

Porém, para a equipe que rodeava Jackson durante seus anos finais, sua "vaca dourada" — o símbolo do dinheiro — não poderia morrer. Falência não era uma opção.

• • • •

Seja lá o resultado que a autópsia final revele, foi a ganância que matou Michael Jackson.

Amigos e associados pintam uma imagem trágica das últimas semanas e meses de sua vida, conforme Jackson era encorajado a fazer uma turnê de shows que ele obviamente nunca poderia terminar.

— Os abutres que estavam puxando suas cordinhas deram um jeito de arranjar essa extravagância de show [em Londres] por trás de suas costas e, depois apresentaram a coisa a ele como um fato consumado — disse um assistente. — O dinheiro era inacreditável e literalmente toda sua equipe financeira ficava lhe dizendo que ele iria à falência. Michael, porém, resistiu a princípio. Não achou que pudesse esquivar-se. Estavam falando de vários shows.

Por fim, eles o venceram pelo cansaço, explicou o assistente, mas não com o argumento do dinheiro.

— Disseram que essa seria a maior volta por cima que o mundo já tinha visto. Estavam armados com todos aqueles estudos conduzidos por uma agência londrina, mostrando que Michael ainda conseguiria lotar um estádio por semanas a cada show do outro lado do Atlântico. Foi isso que o convenceu. Ele pensou que, se pudesse emergir triunfante do sucesso desses shows, seria o Rei outra vez.

De acordo com os associados de Jackson, os detalhes financeiros dos dois shows em Londres são ainda obscuros, embora várias fontes tenham revelado que cerca de 10 milhões de libras de adiantamento tinham sido pagos a Jackson, a maior parte à equipe que negociou o lucrativo negócio. Jackson receberia cerca de 100 milhões de libras esterlinas, se os shows fossem completados.

O promotor do show em Londres, Randy Phillips, antigo agente de Rod Stewart, vinha tentando convencer Jackson a sair da aposentadoria havia anos, mas fora rejeitado todas as vezes pelos antigos representantes do cantor.

— Fui recusado duas vezes por seus representantes. Disseram que ele não estava pronto para voltar ao palco, tanto física como psicologicamente — revelou Phillips. Porém, Jackson havia trocado muitos dos membros veteranos de seu staff, as mesmas pessoas que o ajudaram depois das consequências do julgamento Arvizo, e que protegeram sua frágil saúde emocional com o melhor de suas capacidades.

E essa espécie de "limpeza da casa" aparentemente fora bolada pela babá de seus filhos, Grace Rwaramba, que havia conquistado considerável influência sobre Jackson e seus negócios. Era descrita como a "Rainha das Abelhas" por aqueles em torno de Jackson, até pedir demissão, ou ser despedida, em dezembro de 2008. Um associado de muitos anos de Jackson disse à revista People que havia sido Rwaramba que infiltrara a poderosa organização militante negra, Nation of Islam [Nação do Islã], e seus guardas de segurança, no círculo de Jackson. Desconhece-se se Rwaramba foi alguma vez membro da Nação, mas ela mais tarde veio a se lamentar da influência crescente do grupo nos negócios de Jackson.

No fim de 2008, uma figura misteriosa que se intitulava "Dr. Tohme Tohme" de repente surgiu como "porta-voz oficial" de Jackson. Tohme era alternadamente descrito como um bilionário árabe saudita e um cirurgião ortopedista, mas, na verdade, é um homem de negócios libanês que, ele mesmo admitiu, jamais teve diploma médico. Certa vez, Tohme declarou à Fox News que era embaixador itinerante do Senegal, porém a embaixada senegalesa informou que nunca ouviu falar dele.

Os próprios laços de Tohme com a Nação do Islã vieram à tona em março de 2009, quando o famoso leiloeiro de Nova York, Darren Julien, conduziu a venda da memorabilia de Michael Jackson.

Julien apresentou um depoimento juramentado no Tribunal Superior de Los Angeles aquele mês, no qual descreveu uma reunião que teve com o sócio de negócios de Tohme, James R. Weller. De acordo com o relato de Julien sobre a reunião, "Weller disse que se nos recusássemos a postergar (o leilão), ficaríamos em perigo por causa de 'Farrakhan e a Nation of Islam'; essa gente é muito protetora com relação a Michael... Disse que o Dr. Tohme Tohme e Michael Jackson queriam nos passar a mensagem de que 'nossas vidas estão em risco e haverá derramamento de sangue'".

Um mês depois dessas supostas ameaças, Tohme Tohme acompanhou Jackson a uma reunião num hotel de Las Vegas, com Randy

Phillips e o grupo AEG, para finalizar os planos para o retorno de Jackson ao palco.

Os representantes de Jackson haviam dito não a Phillips por duas vezes. Desta vez, com Tohme Tohme agindo como seu confidente, Jackson deixou o recinto concordando em realizar dez shows na O2 Arena de Londres.

Não muito tempo depois, contudo, dez shows se transformaram em cinquenta e os lucros potenciais subiram como foguete. Porém, aqueles que conheciam melhor Jackson, sabiam que ele não estava em condições para realizar dez shows, quanto mais cinquenta.

— Sabíamos que era um desastre esperando por acontecer — disse um assistente. — Não creio que alguém previsse que isso iria, na verdade, literalmente matá-lo, mas ninguém acreditava que pudesse terminar a apresentação.

Tais dúvidas ganharam ênfase quando Jackson desmaiou logo durante seu segundo ensaio.

— O desmaio pode ter escancarado o fato — disse o assistente. — Ele precisa de atenção médica e não deveria continuar. Não sem saber o que causou o mal-estar.

Nessa mesma ocasião, todo mundo em volta dele já havia percebido que Jackson perdera uma considerável parcela de peso nos meses que antecederam os shows em Londres. Sua equipe médica acreditava que ele tinha se tornado anoréxico.

— Há dias que ele mal come alguma coisa e, num determinado momento, seu médico começou a perguntar ao pessoal da equipe se ele andava vomitando depois das refeições — um membro do staff me contou, em maio. — Suspeitava de bulimia, mas quando a gente contou que ele mal fazia alguma refeição, o doutor pensou que deveria ser provavelmente anorexia nervosa. Pareceu alarmado e, num dado momento, falou: "Morre gente o tempo todo por isso. Vocês têm de fazê-lo se alimentar".

Realmente, uma das consequências conhecidas da anorexia é a parada cardíaca. Depois de flagrá-lo deixando um de seus ensaios, a Fox News noticiou que "o físico esquelético de Michael Jackson está tão ruim que ele pode não ser capaz de fazer mais o moonwalk".

— Nunca vi alguém pesá-lo, mas ele não poderia estar com mais de 45 quilos no mês passado — diz um membro de seu staff de Los Angeles, que o via todo dia.

Tomando a estatura oficial de Jackson, de um metro e setenta e cinco, isso representa um Índice de Massa Corporal [BMI na sigla em inglês] de 14,3, o que, de acordo com a National Eating Disorders Association (Associação Nacional de Distúrbios Alimentares), pode indicar anorexia. O BMI normal para alguém da altura de Jackson está entre 18,5 a 24, 9, que significa que Jackson está pelo menos 25% abaixo do peso normal para um homem saudável. Qualquer coisa acima 15% recai na categoria de anorexia potencial. Embora os distúrbios alimentares como a anorexia sejam mais comuns em mulheres e meninas que em homens, de acordo com a associação, nada mais nada menos de 1 milhão de homens sofrem da doença, o que, curiosamente, é duas vezes mais predominante em homens homossexuais. Por qualquer definição, a rápida perda de peso de Jackson indicava claramente que algo estava errado.

Pela primeira vez, aqueles mais próximos de Jackson começaram a insistir para que cancelasse os shows, mas seus apelos caíram no vazio.

— Havia muito dinheiro em jogo — recorda-se um assistente. — O pessoal a quem ele ouvia lhe disse que ele seria objeto de riso se cancelasse. Deveriam saber que ele não estava em forma para continuar. Estava tão frágil, continuava cancelando ensaios. A gente ficou pensando se alguém ganharia dinheiro se ele se apresentasse ou não. Não fazia qualquer sentido. Sei que sua família estava preocupada, principalmente seu irmão, Jermaine, mas Michael vinha sendo mantido muito isolado durante aquelas últimas semanas.

Um dos amigos mais íntimos de Jackson declarou que, um mês antes de sua morte, Michael havia dito à filha Paris que tinha apenas algumas semanas de vida.

— Ele chamou-a ao seu quarto e lhe disse para não ficar brava se ele não "saísse dessa" até o Dia dos Pais. Tinha uma premonição de que seus dias estavam contados. Sentia-se extremamente doente. Infelizmente, ninguém quis ajudá-lo. Seus mais próximos conselheiros tentavam controlá-lo com medicamento, drogas e falsas esperanças. Queriam ter certeza de que ele não iria "abandonar o barco" para que pudessem receber o dinheiro que Jackson devia a eles.

O amigo disse que Jackson passou os meses finais de sua vida escrevendo sem parar. Acha que era um longo adeus que Michael queria registrar e não apenas escrever para seus fãs.

— Ele se trancava em seu quarto durante horas, às vezes dias, e não arredava pé — disse a fonte. — Perguntei a ele se estava escrevendo um romance. Ele respondeu: "apenas alguns pensamentos sobre minha jornada nesta terra. Quero deixar alguma coisa para meus filhos."

Isso assustou o amigo. Depois, ele me disse que estava preocupado que Michael fosse um suicida, e que ele estava escrevendo uma longa carta para dizer adeus.

— Suas emoções durante suas últimas semanas eram completamente instáveis — eu nunca o vi tão deprimido. Ele sabia que não poderia voltar atrás por causa da saúde declinante e que não teria condições de quitar todas as suas dívidas. Disse-me três vezes que se sentia morrendo. A princípio, eu pensei que estava brincando. Michael sempre gostou de brincar de vítima e de convencer as pessoas de que estava com alguma doença terminal. Desta vez, falava sério, parecia estar convencido de que estava morrendo. Eu gostaria de tê-lo levado mais a sério e tentado ajudá-lo. Infelizmente, Michael era como um menino que gritava a qualquer hora, ficava sempre a dúvida sobre sua autenticidade. Ele passou anos e anos enganando as pessoas.

Embora os detalhes financeiros de seu acordo com a AEG não venham plenamente à tona até que os bens sejam liquidados, a partir de 2010 em diante, a maioria dos integrantes mais antigos do círculo íntimo de Jackson suspeita que o pessoal que mais teria a se beneficiar com o show de Londres era o ligado à complexa rede de negócios associada a Tohme Tohme, inclusive a gigante empresa imobiliária Colony Capital LLC, que tinha poupado Neverland de arresto por mais de um ano antes, comprando uma nota promissória de 23,5 milhões de dólares num acordo intermediado por Tohme, o que de certa forma tinha permitido que Jackson conservasse sua valiosa propriedade.

Em 20 de maio de 2009, os organizadores do show anunciaram de repente que os primeiros espetáculos em Londres seriam adiados por cinco dias, enquanto o restante seria adiado para março de 2010. Na ocasião, negaram que o adiamento fosse relacionado a problemas de saúde, explicando que precisavam de mais tempo para montar a complexa produção técnica, embora imediatamente o ceticismo se instalasse entre os portadores de ingressos. E, na verdade, essas dúvidas tinham alicerces bem firmes.

Nos bastidores, a saúde mental e física de Jackson se deteriorava rapidamente. De acordo com um membro de sua equipe doméstica, ele estava "apavorado" com a perspectiva dos shows de Londres.

Ele não estava comendo, não estava dormindo e quando dormia tinha pesadelos de que seria assassinado. Estava profundamente preocupado em desapontar seus fãs. Até disse algo que me fez pensar ligeiramente que talvez alimentasse ideias suicidas. Disse que estava preocupado que pudesse terminar como Elvis. Ficava sempre se comparando a Elvis pelo tempo em que eu o conheci, mas havia algo em seu tom que me fez pensar que ele queria morrer, estava cansado da vida. Desistira. Sua voz e os movimentos de dança não estavam mais lá. Acho que talvez ele quisesse morrer em vez de dar vexame no palco.

A comparação mais óbvia entre o Rei do Pop e o Rei do Rock and Roll era o hábito exagerado de consumir medicamentos sob prescrição, o que, no caso de Jackson, havia se intensificado de maneira significativa em seus meses finais, e que é quase certo ser um fator de sua morte quando os resultados da autópsia forem divulgados.

— Ele é cercado por facilitadores — disse um assistente que se rotulou nessa categoria dois meses antes da morte de Jackson. — Deveríamos tê-lo impedido, mas só ficamos sentados, vendo-o medicar-se até cair no esquecimento.

Como seu eterno ídolo, Elvis, Jackson podia contar com um batalhão de médicos para lhe fazer prescrições por um capricho, pouco se lixando para a necessidade médica, embora Jackson sempre cite a "dor" como a base para sua ingestão de medicamentos, o que também proporcionou aos médicos facilitadores uma desculpa para não fazer muitas perguntas. Entre as muitas drogas pelas quais ele desenvolveu uma fraqueza nos anos recentes estava o OxyContin, com frequência apelidado de "Hillbilly Heroin" (Heroína de Caipira) — moda entre músicos e astros de Hollywood por seu "barato", instantâneo e poderoso. Porém, embora membros de sua comitiva testemunhem que Jackson recebia injeções dos médicos regularmente, todos insistiram que o cantor nunca usou heroína ou qualquer outra droga ilegal.

— Ele sempre tinha uma receita ou um médico para lhe dar o que queria — disse um membro de seu staff que testemunhou a escalada do vício existente desde o julgamento Arvizo. — Pelo que sei, as drogas foram sempre legais, infelizmente.

No fim de 2003, pouco tempo depois de ele ter comparecido ao programa 60 Minutes para falar sobre o escândalo Arvizo, Jackson tomou uma overdose de medicamentos sob prescrição e teve de ser revivido por um médico que tratava de seu irmão Randy.

O médico foi chamado para ir à casa alugada por Michael em Beverly Hills no meio da noite. Depois que o médico o ressuscitou, avisou que Jackson deveria entrar para uma clínica de reabilitação para tratar do vício, conselho que o cantor ignorou. Em outras ocasiões, a babá das crianças, Grace Rwaramba, teve supostamente de lavar o estômago de Jackson depois de ele ingerir uma quantidade excessiva de remédios.

De acordo com o assistente, analgésicos não eram as únicas drogas que Jackson tomava regularmente.

— Ele toma Demerol e morfina, evidentemente, voltando ao tempo em que se queimou durante o comercial da Pepsi, mas há também algum tipo de medicação psiquiátrica, antiansiolíticos ou alguma coisa assim. Um de seus irmãos me disse uma vez que ele foi diagnosticado com esquizofrenia quando era mais jovem, portanto, pode ser que se trate disso.

Seus assistentes aparentemente não eram os únicos que reconheciam que a perspectiva de uma jornada de cinquenta shows era estupidez. Em maio, correu o rumor de que o próprio Jackson dirigiu-se a um grupo de fãs ao deixar seu ensaio no estúdio Burbank.

— Obrigado por seu amor e apoio — disse a eles. — Quero que vocês saibam que eu os amo muito. Não sei como vou aguentar fazer cinquenta shows. Não sou "bom de garfo". Preciso ganhar algum peso. Estou uma fera por terem agendado cinquenta shows. Eu só queria fazer dez.

Uma de suas antigas funcionárias ficou particularmente espantada com as palavras de Jackson naquele dia.

— O jeito que ele estava falando, é como se não tivesse mais controle sobre sua própria vida — ela me disse no início de junho. — Parece que alguém está puxando suas cordinhas e dizendo a ele o que fazer. Alguém quer que ele morra. Continuam dando-lhe pílulas como balinhas. Estão tentando forçá-lo até o limite.

— Ele precisa seriamente de ajuda. O pessoal dele vai matá-lo. É como se ele estivesse sendo mantido afastado de sua família — disse um assistente. — Sua família costumava ser a única em que ele podia confiar, e eu sei que estavam de fato muito preocupados com sua saúde, mas é como se ele estivesse sendo mantido isolado deles. Acho que conversa com sua mãe ocasionalmente pelo telefone, mas seus irmãos estão sendo mantidos à distância. Creio que, se estivessem por perto e vissem ao que Michael foi reduzido, teriam dado um basta aos shows. Talvez seja essa a razão para estarem sendo mantidos longe.

Ele revelou que vários membros da Nação do Islã pareciam estar no controle dos negócios do cantor e mantinham um controle muito apertado sobre cada movimento de Jackson:

Eram pessoas assustadoras, muito intimidantes. Não tenho certeza da razão de Michael estar tão sob o domínio da Nação. Houve rumores de que havia se convertido secretamente ao Islã e que era um deles, mas eu nunca o vi rezando para Meca. Seu irmão Jermaine converteu-se. No entanto, a Nação do Islã parece estar controlando sua vida. Não conseguimos entender isso.

As afirmações ecoam as acusações feitas pelo antigo amigo íntimo de Jackson, o publicitário Stuart Backerman, que deixou o emprego em 2004, depois que a Nação entrou pela primeira vez nos domínios de Jackson.

— Eles basicamente assumiram os negócios de Michael e isolaram todo mundo — reclamou Backerman.

À medida que os primeiros shows em Londres se aproximavam, percebia-se que algo estava visivelmente errado. Jackson tinha jurado seguir para o Reino Unido para comprar uma casa e se acostumar pelo menos oito semanas antes de sua estada para os cinquenta shows, mas continuou adiando a ida. Primeiro, disse estar preocupado com a gripe suína. Depois, quando essa perdeu a força, seguiu-se uma nova série de desculpas. Poucos que o conheciam estavam entendendo isso.

— Por alguma razão, ele não queria sair da Inglaterra — disse um assessor. — Os chefões foram ficando nervosos porque ele estava fugindo dos shows em Londres.

Em 21 de junho de 2009, Jackson disse a meu principal contato em seu círculo que queria morrer. Disse que não tinha mais o que era preciso para se apresentar porque perdera a voz e os movimentos de dança.

— Não está funcionando — Jackson contou à minha fonte. — É melhor eu morrer. Não tenho nada para voltar. Estou acabado.

Durante a última semana de sua vida, Jackson voou até um cardiologista estabelecido em Houston, que havia tratado dele várias vezes em Las Vegas, mas não era seu médico regular. O médico, Conrad Murray, estava com Jackson no final. Acreditou-se a princípio que

Murray tinha injetado analgésicos em Jackson, o que poderia ter contribuído para a morte do cantor, de acordo com os relatos da mídia que vieram à tona logo depois. Porém, o médico declarou que tinha encontrado Jackson no chão, inconsciente, e que não lhe dera nenhuma injeção. Menos de vinte quatro horas depois de Jackson ser declarado morto, sua família e conselheiros já exigiam uma autópsia independente e uma investigação sobre o papel de Murray. Muitos assistentes de Jackson acreditam que o Dr. Murray esteja sendo usado como bode expiatório.

— É fácil colocar a culpa nesse único médico que só conhecia Michael havia uma semana — disse um membro furioso da equipe de Jackson. — Mas essa coisa vem acontecendo há anos. Vamos olhar para todos os outros médicos que lhe fizeram receitas e alimentaram seu vício por medicamentos, para não mencionar os abutres que ficavam contentes em mantê-lo "chapado" enquanto gastavam seu dinheiro e o pressionavam a fazer mais. Este deveria ser o foco da investigação. É tudo uma grande cortina de fumaça para esconder a verdade.

Em 24 de junho, a última noite de Jackson na terra, ele tinha agendado um ensaio com seus cantores de apoio no Staples Center de Los Angeles, às 7 horas da noite, para aprimorar um dos números mais instáveis de seus próximos shows em Londres. Quando finalmente chegou, mais de três horas atrasado, subiu ao palco, mas parecia desorientado.

— Ele estava apático — relatou um dos membros de sua equipe, acrescentando que esse era seu estado normal durante as últimas semanas, quando se dava ao trabalho de aparecer afinal.

— Para ser honesto, nunca pensei que Michael fosse alguma vez pisar num palco novamente — disse um assistente, controlando as lágrimas na noite de sua morte. — Isso não apenas era previsível, era inevitável.

Menos de 48 horas depois da morte de Jackson, quando este livro ia ser impresso, entrei em contato com um dos parentes próximos de James Brown, que tinha sua própria teoria surpreendente, com base numa conversa recente mantida com o cantor. Ele disse que seu pai foi amigo de Jackson durante anos, lá atrás, nos dias da Motown, e que ele e seus parentes eram próximos de Jackson desde crianças.

— Recebi um telefonema [de Jackson] cerca de duas semanas atrás — revelou. — Nunca tinha ouvido Michael tão triste. Estava chorando ao telefone. Parecia mais confuso que nunca. Despediu-se de mim e eu fiquei com lágrimas nos olhos porque achei que era a última vez que falaria com ele. Infelizmente, eu estava com a razão. A última coisa que ele me disse foi que queria ir para um lugar melhor. Estava cansado de tudo.

Quando soube da morte de Jackson, o parente próximo de Brown diz que percebeu imediatamente o que acontecera.

> Meu camarada, a mídia entendeu errado. Quando fiquei sabendo desse novo médico que estava com Michael quando ele morreu, percebi o que devia estar rolando. Michael arranjou esse médico para matá-lo. Foi seu jeito de cometer suicídio. Mas agora estão dizendo que o médico do coração não deu injeção nenhuma nele. Isso faz mais sentido. Michael queria morrer e fez o que tinha de fazer para que isso acontecesse.

O parente de Brown reconheceu que não contava com nenhuma prova desse cenário, mas insistiu que "não havia outra explicação". Continuou a dizer que está convencido de que foi o círculo íntimo do cantor, especialmente Tohme Tohme que levou Jackson ao estado em que ele queria terminar.

— Sei que Michael estava intimidado, com medo de Tohme Tohme. Esse homem é como um câncer — declara.

Talvez a última palavra aqui deva ser da pessoa mais próxima de Jackson, sua mãe, Katherine, de 79 anos. No dia em que Michael morreu, Katherine disse a uma das pessoas mais íntimas do filho que não importava como Michael tivesse morrido, ela sempre iria acreditar que ele poderia ter sido salvo.

— Ela admitiu que Michael encontrava-se seriamente doente, e estava convencida de que ele tinha "um bando de indesejáveis em torno dele" — disse a fonte de Jackson. — Ela não conseguia parar de soluçar. É uma das pessoas mais bondosas e sinceras que já conheci. Prometeu-me que iria cuidar dos três filhos de Michael para sempre e lutaria com todas as forças contra qualquer um que tentasse levá-los para longe. Foi a conversa mais emocionante que já tive.

Posso agora revelar que o testamento de Jackson, não tornado ainda público, exige que seus três filhos permaneçam com a mãe de Jackson na Califórnia. A mãe da terceira criança nunca foi identificada. Espero plenamente que venha à tona que as crianças foram concepção de "tubo de ensaio", uma declaração já feita por Deborah Rowe.

CONCLUSÃO

Quando Michael Jackson morreu, justamente quando este livro ia ser impresso, não parecia mais ser relevante se ele era ou não um molestador infantil, embora as acusações quase certamente venham a assombrar seu legado para sempre.

Comecei minha investigação convencido de que Jackson era culpado. Porém, no fim, não mais acreditava nisso. Não consegui encontrar um único fio de evidência sugerindo que Jackson havia molestado uma criança. Ao contrário, encontrei evidências significativas demonstrando que "à maioria, se não a todos, de seus acusadores faltava qualquer credibilidade. Foram motivados fundamentalmente por interesses financeiros.

Como a maioria das pessoas, quase tudo que eu pensei que sabia sobre o caso em andamento estava errado. Eu tinha meus próprios preconceitos, mas também fui influenciado, em grande parte, pelas irresponsáveis e altamente tendenciosas reportagens de jornalistas aparentemente dispostos a enterrar as garras em Michael.

O próprio Jackson também mereceu muito da culpa. Pode ou não ser um criminoso, mas seu comportamento durante ambos os casos — continuando a dormir com crianças mesmo depois que as suspeitas vieram à tona — limite da estupidez criminosa, mesmo que chamasse tais suspeitas de "ridículas".

Pelos anos que virão, haverá muitas suspeitas e teorias sobre como Michael morreu. Talvez seu mais íntimo confidente e minha fonte de muitos anos tenha razão quando me disse duas horas depois de ele morrer:

— Michael estava cansado de viver. Estava um completo farrapo havia anos e, agora, pode finalmente estar num lugar melhor. As pessoas ao seu redor o enchiam de drogas como Howard Stern enchia Anna Nicole, para conservá-lo ao lado deles. Deveriam ser responsabilizadas — a fonte disse, soluçando.

Uma pessoa do círculo íntimo de Jackson comentou que o pessoal nunca tinha visto Jackson mais desanimado do que durante os últimos dias de sua vida.

— Ele me confessou que tinha desistido de tudo e que os ensaios que fazia no Staples Center para a temporada no 02 Arena em Londres eram "um ato de futilidade". Dois dias antes de morrer, ele me disse que não acreditava que pudesse voltar — o amigo íntimo confidenciou. — Parecia preocupado, e música e a apresentação eram as últimas coisas que ele tinha em mente. Nunca em minha vida vi uma pessoa parecer tão triste. Imaginei que o fim não estava longe.

O amigo acrescentou que a maioria das pessoas íntimas de Jackson estava preocupada sobre como o relatório da autópsia seria concluído. Acusou também a família Jackson de tentar sumir com os relatórios médicos de Michael e garantiu que insistiriam em contratar um médico particular para fazer um "relatório adulterado".

— Foi assim que Michael se comportou durante anos — disse a fonte. — Todo mundo que trabalhava ou era próximo dele estava ciente do quanto ele mentia sobre a saúde. É por isso que tivemos de assinar acordos de confidencialidade. Agora, na morte, sua família vai tentar obter sua própria autópsia independente e pagar "os tubos" pelo relatório para ter certeza de que a verdadeira condição de Michael fique protegida. Garanto a você que nós não vamos descobrir nem uma fração de o quanto Michael estava realmente doente. Eis como a família Jackson sempre se conduziu. São mestres em relações públicas. Vão se assegurar que Michael saia dessa parecendo ótimo e fazendo parecer que foi tudo um acidente estranho. Todo mundo que conhecia Michael em seus anos finais sabe muito bem que ele estava doente e poderia morrer a qualquer momento. Tinha tantas complicações com sua saúde...

Michael Jackson foi, indiscutivelmente, um homem profundamente atribulado e solitário. Através de toda minha investigação, fiquei dividido entre a compaixão e a raiva, o pesar e a simpatia. Porém, como músico, antes até de seu trágico falecimento, eu também não pude deixar de ficar perplexo com outra tragédia.

Michael Jackson pode muito bem ter sido o mais talentoso artista de sua geração — juntando-se às fileiras de Dylan, Cobain, Lennon e

McCartney, como um verdadeiro gênio musical. Tristemente, pelos últimos quinze anos, esse fato foi perdido para uma geração que pode apenas recordar-se dele como uma caricatura grotesca que gostava de compartilhar sua cama com garotinhos.

Agora que ele se foi, quem sabe seja hora de finalmente colocar de lado as suspeitas e apreciar a música.

Ian Halperin, junho de 2009

APÊNDICE

Em 6 outubro de 1993, Jordan Chandler voou para a cidade de Nova York para ser testado pelo Dr. Richard Gardner, um professor clínico de psiquiatria infantil e da Universidade de Columbia e uma das autoridades mais importantes da ação sobre acusações falsas de abuso infantil. Depois de administrar uma série de testes em Chandler, o Dr. Gardner conduziu a entrevista a seguir, que foi transcrita da fita de gravação original.

Dr. Gardner: Ok. Com a idade de doze anos e meio, em maio de 92, o que aconteceu então?

Jordan: Eu o conheci lá no senhor Schwartz [agência de aluguel de carros]. E depois meu padrasto levou ele [Michael] para fora para escolher um carro pra ele usar. E acho que quando meu padrasto estava lá fora, disse: "você não tem de pagar o carro se levar o número de Jordie e lhe der um telefonema".

Dr. Gardner: Por que seu padrasto diria isso?

Jordan: Porque meu padrasto sabe que eu era interessado em Michael Jackson e sua música.

Dr. Gardner: E isso foi em sua presença?

Jordan: Não. Foi meu padrasto que me disse.

Dr. Gardner: Então, o que aconteceu depois?

Jordan: Então ele [Michael] foi embora.

Dr. Gardner: Ele concordou com o trato, Jackson?

Jordan: Concordou.

Dr. Gardner: Ok, então, o que aconteceu?

Jordan: Não me lembro quantos dias depois, mas ele me telefonou.

Dr. Gardner: O que ele disse?

Jordan: Ele disse... não me lembro direito, mas eu me lembro das conversas que tivemos pelo telefone logo nos primeiros dias de nosso relacionamento.

Dr. Gardner: Esse foi o início do relacionamento, está correto?

Jordan: Correto.

Dr. Gardner: Quanto tempo durou o primeiro telefonema?

Jordan: Não me lembro. Não me lembro do primeiro telefonema.

Dr. Gardner: Nessa primeira fase, vamos chamar a ligação telefônica de fase. Eu gostaria de tentar dividir isso em fases. Essa primeira fase começou por volta de maio de 92; essa fase ficou restrita apenas a ligações telefônicas. Quanto tempo durou essa fase?

Jordan: Eu diria que algum tempo no fim de janeiro desse ano [1993].

Dr. Gardner: Com que frequência aconteciam as ligações durante essa fase?

Jordan: Bem, sabe, saímos numa turnê durante o verão então foi quando eu saí da escola, assim eu diria junho mais ou menos. Mas antes disso, ele ligou — não sei, não quero chutar errado. Não sei.

Dr. Gardner: Se você pudesse, adivinharia o número total de ligações durante essa primeira fase, durante esse período de sete ou oito meses?

Jordan: Não sei. Acha que eu conseguiria contar ao senhor— ser mais específico na fase — se pensar nisso? Ah, bem, eu me lembro... ele telefonou lá pra casa de meu pai, mas meu padrasto deu a ele o número da minha mãe.

Dr. Gardner: Você estava morando principalmente com sua mãe nessa época?

Jordan: Sim.

Dr. Gardner: Ok.

Jordan: E assim, eu acho que ele... não consigo me lembrar... mas acho que ele costumava telefonar pra casa de minha mãe. E então telefonou pra casa de meu pai. Não sei, acho que minha mãe deu o número pra ele. A gente conversou por, eu me lembro, por tipo umas três horas.

Dr. Gardner: Vocês mantiveram conversas durante três horas?

Jordan: Bem, nessa ligação.

Dr. Gardner: Houve uma ligação que durou três horas; estamos falando sobre a fase dos telefonemas agora.

Jordan: Bem, estou tentando ser específico e então quando eu terminei...

Dr. Gardner: Agora, isso tudo foi nesse período de tempo? Quero me apegar a essa moldura de tempo.

Jordan: Certo, eu sei, bem, tenho de lembrar o que aconteceu.

Dr. Gardner: Claro, mas vou interrompê-lo para esclarecer. Houve mais de um telefonema três horas durante a fase do telefone?

Jordan: Sim.

Dr. Gardner: Por cima, cerca de quantos houve?

Jordan: Eu não sei, poderia ser...

Dr. Gardner: Mais de dez? Foram, por cima, de cinco a dez de tais chamadas, na melhor de sua avaliação? Essa poderia ser uma afirmação precisa?

(Inaudível.)

Dr. Gardner: Ok, chega. Não espero que você (inaudível), mas se você pudesse reduzir isso a um palpite aproximado, e sermos capazes de indicar que é um palpite, então está ótimo.

Jordan: Ok, bem...

Dr. Gardner: Sobre o que falavam nessas conversas de três horas?

Jordan: Ele falava de coisas que gosta de fazer.

Dr. Gardner: Como o quê?

Jordan: Como videogames. Ele falava sobre as coisas que tem em seu rancho Neverland.

Dr. Gardner: Como se soletra isso?

Jordan: N-e-v-e-r-l-a-n-d.

Jordan: Ele me disse que tinha animais.

Dr. Gardner: Ele disse que animais?

Jordan: Girafas, elefantes, um leão, cavalos, um zoológico interativo e outros animais. Tinha répteis.

Dr. Gardner: De que outras coisas ele disse que gostava?

Jordan: Brincar de guerra na água. Ele tem esse lugar personalizado de guerra na água.

Dr. Gardner: Como é isso?

Jordan: É tipo uma zona de guerra na água.

Dr. Gardner: Era algum tipo de piscina ou alguma coisa assim?

Jordan: Não, eram estruturas construídas com pistolas de água presas nela; tudo coisas diferentes. Tem um caminho de obstáculos.

Dr. Gardner: Sobre o que mais ele falou?

Jordan: Falou sobre alguns dos amigos que tinha.

Dr. Gardner: O que ele disse sobre seus amigos?

Jordan: Bem, falou quem eram alguns de seus mais famosos amigos.

Dr. Gardner: Como quem?

Jordan: Peter Davis.

Dr. Gardner: E quem era ele?

Jordan: Ele é o garoto de [...] (Apagado para preservar a privacidade)

Dr. Gardner: Houve alguma coisa especial com relação a esse relacionamento nessa ocasião?

Jordan: Ele disse que Peter Davis era o tipo de garoto que gosta de aprontar um bocado, de pregar peças nas pessoas.

Dr. Gardner: Ele estava envolvido nas brincadeiras de pregar peças com o garoto?

Jordan: Mais ou menos. Disse que Peter Davis meio que o forçou a cooperar.

Dr. Gardner: Que outros amigos ele disse que tinha?

Jordan: Joshua Samuels, que era [...]. (Apagado para preservar a privacidade)

Dr. Gardner: Joshua Samuels, quem é ele?

Jordan: (Apagado para preservar a privacidade) [...], sabe?

Dr. Gardner: Que idade tem Joshua Samuels agora?

Jordan: Não sei; deve estar com [...]. (Apagado para preservar a privacidade)

Dr. Gardner: E o que ele disse sobre Joshua Samuels?

Jordan: Que era seu amigo e foi isso.

Dr. Gardner: Em algum momento desse período, foi dito algo de natureza sexual?

Jordan: Não.

Dr. Gardner: Alguma coisa mais de que ele tenha falado durante essas conversas?

Jordan: Outras coisas que ele tinha feito em seu rancho. Ele tem uma coisa tipo parque de diversões, um cinema. Alguns carrinhos de golfe em que a gente passeia por lá.

Dr. Gardner: Você diria que esse foi o assunto principal da conversa, falar a você sobre a Neverland dele?

Jordan: Foi.

Dr. Gardner: E qual foi sua reação a isso?

Jordan: Bem, para um cara como eu pareceu fantástico demais e chocante. E também, ele me contou que Neverland se chama assim por causa do lugar de onde era Peter Pan, porque ele pensava que era Peter Pan.

Dr. Gardner: Ele pensava que era Peter Pan?

Jordan: Pensava. E disse que Neverland (a Terra do Nunca) era um lugar onde as crianças tinham direito preferencial nas estradas, tinham o domínio, mais ou menos. Podia ter o que você quer, quando quer.

Dr. Gardner: Há algo mais que você pode me contar sobre essas conversas? Estamos ainda falando sobre a fase do telefone.

Jordan: Não, é isso. Mas, depois disso, ele saiu em turnê em junho e voltou no começo de fevereiro, final de janeiro.

Dr. Gardner: Oh, então nesse período de tempo durante a fase do telefone, de maio de 92 ao fim de janeiro de 93, ele estava em turnê?

Jordan: A não ser por (inaudível) maio e eu diria junho.

Dr. Gardner: E a turnê durou quanto tempo?

Jordan: Eu diria de junho a fevereiro.

Dr. Gardner: Então, de junho de 92 a fevereiro de 93, ele estava em turnê? É correto dizer então que essas chamadas telefônicas foram feitas de várias partes do mundo?

Jordan: É.

Dr. Gardner: Você se recorda de algum desses países?

Jordan: Paris, Roma. Acho que ele estava na Turquia ou algo assim. Posso estar enganado quanto a isso.

Dr. Gardner: Ok, alguma coisa mais que queira me contar sobre a fase um?

Jordan: Bem, na verdade, a primeira vez... eu estava na casa de meu pai e conversei com ele por três horas - ele estava no apartamento dele no complexo em Century City. A gente estava tentando arranjar uma hora em que eu pudesse ir lá e brincar com os videogames.

Dr. Gardner: Então, houve um convite feito?

Jordan: Só que não deu certo por que...

Dr. Gardner: Quando foi isso, o melhor que puder se recordar?

Dr. Gardner: Em maio de 92, ele o convidou para ir ao Century City?

Jordan: Ele tem um apartamento lá que é chamado "The Hideout (O Esconderijo)."

Dr. Gardner: Por que é chamado de "The Hideout?"

Jordan: Porque é um lugar muito público, mas mesmo assim ninguém sabe que ele está lá.

Dr. Gardner: Ele convidou você com quem? Convidou você com alguém mais ou foi você sozinho?

Jordan: Não me lembro, acho... não sei.

Dr. Gardner: Ok, mas por que não deu certo?

Jordan: Porque eu tinha de estudar.

Dr. Gardner: Agora, algo mais que possa me contar sobre esse tempo?

Dr. Gardner: Você usou as palavras antes - que foi fantástico e chocante; o que foi fantástico e chocante? O que eu quero saber é, se entre esses telefonemas, você se percebeu pensando nele um pouco?

Jordan: Hum-hum.

Dr. Gardner: Que tipo de pensamentos?

Jordan: Tipo, hum, a casa dele deve ser um lugar legal, e tudo mais.

Dr. Gardner: Sonhou com isso?

Jordan: Acho que não.

Dr. Gardner: Isso de alguma forma interferiu com o trabalho de escola?

Jordan: Os telefonemas?

Dr. Gardner: Sim, quero dizer, quando você estava conversando com ele, você não podia fazer o dever de casa, mas interferia mesmo na sua concentração, naquilo que deveria fazer, escola, e coisas assim?

Jordan: Não.

Dr. Gardner: Qual foi a reação de seus pais durante todo o tempo dessa fase?

Jordan: Não me lembro de eles acharem algo de ruim sobre isso, de jeito nenhum.

Dr. Gardner: Então, agora a próxima fase começaria em janeiro de 93. Agora, você sabe melhor que eu...

Jordan: Isso seria em fim de janeiro, começo de fevereiro.

Dr. Gardner: Ok, vamos chamar isso de fase dois. Agora, você sabe melhor que eu como dividir as fases, já que isso é sobre sua vida e suas experiências. O que gostaria de pôr de lado como fase dois?

Jordan: Talvez a gente pudesse chamar essa parte de visitar ele. A gente podia chamar assim.

Dr. Gardner: Ok, visitá-lo. Então, essa fase dois começa com o contato efetivo com ele – quando dois seres humanos estão juntos, diferente ao contato pelo telefone.

Jordan: Certo.

Dr. Gardner: É quando começa a fase dois.

Jordan: Na verdade, acho que a gente poderia chamar isso de primeira parte porque, hum, as coisas ficaram ruins quando começou a intimidade.

Dr. Gardner: Quando diz ficou ruim, quer dizer o quê?

Jordan: Coisas de sexo aconteceram.

Dr. Gardner: Ok. Vamos fazer isso agora. Vamos chamar de fase dois a fase em que houve o envolvimento com ele - não através de telefone, mas você estava com ele, estavam juntos – mas não havia nada sexual. Quer chamar essa fase de dois?

Jordan: Quero.

Dr. Gardner: E então a fase três seria a sexual.

Jordan: Seria.

Dr. Gardner: Já que você mencionou a sexual, isso, vamos dizer, foi em torno do começo de fevereiro?

Jordan: Foi.

Dr. Gardner: De fevereiro de 93 a quando?

Jordan: Acho que talvez minha mãe saiba, porque foi durante a viagem a Las Vegas, onde isso deu uma virada. Essa foi a primeira viagem.

Dr. Gardner: Ok, então, isso é o melhor de que se recorda. Vou falar com sua mãe e seu pai depois, e eles podem preencher alguns desses detalhes. Essa é uma das razões por que estou com sua mãe na sala ao lado, assim, se houver quaisquer discrepâncias em detalhes, posso obter dela. Pelo melhor de seu conhecimento — recordação — quando esteve em Las Vegas? Foi antes do verão ou depois do verão?

Jordan: Creio que foi depois do verão. Depois do verão de 92, mas não...

Dr. Gardner: Estamos em 93.

Jordan: Certo. Então, foi antes, ah..., acho que tive uma brecha na escola em fevereiro.

Dr. Gardner: Ok, bem, você disse que essa fase dois começou em fevereiro de 93.

Jordan: Começo.

Dr. Gardner: Começo de fevereiro de 93.

Jordan: Disse algo sobre Las Vegas. Então, você estava dizendo que aconteceu algo fisicamente em Las Vegas? É isso que você está dizendo?

Dr. Gardner: É, quando isso começou.

Dr. Gardner: Você começou a dormir na cama dele? Começou a dormir na cama dele no começo de fevereiro de 93?

Jordan: Não.

Dr. Gardner: Houve um período de tempo em que...

Jordan: Mais ou menos no fim de fevereiro.

Dr. Gardner: Então, a fase dois poderia ter sido um tempo muito curto.

Jordan: É.

Dr. Gardner: Ok, eu só queria ter uma ideia de quando então houve contato. Veja, na fase um, não havia nada sexual, certo?

Jordan: Está certo, na fase um.

Dr. Gardner: Na fase dois, nós ainda não estamos falando nada sobre sexo, mas houve contato com ele como seres humanos, ao contrário da fase do telefone. Eu diria, dormindo na cama, chamarei isso de sexual. Algumas pessoas podem não chamar, mas eu chamaria.

Jordan: Certo, eu também considero assim, e foi quando deu a virada.

Dr. Gardner: A maioria das pessoas iria considerar sexual dormir na cama com uma pessoa. Qual foi o período de tempo desde a hora em que o viu pela primeira vez em carne e osso, e a hora que dormiu na cama com ele?

Jordan: Não sei.

Dr. Gardner: Mas foi em fevereiro quando você começou a dormir na cama com ele?

Jordan: Certo, certo. Eu não tenho muita certeza realmente se foi em fevereiro, mas...

Dr. Gardner: Ok, mas a fase dois então foi um período curto.

Jordan: Certo.

Dr. Gardner: Talvez cerca de um mês, ou menos de um mês?

Jordan: Não sei.

Dr. Gardner: Ok, vamos pôr isso como uma interrogação. Agora, o que eu quero saber é, nessa fase, que tipo de coisas você fez com ele, antes de dormir na cama com ele?

Jordan: Bem, a gente foi para a Neverland dele.

Dr. Gardner: A gente, quem?

Jordan: Eu, minha mãe, e Kelly, minha irmã, minha meia-irmã.

Dr. Gardner: O que aconteceu lá?

Jordan: Não aconteceu nada. Dormi na ala dos hóspedes com minha mãe e Kelly, e Michael ficou no quarto dele.

Dr. Gardner: Quanto tempo você ficou em Neverland?

Jordan: Acho que uma semana.

Dr. Gardner: Sabe se era sexta-feira, sábado ou domingo? Foram dois dias ou três dias?

Jordan: Não sei.

Dr. Gardner: O que vocês fizeram?

Jordan: A gente andou de jet-sky num pequeno lago que ele tem.

Dr. Gardner: O que mais fizeram lá?

Jordan: A gente viu os animais e jogamos videogame.

Dr. Gardner: Você fez essas coisas com ele?

Jordan: Sim.

Dr. Gardner: Então, essas atividades foram com ele? Que outro tipo de atividades você fez com ele?

Jordan: A gente passeou de carrinho de golfe.

Dr. Gardner: Com Kelly e sua mãe?

Jordan: Algumas vezes, tipo, meio a meio. Elas saíram algumas vezes.

Dr. Gardner: Quem são elas?

Jordan: Minha mãe e Kelly.

Dr. Gardner: Quantas visitas houve lá em Neverland nesse período de tempo?

Jordan: Não me lembro.

Dr. Gardner: Então, nós ainda estamos na fase dois agora. Alguma coisa além das visitas a Neverland na fase dois?

Jordan: A gente pode ter ido ao apartamento do Century City.

Dr. Gardner: Quem estava com você?

Jordan: Michael e eu. Não consigo me lembrar se minha mãe (inaudível).

Dr. Gardner: Então, o que aconteceu? É esse o fim da fase dois? Houve telefonemas durante a fase dois?

Jordan: Houve.

Dr. Gardner: Ligações que duraram três horas?

Jordan: Sim. Ah, sim, acabei de lembrar. Quando a gente estava em Neverland, fomos ao Toys-R-Us, quando estava fechado. Minha irmã e eu, a gente pegou tudo que a gente quis.

Dr. Gardner: Abriram a loja para ele, é isso?

Jordan: Certo.

Dr. Gardner: Quanto você comprou?

Jordan: Um monte. A gente teve de levar carrinhos de compra, e enchemos até a boca.

Dr. Gardner: Você tem alguma ideia do custo disso?

Jordan: Não.

Dr. Gardner: Que tipos de coisa você pegou, lembra-se?

Jordan: Videogames (inaudível).

Dr. Gardner: Alguma coisa mais na fase dois?

Jordan: Não.

Dr. Gardner: Voltando à fase um. Sei que você não tem um registro das vezes que ele lhe telefonou, mas, se pudesse dar um palpite do número total de telefonemas na fase um, o que me diria que foi? Não apenas as chamadas de três horas, mas as ligações mais curtas também, o que você diria?

Jordan: Acho que dez.

Dr. Gardner: Agora, vamos entrar na fase três. Você acha que a fase três deveria ser subdividida ou gostaria de descrevê-la, como as coisas evoluíram?

Jordan: Eu não sei ao certo... porque a gente não preenche essa questão mais tarde?

Dr. Gardner: Claro.

Jordan: A fase três começou, eu diria, quando a gente fez a viagem para Las Vegas. Ficamos no Mirage Hotel.

Dr. Gardner: Numa viagem e, pelo que se lembra melhor, isso foi quando?

Jordan: Não consigo me lembrar direito. Acho que no fim de fevereiro mais ou menos.

Dr. Gardner: Ok, isso foi depois da viagem a Neverland, depois da Toys-R-Us. No Century City, aconteceu alguma coisa especial?

Jordan: Não, não que eu consiga me lembrar. A gente só jogou videogames.

Dr. Gardner: Ele tinha videogames lá? Quando você diz a gente, quem era essa gente?

Jordan: Minha mãe, Kelly e eu.

Dr. Gardner: O que aconteceu em Las Vegas?

Jordan: Minha mãe e Kelly dividiram um quarto. Michael tinha seu próprio quarto. Era uma suíte grande.

Dr. Gardner: Kelly ficou no mesmo quarto que você?

Jordan: Não, com minha mãe, e eu tinha meu próprio quarto.

Dr. Gardner: Você tinha seu quarto, Kelly e sua mãe tinham um quarto, e Michael tinha um quarto.

Jordan: Está correto.

Dr. Gardner: Eram ligados ou em lugares separados? Era uma suíte grande?

Jordan: É, era uma suíte grande, sim.

Dr. Gardner: Continue.

Jordan: Vamos ver, uma noite...

Dr. Gardner: Quanto tempo ficaram lá?

Jordan: Não sei, pode ser uma semana.

Dr. Gardner: O que aconteceu aquela noite?

Jordan: Depois que minha mãe e Kelly foram dormir, a gente assistiu o filme O Exorcista no quarto dele, na cama dele. E quando acabou, eu estava morto de medo, e ele disse, por que você não fica aqui? E eu fiquei, e nada aconteceu.

Dr. Gardner: Quando você diz que ficou no quarto...

Jordan: A gente ficou na mesma cama.

Dr. Gardner: Dormiram na mesma cama?

Jordan: Está correto.

Dr. Gardner: Quando dormiram na mesma cama, houve algum contato físico?

Jordan: Não.

Dr. Gardner: Era uma cama grande?

Jordan: Era, acho que sim.

Dr. Gardner: Então, não houve nenhum contato físico. O que você pensou quando ele disse: vamos dormir na mesma cama?

Jordan: Bem, eu estava apavorado, e acho que não pensei que fosse acontecer nada.

Dr. Gardner: Estava apavorado com ele ou apavorado com o filme?

Jordan: Com o filme. Então, eu disse. "ok, está ótimo". É como uma festa comum de pijama.

Dr. Gardner: Ok, há alguma coisa a mais a dizer desse evento?

Jordan: Só que a gente conversou sobre como é que tinham sacado a ideia para O Exorcista. Então, na manhã seguinte, eu estava com minha mãe sozinho e...

Dr. Gardner: Sua mãe soube que você tinha dormido na cama com ele?

Jordan: Bem, eu estava chegando lá. Eu disse, "dormi com Michael na mesma cama a noite passada", e ela disse, "bem, só não faça isso de novo".

Dr. Gardner: Ela falou com Michael?

Jordan: Bem, vou chegar lá. Então, quando eu contei ao Michael a novidade de ela dizer "não faça isso de novo - não durma na mesma cama"... a gente estava sozinho, Michael e eu, e ele caiu no choro, e disse: "Ela não pode criar empecilhos assim", e "não ia acontecer nada, é apenas uma coisa comum, tipo festa de pijama", e "não há nada de errado com isso".

Dr. Gardner: Ele disse, não vai acontecer nada, não há nada de errado com isso, e é como uma festa do pijama?

Jordan: Certo. E então, ele veio – não me lembro se estava chorando ou não, mas ele resolveu que tinha de falar com minha mãe sobre como estava se sentindo por causa aquilo que ela tinha falado. E me contou que disse, "não há nada errado com isso, a senhora deveria permitir porque é comum e divertido, a senhora não deveria criar empecilhos". E ele deixou minha mãe se sentindo tão culpada que ela caiu no choro e resolveu que, "tudo bem, eu acredito em você". E Michael conseguiu sei lá como que ela concordasse que não haveria mais esse tipo de perguntas. E, desse ponto em diante, eu ficava na cama dele até o fim de nosso relacionamento.

Dr. Gardner: Então, está me dizendo que, dali em diante, vocês ficaram na cama dele – está falando sobre a viagem a Las Vegas, ou daí pra frente, o tempo todo?

Jordan: O tempo todo.

Dr. Gardner: Você disse que, por tudo que se lembra, a viagem de Las Vegas foi de uma semana. Quantas vezes você dormiu na cama dele?

Jordan: Eu acho que talvez duas ou três.

Dr. Gardner: Ok, houve algum contato físico?

Jordan: Não.

Dr. Gardner: Houve algum momento em que ele se despiu na sua frente?

Jordan: Não.

Dr. Gardner: Você se despiu na frente dele?

Jordan: Não.

Dr. Gardner: Ok, tudo bem, isso é Las Vegas. Terminou com Las Vegas? Há alguma coisa mais a dizer sobre Las Vegas?

Jordan: Não, é isso.

Dr. Gardner: Ok, leve-me até o próximo passo então.

Jordan: Bem, quando a gente voltou pra Los Angeles, nossa amizade era um bocado mais próxima do que quando a gente tinha saído e, então, a gente se via mais. E começamos a ir com mais frequência ao rancho dele.

Dr. Gardner: E cada vez que estavam lá, você dormia na cama com ele?

Jordan: Dormia. E minha mãe e Kelly ficavam naquela mesma ala dos hóspedes.

Dr. Gardner: E a que distância era essa ala dos hóspedes do quarto em que vocês dormiam?

Jordan: Era longe, era bem longe. Sabe onde são os banheiros? Daqui até os banheiros. (Jordie está descrevendo a distância da sala de entrevistas aos banheiros no prédio em que o consultório do Dr. Gardner se localiza.)

Dr. Gardner: Isso é quase um quarteirão de distância. É o equivalente a um quarteirão da cidade.

Jordan: Não, é menor que isso.

Dr. Gardner: Meio quarteirão?

Jordan: Eu realmente não consigo me lembrar, mas é mais ou menos isso.

Dr. Gardner: Ok, eu diria que são algumas centenas de metros.

Jordan: Bem, não sei, teria de perguntar pra minha mãe.

Dr. Gardner: Era na mesma casa?

Jordan: Não.

Dr. Gardner: Era numa casa diferente?

Jordan: Era. Era como um complexo de hóspedes, e elas ficavam no mesmo quarto.

Dr. Gardner: Então, era num prédio diferente?

Jordan: Mas Michael e eu, a gente ficava no quarto dele, que era na casa principal.

Dr. Gardner: Então, aqui, estamos em Neverland; e depois, qual é o próximo passo?

Jordan: Bem, eu dormia na cama dele lá e, depois, toda semana, a gente voltava; e foi tipo um progresso [estar] dormindo na cama, e eu acho que uma noite a gente estava dormindo na casa – acho que foi em Neverland - e ele apenas se debruçou em cima de mim e me abraçou, ou algo assim.

Dr. Gardner: Ok, vamos chamar a isso de fim da fase dois. Vamos chamar a fase três de dormindo na mesma cama e nada mais. Certo?

Jordan: Está certo.

Dr. Gardner: Vamos chamar a fase quatro: foi mais contato físico.

Jordan: É quando começa.

Dr. Gardner: Quando o contato físico começou? Quando você diz que começou, pelo melhor que pode se recordar?

Jordan: Quando, tipo, que hora?

Dr. Gardner: Que mês? Quero dizer, Las Vegas, você disse, foi no começo de fevereiro, em algum momento.

Jordan: Las Vegas foi mais tipo final de fevereiro.

Dr. Gardner: Ok, final de fevereiro. Quando foi o primeiro abraço?

Jordan: Não sei.

Dr. Gardner: Não tem ideia?

Jordan: Não.

Dr. Gardner: Foi antes do verão de 93?

Jordan: Eu imagino que no começo de maio, meio de maio [1993].

Dr. Gardner: Em algum momento, em maio de 93, esse foi o primeiro abraço? E isso foi enquanto vocês estavam na cama?

Jordan: Sim.

Dr. Gardner: Onde vocês estavam na hora? Onde era a cama – o local físico?

Jordan: Quer que eu descreva como era o quarto dele?

Dr. Gardner: Não, eu estava pensando onde era a cama. Vocês estavam em Neverland ou vocês estavam em alguma cidade?

Jordan: Ah, isso foi em Neverland. Acho que pode ter sido em qualquer outro lugar, mas estou quase certo que foi em Neverland.

Dr. Gardner: Ok, e o que aconteceu então?

Jordan: Ele me abraçou e eu não pensei nada sobre isso. Eu disse, ok, tanto faz. E foi isso, e ele continuou assim por um curto período de tempo.

Dr. Gardner: Quanto tempo durou o abraço?

Jordan: Um abraço ligeiro, e foi isso.

Dr. Gardner: E foi enquanto estavam na cama?

Jordan: Foi, e a gente estava de roupa.

Dr. Gardner: E você disse alguma coisa?

Jordan: Eu não me lembro, acho que ele disse "eu te amo, boa noite", ou alguma coisa, não sei.

Dr. Gardner: Você o empurrou?

Jordan: Não. Eu só... não acho que abracei ele de volta. Eu só disse "eu te amo, boa noite".

Dr. Gardner: Ele disse: "eu te amo"?

Jordan: Acho que sim, não sei.

Dr. Gardner: Quando você disse "eu te amo", isso pode ter sido dito de muitas maneiras diferentes. Você compreende, alguém pode dizer "eu te amo" e realmente estar dizendo estou apaixonado e, às vezes, você diz "eu te amo" como um gesto amistoso sem sentimentos românticos. Com que tipo de jeito você disse isso? Estava dizendo isso com sentimentos românticos ou...?

Jordan: Apenas amigos.

Dr. Gardner: Apenas amistosamente. Não era um amor romântico?

Jordan: Não.

Dr. Gardner: Ok, prossiga.

Jordan: Então, depois dessa coisa de abraço...

Dr. Gardner: Está descrevendo agora o início de um padrão de abraço?

Jordan: Sim, a aos poucos ele ia para um degrau novo, tipo um novo ato sexual, e a gente continuou assim, e subimos um degrau a mais.

Dr. Gardner: Ok, qual foi o próximo passo? Então, você está dizendo que houve um monte de abraços, uma porção de tentativas de abraçar?

Jordan: Estou.

Dr. Gardner: Isso acontecia na cama ou sob outras circunstâncias?

Jordan: Sabe, acho que era apenas um abraço comum que, se alguém visse, não iria pensar nada a respeito.

Dr. Gardner: Ele fazia isso em situações públicas?

Jordan: Fazia, como um tipo de abraço de despedida.

Dr. Gardner: Você alguma vez sentiu nesses abraços que ele estava sexualmente excitado? Você não sentiu alguma vez que ele tinha uma ereção e alguma coisa assim?

Jordan: Não.

Dr. Gardner: Ok, o próximo passo.

Jordan: Acho que ele me beijou no rosto, ou algo assim.

Dr. Gardner: Quando aconteceu?

Jordan: Não sei, mais ou menos na mesma época.

Dr. Gardner: Mais ou menos na mesma época, então você está dizendo mais um menos em maio... ainda estamos em maio de 93. Ele beijou você no rosto sob que circunstâncias? Estavam na cama? Estavam de pé? Quais foram as circunstâncias?

Jordan: Acho que a gente estava na cama.

Dr. Gardner: Que tipo de beijo foi?

Jordan: Só um beijinho no rosto. Acho que foi um beijinho de boa noite.

Dr. Gardner: E depois, o que aconteceu?

Jordan: E, então, ele continuou isso, assim me abraçando, e depois aos poucos me beijando nos lábios.

Dr. Gardner: Quando isso aconteceu pelo que você sabe?

Jordan: Não sei.

Dr. Gardner: Isso foi antes do verão?

Jordan: Foi.

Dr. Gardner: É correto dizer que foi em junho? Seria razoável?

Jordan: Não sei. Não sei mesmo.

Dr. Gardner: Mas isso foi antes do verão?

Jordan: Foi.

Dr. Gardner: Existem tipos diferentes de beijo nos lábios. Que tipo de beijo foi?

Jordan: Só um selinho.

Dr. Gardner: A boca dele estava aberta ou fechada?

Jordan: Fechada.

Dr. Gardner: E quanto durou?

Jordan: Não sei, um segundo, acho.

Dr. Gardner: Isso foi na cama?

Jordan: Foi.

Dr. Gardner: E depois, o próximo passo?

Jordan: O próximo passo, acho que ele aos poucos foi, tipo, me beijando por mais tempo, sabe.

Dr. Gardner: Nos lábios?

Jordan: Sim.

Dr. Gardner: Onde foi isso? Onde a maioria dessas coisas estava acontecendo? Era em Neverland? Era principalmente em Neverland?

Jordan: Neverland.

Dr. Gardner: Havia outros lugares além de Neverland onde isso estivesse acontecendo?

Jordan: Sim. Em Century City, no Hideout.

Dr. Gardner: Então, principalmente em Neverland e no esconderijo de Century City? Esse esconderijo de Century City, não tenho uma imagem clara de como seja, você disse que fica numa área onde as pessoas não saberiam que houvesse um esconderijo ali.

Jordan: Bem, há muitos apartamentos por lá...

Dr. Gardner: Century City é o nome de uma cidade por lá?

Jordan: É.

Dr. Gardner: Compreenda, sou da Costa Leste. Century City faz parte de Los Angeles?

Jordan: Sim.

Dr. Gardner: Ok, então é na realidade um apartamento. Certo? Faço uma ideia. Então, aconteceu lá e aconteceu em Neverland, e no Century City, e na casa de sua mãe?

Jordan: Sim.

Dr. Gardner: Ele estava passando a noite na casa de sua mãe?

Jordan: Sim.

Dr. Gardner: E quando ele passava a noite na casa de sua mãe, ele ficava no quarto junto com você?

Jordan: Eu tinha meu quarto.

Dr. Gardner: E ele dormia em seu quarto?

Jordan: Sim.

Dr. Gardner: Mais ou menos em quantas ocasiões ele dormiu em seu quarto na casa de sua mãe?

Jordan: Não sei. Minha mãe deve saber. Eu não.

Dr. Gardner: Por cima.

Jordan: Não sei.

Dr. Gardner: Mais de cinco vezes?

Jordan: Sim.

Dr. Gardner: Mais de dez vezes, você diria?

Jordan: Hum-hum.

Dr. Gardner: Mais de quinze vezes?

Jordan: Não sei.

Dr. Gardner: De doze a quinze vezes seria um número razoável?

Jordan: Poderia ser um bocado mais, mas isso é uma coisa que minha mãe teria de dizer.

Dr. Gardner: Ok, sobre o que estamos falando, isso tudo é antes do verão?

Jordan: Acho que sim.

Dr. Gardner: Ok, portanto, então, estamos falando de beijar nos lábios por bastante tempo.

Jordan: E, depois de um tempo em ele ficava me beijando nos lábios por um período maior de tempo – um selinho nos lábios – aí ele pôs a língua na minha boca.

Dr. Gardner: E qual foi sua reação a isso?

Jordan: Eu disse, "Ei, não gostei disso. Não faça isso de novo".

Dr. Gardner: E o que ele disse?

Jordan: Ele começou a chorar, muito parecido com o jeito de quando tentou convencer minha mãe a deixar a gente dormir na mesma cama.

Dr. Gardner: E o que ele disse?

Jordan: Disse que não havia nada de errado com isso. Ele conseguia me fazer coisas e me convencer que as coisas que estava fazendo não eram erradas, porque falava de pessoas que levitavam, sabe, era esquisito.

Dr. Gardner: Ele falava sobre pessoas que... o quê?

Jordan: Levitavam.

Dr. Gardner: O que levitar significa para você?

Jordan: Erguer-se do chão por meio de meditação.

Dr. Gardner: E o que ele disse sobre levitação?

Jordan: Que as pessoas que levitam são não condicionadas. É confuso; custou um bocado de tempo pra mim entender.

Dr. Gardner: Quando você fala sobre não condicionadas, o que isso quer dizer?

Jordan: Que elas não são condicionadas a acreditar que a gravidade existia, e eu acho que isso quer dizer que aqueles que são não condicionados pensariam que o que Michael estava fazendo não era errado. O senhor entende isso?

Dr. Gardner: Hum-hum. O que mais ele disse a você?

Jordan: Ele disse também, durante a fase um, a fase do telefone, que o primo dele iria na turnê. E eu conversei com o primo dele uma vez. A gente apenas disse olá.

Dr. Gardner: Esse primo dele era menino ou menina?

Jordan: Um garoto mais ou menos da minha idade, de onze ou doze anos.

Dr. Gardner: Qual era o nome do primo dele?

Jordan: O nome dele é Tommy Jones; ele estava no noticiário, não sei se você assistiu, defendendo Michael.

Dr. Gardner: Tommy Jones. Tem 13 anos agora?

Jordan: Acho... não, acho que tem 12.

Dr. Gardner: E ele foi aos shows?

Jordan: Às turnês.

Dr. Gardner: Às turnês. E ele estava no noticiário dizendo o quê?

Jordan: Ele disse. "Admitirei que Michael e eu somos amigos e dormimos na mesma cama, porém Michael nunca me tocou" e "é realmente uma cama enorme".

Dr. Gardner: Então, ele falou sobre o primo. E o que disse a respeito de Tommy Jones?

Jordan: Ele disse que, ah... tipo, se ele quisesse que eu fizesse alguma coisa com ele, ele diria que Tommy fazia isso com ele, então que era pra eu fazer. E, ah, se eu não fizesse, então eu não gostava tanto dele como Tommy gostava.

(Jordie solta um suspiro pesado.)

Dr. Gardner: Você está bem?

Jordan: Estou.

Dr. Gardner: Ok, ótimo, você está se saindo muito bem. Sabe, vamos fazer uma parada, mas vamos tentar terminar isso e depois faremos uma parada. Acha que Tommy Jones estava mentindo quando foi à televisão?

Jordan: Acho.

Dr. Gardner: Por que acha que ele estava mentindo?

Jordan: Porque Michael me disse que eles mentiam.

Dr. Gardner: Ok, mas Michael disse que ele fazia aquelas coisas...

Jordan: Quero dizer, podia ser que Michael estivesse mentindo pra mim.

Dr. Gardner: Alguém está mentindo. Certo? Michael estava mentindo para Tommy, dizendo as coisas ao contrário, certo?

Jordan: Sim, bem, um deles está mentindo.

Dr. Gardner: Quem você acha que está mentindo?

Jordan: Tommy.

Dr. Gardner: Por que diz isso?

Jordan: Porque, em público, quando ele está com Tommy, eles ficam muito perto, juntos, tipo coisa física e modo de falar, tipo relacionamento. E se alguém fosse prestar atenção nessas coisas em público, o jeito como agiam um com o outro, ia chegar a essa conclusão, de que é mais que um relacionamento de amigo.

Dr. Gardner: Agora, vamos continuar. Então, foi o beijo nos lábios. Depois, ele chorou...

Jordan: Ele tenta me fazer sentir culpado por...

Dr. Gardner: E então, o que aconteceu?

Jordan: E, então, uma hora, quando ele estava me abraçando e me beijando, ele se esfregou em mim. Não sei se ficou de pau duro ou não. Não consigo me lembrar.

Dr. Gardner: Agora, isso foi na cama ou o quê?

Jordan: Na cama.

Dr. Gardner: Tudo isso foi antes do verão?

Jordan: Não me lembro. Pode ter entrado no verão.

Dr. Gardner: Então, você toma o que como o próximo passo? Você falou sobre o desenvolvimento gradual; o próximo passo foi ele se esfregando em você?

Jordan: Sim.

Dr. Gardner: Com uma ereção.

Jordan: Acho que ficou de pau duro. Como, aos poucos, foi ficando.

Dr. Gardner: E depois?

Jordan: Então, isso foi aos poucos até quando ele ficou excitado e me beijou.

Dr. Gardner: Beijou você onde?

Jordan: Na minha boca. Sabe, ele nunca pôs a língua na minha boca de novo depois que eu disse pra ele para não fazer mais isso.

Dr. Gardner: Qual foi o próximo passo?

Jordan: Vamos ver, acho que o próximo passo foi... eu fiquei de pau duro e ele se esfregou em mim e foi isso.

Dr. Gardner: Você teve uma ereção e ele se esfregou em...?

Jordan: E ele teve, ele teve também.

Dr. Gardner: Ok, e onde estava a ereção dele e onde estava sua ereção? Vocês dois tiveram uma ereção.

Jordan: A gente estava em cima um do outro.

Dr. Gardner: Mais alguma coisa?

Jordan: Foi isso; e, depois, aos poucos, para outra coisa. Em alguma hora durante aquela ocasião em que a gente foi para a Flórida.

Dr. Gardner: Quando foram para a Flórida?

Jordan: Não sei. Minha mãe deve saber. [Abril 1993] E, lá, a gente ficou no mesmo quarto.

Dr. Gardner: Onde estava sua mãe?

Jordan: Na mesma suíte, em quarto diferente, com Kelly.

Dr. Gardner: O que aconteceu na Flórida?

Jordan: Aconteceram várias coisas. Uma, ele agarrou minha bunda, enfiou a língua em minha orelha...

Dr. Gardner: Ele agarrou sua bunda; estava forçando você?

Jordan: Não. Bem, ele estava me beijando e agarrou minha bunda.

Dr. Gardner: Não foi forçado?

Jordan: Mas, ah..., e depois a terceira coisa foi que ele estava indo pro banheiro para tomar um banho, e ele olhou pra mim antes de fechar a porta e disse, "eu gostaria de não ter de fazer isso", e fechou a porta, dando a impressão de que ele gostaria de poder ter liberdade de poder se trocar na minha frente.

Dr. Gardner: Trocar do que para o quê? Estou um pouco confuso. Você disse que ele agarrou sua bunda...

Jordan: Houve três coisas diferentes.

Dr. Gardner: Ele agarrou sua bunda, pôs a língua em seu ouvido e entrou no banheiro e disse, "eu gostaria de não ter de fazer isso".

Jordan: Depois, ele fechou a porta.

Dr. Gardner: Quanto tempo ele ficou no banheiro?

Jordan: Ele tomou um banho, não sei.

Dr. Gardner: Agora, quando ele disse, "eu gostaria de não ter de fazer isso", ao que estava se referindo?

Jordan: Fechar a porta atrás dele quando tinha de se trocar.

Dr. Gardner: Sendo que a insinuação era de que gostaria de ficar nu na sua frente, é isso o que você está dizendo?

Jordan: Certo. Mas, numa certa hora da viagem, eu disse, "eu não gostei quando você enfiou sua língua na minha orelha e agarrou minha bunda". Mais uma vez, ele começou a chorar e a me fazer sentir culpado, e ficou falando que não havia nada errado com isso, e se referindo aos levitadores e a Tommy. Acho que falou de Tommy e disse que ele não ia se importar que eu fizesse isso pra ele.

Dr. Gardner: Então, qual é o próximo passo?

Jordan: Sabe, ele nunca fez isso de novo também. O próximo passo, a gente voltou para casa, em Los Angeles, e ele continuou fazendo as coisas que eu não impedia ele de fazer.

Dr. Gardner: Isso é antes do verão ou durante o verão?

Jordan: Tenho certeza de que foi durante o verão.

Dr. Gardner: O próximo passo?

Jordan: Em Los Angeles, ele continuou com aquelas coisas.

Dr. Gardner: Que coisas?

Jordan: Se esfregar em mim, ficar excitado e me beijar demorado.

Dr. Gardner: E ter uma ereção?

Jordan: Sim.

Dr. Gardner: Então, qual foi o próximo passo?

Jordan: Então, a gente foi para Mônaco.

Dr. Gardner: Quando vocês foram para Mônaco?

Jordan: Durante o verão, eu acho. Minha mãe... [no começo de maio de 1993]

Dr. Gardner: E em Mônaco?

Jordan: Em Mônaco, ele e eu, nós dois ficamos resfriados então a gente não podia sair da cidade para ver as paisagens, ou tanto faz. A gente tinha de ficar lá dentro e isso foi bem quando a coisa ruim aconteceu.

Dr. Gardner: O que aconteceu?

Jordan: Não sei. Acho que quando ele me convenceu a tomar um banho com ele ou alguma coisa assim. Sabe, minha mãe e Kelly tinham saído, a gente estava se divertindo, presos lá dentro com o resfriado. E minha mãe, eu me lembro, ela se ofereceu para ficar e ajudar e tomar conta de nós, e Michael insistiu que nosso resfriado não tinha de atrapalhar em nada e era pra elas se divertirem. Então, a gente ficou sozinho e tomou banho junto. Essa foi a primeira vez que a gente se viu pelado. E durante esse tempo, quando a gente ficou sozinho no quarto e elas estavam fora, ele falou como todos os seus amigos garotos se masturbavam na frente dele.

Dr. Gardner: Ele disse que amigos garotos eram esses?

Jordan: Disse.

Dr. Gardner: Quais os amigos garotos ele disse que o masturbavam?

Jordan: Eles se masturbavam na frente dele.

Dr. Gardner: Oh, masturbavam-se na frente dele. Ok, quem ele disse que se masturbava na frente dele?

Jordan: Disse Peter Davis, Ian Roberts, Tommy Jones, Billy Williams – ele também estava na TV.

Dr. Gardner: Ele também esteve na TV, e disse o quê?

Jordan: Que Michael e eu, a gente dormia mesmo na mesma cama, mas que Michael nunca me tocou.

Dr. Gardner: Ele está mentindo, ou Michael está mentindo?

Jordan: Bem, eu não... pelo que eu sei, ele não está mentindo. Michael nunca tocou nele, pelo que eu sei. Porém, Michael disse que Billy se masturbava na frente dele.

Dr. Gardner: Então, Billy não disse nada na TV sobre masturbação?

Jordan: Não. Não. E então, outros carinhas... Espere, comecei a pensar no nome de um desses carinhas, Sam Thomas.

Dr. Gardner: Quem é ele?

Jordan: Um garoto que foi na turnê Bad com ele. É o nome da turnê antes dessa uma.

Dr. Gardner: Você diz, Turnê Bad... é esse o nome da turnê?

Jordan: Bad, sim.

Dr. Gardner: Chamaram a turnê de Ruim...

Jordan: É o nome do álbum dele.

Dr. Gardner: Então, o que mais aconteceu, se é que aconteceu alguma coisa?

Jordan: Então, ele ficou falando como todos aqueles carinhas se masturbavam na frente dele, ele disse que – oh, sabe, conheci Tommy e Billy durante esse tempo, e Peter Davis também. Então, ele ficava dizendo que todos esses carinhas se masturbavam e que a sensação é mesmo boa e, então, uma vez, ele se masturbou na minha frente. Foi a primeira vez.

Dr. Gardner: Ele se masturbou na sua frente?

Jordan: Hum, tipo, ele não me fez observar e coisa e tal enquanto estava na cama se masturbando, e eu, não sei, estava me trocando.

Dr. Gardner: Isso é quando vocês ficaram resfriados em Mônaco?

Jordan: É. Não sei se eu estava de pé no mesmo quarto ou não, mas não foi tipo ele fechou a porta e trancou tudo.

Dr. Gardner: Onde estava ele e onde estava você?

Jordan: Ele estava na cama, no quarto. Eu estava... eu podia estar me aprontando no banheiro, ou no... A gente tinha um closet grande e assim quem sabe eu estivesse me vestindo lá.

Dr. Gardner: Mas você o viu?

Jordan: Vi.

Dr. Gardner: Prossiga, a próxima coisa.

Jordan: E então ele continuou assim tipo uma porção de tempo na viagem. E continuava dizendo, "diga quando estiver pronto, e eu vou fazer isso pra você". Porque até então, eu nunca me tinha me masturbado ou coisa assim. E eu nunca dei, nunca, indicação de que estava pronto, tipo, para ser masturbado. E imagino que isso não estava nos planos dele, pois um dia, ah, ele esticou a mão e disse, "ok, só me diga como acha disso". E pôs a mão em meu...

Dr. Gardner: E isso foi em Mônaco?

Jordan: Certo. E ele pôs a mão em cima do meu short e disse, "ora, vai me dizer que não é gostoso...?". E esfregou para cima e para baixo. E eu disse, "é".

Dr. Gardner: Ele o masturbou até o orgasmo, até o clímax?

Jordan: Bem, então ele disse, "bem, espere, fica melhor ainda", e enfiou a mão dentro do meu short e me masturbou até o fim.

Dr. Gardner: Esse foi o primeiro clímax que você teve na vida?

Jordan: Foi. Bem, espere, durante esse verão, eu tive um, como é chamam..., alguma coisa molhada?

Dr. Gardner: Você quer dizer à noite, enquanto estava dormindo?

Jordan: Sim.

Dr. Gardner: Você quer dizer um sonho molhado.

Jordan: Sim.

Dr. Gardner: Ok, esse foi espontâneo. Você teve orgasmos em seus sonhos molhados?

Jordan: Eu tive um, e foi isso.

Dr. Gardner: Mas foi a mesma sensação?

Jordan: Foi.

Dr. Gardner: Então, o seu primeiro foi no sonho molhado?

Jordan: Certo.

Dr. Gardner: E então seu primeiro orgasmo sem ser num sonho molhado foi quando ele o masturbou?

Jordan: Certo.

Dr. Gardner: Ok. Qual foi o próximo passo?

Jordan: E, ele, tipo, continuou assim. Parou tudo mais que a gente fazia junto no começo; a gente só tomava banho junto. E a gente foi para o Euro Disney depois de Mônaco.

Dr. Gardner: Mais alguma coisa em Mônaco além do que você me contou?

Jordan: Hum-hum.

Dr. Gardner: Mais ou menos quantas vezes você diria que ele o masturbou em Mônaco?

Jordan: Não sei.

Dr. Gardner: Quais eram suas sensações sobre isso então?

Jordan: Bem, hum, eu disse, isso é realmente esquisito, tipo, eu nunca falei que estava pronto, então... Mas eu disse pra mim mesmo, é tão gostoso e assim, tanto faz... e ele é meu amigo, então, não posso estar...

Dr. Gardner: E enquanto estava masturbando você, o que ele ficava fazendo?

Jordan: Só isso, nada.

Dr. Gardner: Ok. Há algo mais sobre Mônaco?

Jordan: Não.

Dr. Gardner: Ok, qual é a próxima coisa?

Jordan: A próxima coisa, a gente foi para a Euro Disney.

Dr. Gardner: Quando foi isso?

Jordan: Depois de Mônaco, porque Mônaco é na França, assim como a Euro Disney, então a gente foi de Mônaco para a Euro Disney.

Dr. Gardner: E quanto tempo ficaram na Euro Disney?

Jordan: Não sei, uma semana ou duas no máximo.

Dr. Gardner: Isso foi durante o verão?

Jordan: Não sei. Não, espere, não, agora que me lembro de verdade, até aquela época, não aconteceu nada passado o verão, agora que me lembro, por que...

Dr. Gardner: Então, Mônaco foi antes do verão?

Jordan: Tudo.

Dr. Gardner: A Euro Disney foi antes do verão?

Jordan: Sim, tudo. Agora eu me lembro porque eu tinha um livro para ler para os exames finais – To Kill A Mockingbird (O Sol É Para Todos, de Harper Lee, vencedor do Pulitzer). Era, disse ele, um de seus livros [favoritos]. E, assim, ele me ajudava a estudar e lia o livro para mim e depois continuava a me masturbar.

Dr. Gardner: A propósito, se isso foi antes do verão, é o período escolar. Quando você estava em todos esses outros lugares, o que acontecia com a escola?

Jordan: Bem, eu ainda dei um jeito de tirar A em tudo; levei meu livro comigo.

Dr. Gardner: A escola permitiu isso?

Jordan: Permitiu.

Dr. Gardner: O que aconteceu na Euro Disney?

Jordan: Ele continuou a me masturbar.

Dr. Gardner: Mais ou menos quantas vezes você acha?

Jordan: Mais ou menos uma vez por dia. E foi assim na Euro Disney – e na França, em geral.

Dr. Gardner: Ok, foi assim na Euro Disney. Alguma coisa mais?

Jordan: Quer dizer na Euro Disney?

Dr. Gardner: Sim.

Jordan: Acho que a gente pode ter tomado um banho juntos.

Dr. Gardner: Em uma ocasião?

Jordan: Não sei. Pode ter sido uma, pode ter sido nenhuma afinal.

Dr. Gardner: Ok, próxima fase, próximo passo.

Jordan: Próximo passo, ok. A gente voltou para casa, pra Los Angeles de novo. Vamos ver, eu me lembro que meu pai, como tinha feito antes, no ano passado, ia me ajudar a estudar para os exames finais, e assim, eu ia ter de ir pra casa dele. E meu pai e Michael, eles nunca tinham se encontrado antes, acho que não. E assim, eu ia ter de ir pra casa do meu pai e ficar lá por, tipo, o fim de semana. E ele ia me ajudar a estudar. E Michael ficou muito triste mesmo que a gente tivesse de se separar. Então, ele ficou lá durante esse fim de semana.

Dr. Gardner: Na casa de seu pai?

Jordan: Correto. Essa foi a única vez. [Na verdade, foram dois fins de semana.]

Dr. Gardner: Ok, estamos falando de junho agora? Junho de 93?

Jordan: Fim de março.

Dr. Gardner: E depois?

Jordan: E então ele me masturbou lá e, uma vez, quando ele estava me masturbando, ah, em vez disso, ele me masturbou com a boca.

Dr. Gardner: Então, ele pôs a boca em seu pênis?

Jordan: Sim. Depois, ah, desse ponto em diante, até o fim de nosso relacionamento, ele me masturbava com sua boca. E foi o máximo que isso chegou.

Dr. Gardner: Mais ou menos em quantas ocasiões ele fez isso?

Jordan: Não sei, mas posso dizer ao senhor onde.

Dr. Gardner: Onde aconteceu?

Jordan: Na casa do meu pai, no esconderijo dele, na casa da minha mãe, e em Neverland.

Dr. Gardner: Ok, então esses são quarto lugares diferentes, portanto, obviamente, aconteceu pelo menos quatro vezes. Certo?

Jordan: Oh, certo, claro.

Dr. Gardner: Mas quero que você me dê um palpite...

Jordan: Ok. Mais de quinze, é certeza. Mas, ele me fez masturbar ele

Dr. Gardner: Em quantas ocasiões?

Jordan: Mais ou menos dez. E ele disse que – ele me fez – ele me levou a torcer um dos bicos de seus peitinhos enquanto eu chupava o outro e ele se masturbava.

Dr. Gardner: Alguma vez houve qualquer contato anal?

Jordan: Não.

Dr. Gardner: A maioria dos homens quando se masturba – quer seja masturbado por alguém ou fazendo isso sozinho – tem alguns pensamentos em mente. Às vezes, não, mas muito frequentemente, eles têm. Quando ele estava masturbando você, que pensamentos estavam em sua mente?

Jordan: Hum, acho que é esquisito. É como se aquilo não fosse certo, mas, no entanto, era bom, e ele era um amigo, então eu não o impedia.

Dr. Gardner: A maioria das crianças da sua idade começa mais ou menos nesta fase a se masturbar sozinha, sem qualquer tipo de experiência com outra pessoa ou crianças que (inaudível). Você continuou a se masturbar desde aquelas experiências?

Jordan: Continuei, eu acho, umas seis vezes logo depois do fim de nosso relacionamento.

Dr. Gardner: E não desde então?

Jordan: E não desde então.

Dr. Gardner: Não estou dizendo que você deveria, mas estou perguntando por que você fez. Estou perguntando quais foram suas razões?

Jordan: Porque eu me lembro que era uma sensação boa quando ele fazia isso e...

Dr. Gardner: Ok, por que você parou? Não estou dizendo que deveria ou não deveria. Só estou dizendo... por que decidiu parar?

Jordan: Eu não (inaudível).

Dr. Gardner: É isso. Vamos separar a sensação do sentimento para com ele. Vamos fazer isso. Vamos fazer uma pausa por mais ou menos dez, quinze minutos e, depois, continuaremos. Portanto, vá esticar suas pernas. Agora, quero deixar registrado que não vou conversar com você no intervalo durante nossas reuniões. Todo o contato com você, todas as coisas que vou dizer a você ficarão nesta sala, nesta fita. Concordamos que eu não havia conversado com você anteriormente ao dia de hoje, certo?

Jordan: Certo.

Dr. Gardner: Assim, isso é muito importante. Ok, então, vamos fazer uma interrupção.

(Pausa)

Dr. Gardner: Sente falta dele?

Jordan: Não.

Dr. Gardner: Eu gostaria de conversar com você a respeito de como isso tudo aconteceu. A propósito, ele lhe disse que você não deveria contar a ninguém?

Jordan: Sim, ele disse.

Dr. Gardner: Que alegações específicas ele lhe fez a esse respeito?

Jordan: Ele disse que isso – que a gente tinha uma caixinha, e isso era um segredo, e é uma caixa que só ele e eu, só a gente deveria compartilhar.

Dr. Gardner: Ele não estava falando literalmente?

Jordan: Era uma caixa de segredo, tipo, sim, fingir que a gente tinha uma caixa e os segredos ficavam lá.

Dr. Gardner: Uma caixa de segredo como uma caixinha?

Jordan: Sim, você põe o segredo na caixa e ninguém pode saber sobre o que tem na caixa além dele e de mim. E ele disse, mais uma vez, ele se referiu, ah, aos levitadores não condicionados. Ele disse que ele não eram condicionados, mas se essa caixa fosse revelada a outras pessoas, como gente comum da sociedade de hoje, eles são condicionados e assim ele acreditariam que era errado. E assim, é por isso que eu não deveria revelar o que está dentro da caixa.

Dr. Gardner: Você acredita que é errado?

Jordan: Acredito.

Dr. Gardner: Como seus pais souberam disso?

Jordan: Acho que, depois de... que Michael e eu ficamos... aquela noite.

Dr. Gardner: Onde?

Jordan: Na casa de meu pai, durante os exames finais. Ele viu que, ah, não era um relacionamento saudável para mim.

Dr. Gardner: O que ele observou diretamente em termos das atividades sexuais?

Jordan: Nada de atividades sexuais.

Dr. Gardner: Ele não viu atividades sexuais? Mas, houve atividades sexuais?

Jordan: Houve, mas ele não viu.

Dr. Gardner: O que ele viu?

Jordan: Viu Michael e eu tendo quase a mesma personalidade, os mesmos interesses, o mesmo jeito de falar.

Dr. Gardner: Quando você fala em personalidade semelhante...

Jordan: Tipo assim, eu agia como ele.

Dr. Gardner: Você se percebeu fazendo isso conscientemente?

Jordan: Não.

Dr. Gardner: Tomou uma decisão ou apenas aconteceu?

Jordan: A coisa apenas meio que aconteceu. Assim, quando mais a gente ficava junto, a personalidade e o jeito dele de falar e tudo mais grudava em mim. E, pelo jeito, ele... papai... me viu sozinho uma vez na Cody's, na formatura em educação infantil, e me disse: "Você e Michael mentiram para mim", e parecia que ele sabia o que estava havendo, sem na verdade dizer o que acontecia.

Dr. Gardner: Então, seu pai suspeitava. É isso o que está dizendo?

Jordan: É. E disse numa voz brava, séria, não gritando.

Dr. Gardner: Estava conversando com você sozinho ou...

Jordan: Sozinho.

Dr. Gardner: Quando isso aconteceu?

Jordan: Eu, ah, pouco antes da formatura de minha escola.

Dr. Gardner: Isso foi em maio ou em junho?

Jordan: Junho.

Dr. Gardner: E aí, o que você disse então?

Jordan: Eu não disse. Ele não me perguntou: "O que você e Michael faziam juntos?"

Dr. Gardner: A propósito, voltando atrás, ele disse: "É um segredo?"

Jordan: Michael?

Dr. Gardner: Sim. Com relação a isso, ele fez alguma ameaça?

Jordan: Acho que pode ter falado tipo assim, "se você contar, Michael irá para a cadeia, e nada vai acontecer comigo... com você". Ele disse que não era verdade e que eu poderia, ah, ir para uma instituição juvenil ou algo assim.

Dr. Gardner: Que ele poderia ir para a cadeia, mas que você iria para uma casa de correção juvenil?

Jordan: Alguma coisa parecida com isso.

Dr. Gardner: Que ele mesmo poderia ir para a cadeia?

Jordan: Não me lembro exatamente. Quase dou como certo, porém, que ele disse alguma coisa sobre instituição juvenil. Quase digo positivo que ele disse isso, mas o que me lembro mesmo é que ele disse que ele iria para a cadeia e que, ah, eu não ia escapar numa boa.

Dr. Gardner: Você acreditou nisso?

Jordan: Bem, eu não acreditei nem um pouco na ocasião e de jeito nenhum acredito agora. Mas, na hora, eu não acreditei mesmo, mas disse, ok, tanto faz, e concordei.

Dr. Gardner: Ora, vejamos. Quando seu pai o confrontou pela primeira vez, o que você disse?

Jordan: Bem, ah... foi uma coisa de assustar, quando ele estava conversando comigo e disse: "Você mentiu para mim, e Michael também". E eu disse... eu estava assim, muito nervoso. E ele disse: "O que você faria se eu dissesse que não quero que você vá à turnê?" Porque eu deveria estar na turnê com ele agora. Ele está em turnê.

Dr. Gardner: Hum-hum.

Jordan: A gente estava planejando sair em turnê. E eu disse, ah, "eu iria de qualquer jeito, eu acho, porque não sei de nenhuma razão válida que você tenha", eu disse ao meu pai.

Dr. Gardner: Você ainda queria ir à turnê?

Jordan: Sim, o tempo todo.

Dr. Gardner: Por que isso?

Jordan: Porque eu estava me divertindo. Na época, as coisas que Michael fazia pra mim, elas não me afetavam. Tipo, eu não queria pensar que alguma coisa estava totalmente errada com o que ele estava fazendo, já que ele era meu amigo, e continuava me dizendo que nunca me magoaria. Mas, hoje em dia, vejo que ele estava mentindo, óbvio.

Dr. Gardner: Você está dizendo que não percebeu que isso o magoaria? É o que está dizendo?

Jordan: Eu não via nada errado com isso.

Dr. Gardner: Vê algo de errado nisso agora?

Jordan: Claro.

Dr. Gardner: O que está errado, conforme vê isso?

Jordan: Por que ele é adulto, e está usando sua experiência, sua idade, manipulando e coagindo gente mais jovem que não tem tanta experiência quanto ele e não tem a capacidade de dizer não para alguém poderoso assim. Ele está usando seu poder, sua experiência, sua idade, seu domínio para obter o que quer.

Dr. Gardner: Tudo bem, então, você finalmente contou ao seu pai. Quem foi o primeiro adulto a quem você contou?

Jordan: Meu pai.

Dr. Gardner: Quantas vezes ele teve de perguntar a você antes que você lhe contasse?

Jordan: Uma vez.

Dr. Gardner: A primeira vez que ele perguntou, você lhe contou?

Jordan: Bem, veja, na formatura, ele disse: "Vocês, garotos, estão mentindo para mim", e foi isso, ele não me fez qualquer pergunta.

Dr. Gardner: E o que você disse?

Jordan: E disse apenas: Hum? – como se eu não soubesse.

Dr. Gardner: Você o fez acreditar que não sabia do que ele estava falando?

Jordan: Certo. Certo. E depois ele me exigiu para ficar em sua casa, porque ele sabia que as coisas estavam erradas. E ele, assim, eu estava com minha mãe e Michael, e ele me exigiu para ficar em sua casa.

Então eu fui pra casa dele, e ele disse, só por uma semana e depois você pode voltar. E eu realmente comecei a gostar de lá. E ele teve de extrair meu dente uma hora, ah, enquanto eu estava lá. E não gosto de dor, e assim eu disse, poderia me pôr pra dormir? E ele disse, claro. Então seu amigo me pôs pra dormir; ele é um anestesista. E, ah, quando acordei meu dente estava arrancado, e eu estava bem — um pouco tonto, mas consciente. E meu pai disse... e seu amigo fora embora e era só ele e eu — e meu pai disse: "Eu só quero que você me informe, aconteceu alguma coisa entre você e Michael? E eu disse: Sim, e ele me deu um grande abraço e foi isso.

Dr. Gardner: Tudo bem, então, você finalmente contou a seu pai. Quem foi o primeiro adulto a quem você contou?

Jordan: Meu pai.

Dr. Gardner: Quantas vezes ele teve de perguntar a você antes de você lhe contar?

Jordan: Uma.

Dr. Gardner: Da primeira vez que ele perguntou, você lhe contou? E nunca lhe deu os detalhes?

Jordan: Não.

Dr. Gardner: Agora, quando você divulgou isso? Quando contou a ele? Em que mês?

Jordan: Julho. Acho que em julho. Lembro disso porque estava bem perto do aniversário de minha irmã, que é em julho.

Dr. Gardner: Você é interessado em meninas?

Jordan: Sim.

Dr. Gardner: Você se percebeu atraído por algum garoto?

Jordan: Não.

Dr. Gardner: Alguma vez se percebeu atraído por garotos?

Jordan: Não.

Dr. Gardner: Entenda, há alguns garotos que têm uma experiência tal como a que você descreve, que mudam de inclinação heterossexual para homossexual. Você compreende o que eu quero dizer com isso? Se você pergunta a eles aos cinco, seis, sete, oito anos, eles dizem "vou ser bombeiro quando crescer e vou me casar e ter filhos" - algo assim - e depois eles continuam com essa tendência. Porém, há alguns garotos, como resultado de uma experiência como a que você está descrevendo, em que isso pode mudar e começar a pender para a tendência homossexual. Você acha que vai afetá-lo?

Jordan: Bem, pode ser, e acho que é por isso provavelmente que estou em terapia.

Dr. Gardner: Ok, mas a questão é, você tem a impressão agora de que isso pode acontecer a você?

Jordan: Não.

Dr. Gardner: Por que diz isso?

Jordan: Porque... eu gosto de meninas!

Dr. Gardner: Você sente que de alguma forma poderia ter evitado toda essa coisa com Michael?

Jordan: Sinto.

Dr. Gardner: Como?

Jordan: Porque, no começo... Lembra que eu disse que havia umas duas coisas que ele fazia e eu disse, "não faça isso"?

Dr. Gardner: Lembro.

Jordan: Funcionou daquelas vezes, quem sabe se eu tivesse feito isso...

Dr. Gardner: Você poderia ter sido mais firme. É isso que está dizendo?

Jordan: Sim.

Dr. Gardner: Por que não foi?

Jordan: Era difícil de fazer.

Dr. Gardner: Por quê?

Jordan: Porque ele é adulto, ele é dominador, ele é famoso, ele é poderoso.

Dr. Gardner: Estava tomado de devoção por ele? Entende o que eu quero dizer com devoção?

Jordan: Não.

Dr. Gardner: Ter devoção por alguém significa que você o encara quase como um deus, ou algo assim.

Jordan: Não. Na verdade, quanto mais e mais nosso relacionamento ficou íntimo, menos eu pensava nisso. Como a maioria das pessoas pensa que, pô, ele é maravilhoso porque ele sabe dançar e cantar. Mas, sabe, ele é apenas, tipo... uma pessoa comum.

Dr. Gardner: Você se sente culpado de ter participado desses atos?

Jordan: Sinto. Me arrependo de ter feito isso.

Dr. Gardner: E quando aos medos? Algum tipo de medo?

Jordan: Não.

Dr. Gardner: Às vezes as pessoas, depois de experiências desse tipo, desenvolvem diferentes tipos de medos. Você não tem medos?

Jordan: Talvez de interrogatório, mas é tudo. Quero dizer, não tenho nada a esconder, é só de pensar nisso. [Jordie descreve algumas das atividades que ele e Michael faziam juntos.]

Dr. Gardner: Me parece, pelo que você está descrevendo, que ele estava se comportando muito como criança.

Jordan: É isso que ele acreditava que era.

Dr. Gardner: Você diz, psicologicamente, ele acreditava que era uma criança? Quando você estava com ele – você descreveu os videogames – ele jogava jogos infantis com você. Alguma vez ele deu alguma explicação da razão de fazer isso?

Jordan: Porque ele, ah, quando era jovem, tipo da minha idade, o pai fazia ele trabalhar sem parar e, ah, o pai dele batia nele e coisa e tal, e ele estava tentando reviver o que não teve quando garoto. Peter Pan é o seu ídolo.

Dr. Gardner: Por que isso?

Jordan: Porque Peter Pan é jovem pra sempre, e se mete em aventuras e coisa e tal.

Dr. Gardner: Ele podia reviver todas as experiências que não teve, mas, e quanto à parte sexual? Como isso se encaixa ao reviver o passado? Ele falou se teve experiências sexuais de algum tipo quando criança com alguma pessoa mais velha?

Jordan: Não, não que eu saiba.

Dr. Gardner: Ele disse que o amava?

Jordan: Hum-hum.

Dr. Gardner: Sabe quando você vê um filme romântico às vezes, e vê o homem e a mulher, e o homem diz o quanto ele ama a mulher, quanto ele a adora e a elogia; sabe como é isso?

Jordan: Sei.

Dr. Gardner: Você diria que era desse jeito que Michael era com você?

Jordan: Tipo assim, era alguma coisa parecida com uma espécie estranha de amor. Parecido, era parecido com isso, mas ele, ele me amava com egoísmo. Tipo, sem ligar para o fato de que o que estava fazendo poderia me ferir, ele continuava.

Dr. Gardner: Quando você diz que poderia feri-lo, como isso poderia ferir você?

Jordan: Todo mundo acha que o que ele estava fazendo poderia ferir, caso contrário não seria um crime.

Dr. Gardner: Ok, como poderia ferir? Conforme você vê, como isso poderia feri-lo?

Jordan: Porque... isso é um assunto delicado, eu acho. Separa você de qualquer outra pessoa.

Dr. Gardner: Como?

Jordan: Eu não sei.

Dr. Gardner: Só dê seu próprio palpite.

Jordan: Poderia me deixar deprimido ou algo assim, eu não sei.

Dr. Gardner: Bem, isso é importante. Você diz que é um crime. Por que é um crime?

Jordan: Porque, como eu disse antes, ele está usando a experiência dele, o poder, a idade...

Dr. Gardner: Como isso poderia deixar você? Se isso tivesse continuado e não fosse interrompido, como você teria acabado?

Jordan: De acordo com o seu padrão, acho que ele teria me deixado, meio que se livrado de mim, imagino que o senhor chamaria assim. E eu seria tipo um vegetal.

Dr. Gardner: Por que um vegetal?

Jordan: Porque ele continuaria a fazer aquelas coisas e eu não saberia o que mais há, lá fora.

Dr. Gardner: Diga isso de novo. Você não saberia o que mais há lá fora?

Jordan: Certo. Tipo, ele não gostaria se eu quisesse chamar uma garota ou algo assim. Sabe, eu não saberia, tipo, se haveria outras opções.

Dr. Gardner: Está dizendo que ele o desviaria de sua tendência de sair com garotas?

Jordan: Certo.

Dr. Gardner: O que diria que foi a melhor coisa que já aconteceu em sua vida inteira?

Jordan: Quando eu contei ao meu pai o que Michael estava fazendo comigo.

Dr. Gardner: Por que diz isso?

Jordan: Porque, assim que eu contei pra ele, eu percebi que Michael nunca seria capaz de fazer isso comigo de novo. E quando alguma coisa horrível acaba, é muito provável que seja a melhor coisa de sua vida.

Dr. Gardner: Você diz...

Jordan: Como um prisioneiro sendo solto da prisão.

Dr. Gardner: Mas você está dizendo que através de tudo isso, embora você se divertisse, sentia uma sensação de pressão?

Jordan: Sim.

Dr. Gardner: Era um peso enorme em você? Sabe o que...

Jordan: Sim.

Dr. Gardner: Poderia descrever...

Jordan: Tipo, eu não poderia me abrir a respeito de como me sentia. Como se eu não quisesse fazer algo e não pudesse simplesmente dizer "não quero fazer isso", porque ele começaria a chorar ou sei lá. Ele não dizia apenas, "ok, tanto faz, vamos ser apenas amigos e jogar videogames". Ele começava a chorar e fazer tudo para me convencer de que...

Dr. Gardner: Porém, você voltava lá — voluntariamente. Poderia ter dito: "não quero ir de novo para Neverland", certo?

Jordan: Certo.

Dr. Gardner: Então, por que você voltava?

Jordan: Porque, independente do fato de eu ir a Neverland, ele estaria comigo. Não importava o que, ele estava sempre comigo. Era como se eu não pudesse apenas dizer "não quero ficar com você hoje".

Dr. Gardner: Por que não?

Jordan: Não era assim tão fácil. Ele chorava. Ele dizia: "Você não gosta mais de mim". Era uma encrenca, sabe, era difícil.

Dr. Gardner: É meu entendimento que sua mãe meio que facilitou as coisas aqui.

Jordan: O que isso quer dizer?

Dr. Gardner: Facilitar significa, tornar fácil para ele. Outra mãe poderia não ter acreditado nele com aquela coisa sobre "está tudo ok". Sabe, algumas mães diriam: "Você não vai dormir na cama com meu garoto, não me importa o que diga". Ela se deixou levar na conversa.

Jordan: Certo.

Dr. Gardner: É correto dizer que ela compreende agora o que estava acontecendo?

Jordan: Sim.

Dr. Gardner: Me parece que sua mãe foi na conversa dele. Ela também foi enganada. Isso é correto?

Jordan: Sim.

Dr. Gardner: Quais são suas sensações com relação à sua mãe a essas alturas?

Jordan: Ela foi enganada, assim como o senhor disse.

Dr. Gardner: Algum sentimento a respeito disso?

Jordan: De que, tenho certeza, de que se ela soubesse o que estava acontecendo, ela diria de jeito nenhum.

Dr. Gardner: Discutiu isso com ela?

Jordan: Não.

Dr. Gardner: Não!

Jordan: Espere, discutiu...?

Dr. Gardner: Essa coisa toda. Sobre ela ter sido enganada.

Jordan: Não, porque, quero dizer, eu pessoalmente não gosto de falar sobre isso mais do que sou obrigado.

Dr. Gardner: Você tem quaisquer outras sensações além de que ela foi enganada?

Jordan: Não.

Dr. Gardner: Soube por seus pais que você não estava passando muito tempo na casa de sua mãe. Isso é correto?

Jordan: Está certo.

Dr. Gardner: E, na sua idade e com sua inteligência, eles basicamente o deixaram tomar essa decisão por si mesmo. Porém, existem razões para tudo, e o que eu quero saber de você é, quais são suas razões para querer passar tão pouco tempo na casa de sua mãe?

Jordan: Não é exatamente assim que eu não queira passar tempo na casa de minha mãe. É... há..., não sei.

Dr. Gardner: Há sempre uma razão para tudo. Chute.

Jordan: Eu diria que é porque não existem tantas regras na casa de meu pai.

Dr. Gardner: E qual é a razão para isso?

Jordan: Não sei. Imagino que os valores deles, quem sabe.

Dr. Gardner: O que tem esses valores?

Jordan: Meu pai não acredita, por exemplo, em comer a comida certa toda noite. Você pode comer doce.

Dr. Gardner: Sua mãe é meio que intransigente?

Jordan: O que quer dizer isso?

Dr. Gardner: Intransigente? Sua mãe é chata e seu pai menos chato sobre comida. É isso o que você ia dizer?

Jordan: Sim.

Dr. Gardner: Alguma outra razão?

Jordan: Não é só a comida propriamente, são as regras dela no geral.

Dr. Gardner: O que tem as regras dela?

Jordan: As regras de minha mãe são mais rígidas. Tipo, ir pra cama tal hora, fazer o dever de casa logo quando você chega em casa da escola.

Dr. Gardner: Alguma outra razão por quê?

Jordan: Bem, além disso, na casa da minha mãe – a casa mesmo, ou ela?

Dr. Gardner: Ambas as coisas.

Jordan: Bem, não quero passar tempo naquela casa porque a presença de Michael ainda está lá.

Dr. Gardner: É como se o fantasma dele ainda estivesse na casa, sua aura?

Jordan: É.

Dr. Gardner: Alguma outra razão com sua mãe?

Jordan: Por quê?

Dr. Gardner: Compreenda, porque estou tentando descobrir que problemas ou reações psicológicas, se houver alguma, você teve diante dessa experiência – que foi uma experiência de abalar a mente. Tenho certeza de que concorda com isso. Quando você pensa em todas as crianças no mundo, ter tido essa experiência com esse cara, sabe, é razoável dizer que se você vivesse até os mil anos, não se esqueceria disso. Estou correto?

Jordan: Correto.

Dr. Gardner: Ok. E vem a ter alguns efeitos nas pessoas: você não é imune a isso. Provavelmente o caso não vá afetar sua vida sexual. Você sabe que poderia, mas tem mais efeitos sutis. Não são tão óbvios, mas são efeitos, independente disso. Estou tentando descobrir... como um deles é, agora que você tem um... você não pode entrar na casa de sua mãe sentindo relaxamento e conforto porque a aura de Michael está lá. Não é um efeito sexual, mas é um efeito. E compromete seu relacionamento com sua mãe. E só estou ponderando sobre outras coisas, outros efeitos. É por isso que estou lhe fazendo essas perguntas. Acha que tem algo a ver com sua mãe ter facilitado... Sabe o que eu quero dizer por facilitado?

Jordan: Não.

Dr. Gardner: Seu pai pensa, e estou de acordo com ele, que ela não mostrou bastante percepção antes – embora ele seja um cara tão convincente e sedutor –, em se dar conta de que havia alguma coisa esquisita acontecendo ali, e tirado você de lá mais depressa. Concorda com isso?

Jordan: Bem, ele me tinha sob seu encanto. Assim, sabe...

Dr. Gardner: Seu encanto? Acha que ela estava sob o seu encanto?

Jordan: Bem, ele me tinha sob o encanto dele, então imagino que poderia ter outras pessoas também.

Dr. Gardner: Estou imaginando se você realmente sente algum ressentimento com relação a ela, e isso possa ser um fator para não vê-la.

Jordan: Não. Acho que não.

Dr. Gardner: Ok. Sabe, como eu soube por seus pais, e como vejo pelo que você diz, quando esteve sob esse encanto, ele se tornou como o... você foi sendo afastado de seu pai, de sua mãe. Sabe, você era quase como um, sabe, atraído sob a teia dele e afastado de sua família, e você o enxergava como a pessoa mais importante em sua vida. Certo?

Jordan: Sim.

Dr. Gardner: E sob essas circunstâncias, você muitas vezes assume os traços e as qualidades dessa pessoa. Você assumiu alguma das qualidades dele?

Jordan: Assumi quando estava com ele, mas felizmente me livrei delas.

Dr. Gardner: Quais eram as qualidades?

Jordan: Seu jeito de falar.

Dr. Gardner: Pode imitar?

Jordan: Ele usava palavras como "me alcance". Isso queria dizer me pegue alguma coisa. Uma ereção era "leveza".

Dr. Gardner: "Leveza" era uma ereção. Prossiga.

Jordan: Porra era "manteiga de pato."

Dr. Gardner: "Manteiga de pato?" Isso era sêmen, ejacular?

Jordan: Era.

Dr. Gardner: Então, essas eram palavras dele e você estava usando essas palavras?

Jordan: Estava.

Dr. Gardner: Alguma coisa mais que tenha se tornado parte de você?

Jordan: Não.

Dr. Gardner: Quero obter esclarecimento com relação às meninas. Qual é sua situação com meninas a essas alturas? Seu pai diz que você fica um monte de tempo ao telefone.

Jordan: Hum-hum.

Dr. Gardner: Fala bastante com meninas em especial? Passa um bocado de tempo com meninas?

Jordan: Hum-hum.

Dr. Gardner: Vejo que está sorrindo. Tem uma [namorada] a essas alturas?

Jordan: Estou meio que no processo de andar atrás de uma.

Dr. Gardner: Então, está de olho nela?

Jordan: Estou, acho que o senhor poderia chamar assim.

Dr. Gardner: Já beijou alguém?

Jordan: Beijei essa garota.

Dr. Gardner: Ok. Então, seu pai parece pensar que, em seu relacionamento com as meninas, você faz um monte de perguntas; você está muito controlador. Acha que isso tem algo a ver com Michael?

Jordan: Não... Bem, tem.

Dr. Gardner: Como isso se relaciona com Michael?

Jordan: Porque... eu não tinha pensado nisso desse jeito antes, mas agora que penso nisso, já pus confiança demais e dei o controle a Michael em nossa relação, agora eu observo por mim mesmo.

Dr. Gardner: E quanto à confiança em sua mãe? Você acha que algo da confiança em sua mãe foi afetada?

Jordan: Bem, não é porque ela, como as pessoas dizem, quisesse me prostituir. É mais por causa de... quem sabe, eu ter tentado contar a ela uma vez e ela não me acreditou.

Dr. Gardner: Quando foi isso? Você se lembra?

Jordan: Não.

Dr. Gardner: Como se sente sobre isso?

Jordan: Sinto como se fosse alguma coisa distante, desagradável, em sua mente, de que seu filho pudesse se machucar... e você reunisse um exército, sabe, se houvesse uma suspeita tão forte como essa, que meu pai levou assim tão longe. Ela deveria pelo menos ter ouvido o que eu tinha a dizer.

CITAÇÃO DE NOMES

Abrams, Mathis (Dr.): O psiquiatra de Beverly Hills que ajudou a embasar as acusações de Jordan Chandler de que Michael Jackson o molestara em 1993

Al Khalifa, Abdulla bin Hamad (Xeque): Esse príncipe coroado do Bahrain processou Michael Jackson por romper um contrato de 7 milhões de dólares antes de chegar a um acordo, em 2008

Arvizo, Gavin: Amigo criança de Michael Jackson e suposta vítima de abuso sexual infantil durante o julgamento de 2005 contra Jackson; Jackson foi declarado inocente de todas as denúncias

Arvizo, Janet: Mãe de Gavin Arvizo

Barresi, Paul: Investigador particular que certa vez ajudou Philippe e Stella LeMarque a venderem a história de que Jackson era um molestador infantil aos tabloides, em 1993

Bashir, Martin: Jornalista inglês que entrevistou Michael Jackson para o controverso documentário Living with Michael Jackson: A Tonight Special (2003)

Barnes, Brett: Amigo criança australiano de Michael Jackson e um visitante costumeiro no Rancho de Neverland durante o começo dos anos 90

Chandler, Evan (Dr.): Dentista e pai de Jordan Chandler

Cochran, Johnnie: Advogado americano que representou Michael Jackson durante as acusações de abuso sexual infantil em 1993 (também famoso por defender O.J. Simpson)

Culkin, Macaulay: Famoso astro infantil americano dos anos 90

Dimond, Diane: Repórter investigativa e escritora, antiga jornalista de televisão do programa *Hard Copy*

Garcetti, Gil: Ex-promotor público de Los Angeles que investigou as acusações de abuso sexual contra Michael Jackson em 1993 e 1994

Gardner, Richard (Dr.): Ex-professor clínico de psiquiatria infantil que, em 1993, conduziu uma entrevista-chave com Jordan Chandler sobre as acusações de abuso contra Jackson

Feldman, Larry: Advogado de Los Angeles que representou Jordan Chandler durante o processo civil contra Michael Jackson, em 1993

Fields, Bert: Advogado de entretenimentos que representou os interesses de Michael Jackson perante a Sony Music, e durante as acusações de abuso sexual infantil, em 1993

Fischer, Mary: Jornalista e escritora da revista GQ

Francia, Blanca: Ex-criada no rancho de Neverland que fez acusações sugerindo que Jackson era um molestador infantil e que seu filho Jason fora também uma vítima

Gordon, Jack: Ex-marido de LaToya Jackson

Hughes, Geraldine: Antiga secretária do advogado de Los Angeles, Barry Rothman, que representou Jordan Chandler; Chandler acusou Jackson de abuso sexual em 1993

Jackson, Joe: Pai de Michael Jackson

Jackson, Katherine: Mãe de Michael Jackson

Jackson, La Toya: Uma das irmãs de Michael Jackson

Jackson, Michael: Cantor, artista de entretenimento, O Rei do Pop

Jackson, Paris Catherine Michael Jackson: Segunda filha de Michael Jackson

Jackson, Prince Michael: Primeiro filho de Michael Jackson

Jackson, Prince Michael II: Terceiro filho de Michael Jackson, também conhecido como Blanket

LeMarque, Philippe: Antigo chef da Neverland que declarou em 1993 ter testemunhado Jackson molestando Macaulay Culkin

Lennon, Sean: Cantor americano, letrista de música e ator (filho de John Lennon de The Beatles) que foi amigo de Michael Jackson quando criança

McManus, Adrian: Antiga criada em Neverland, que testemunhou que vira Jackson molestar Macaulay Culkin e dois outros garotos durante o julgamento criminal de abuso sexual infantil de 2005

Mesereau, Tom: Advogado americano atuante em tribunal que representou Michael Jackson durante o julgamento criminal de abuso sexual infantil em 2005

Minnelli, Liza: Atriz americana, cantora e amiga íntima de Michael Jackson; Jackson conduziu-a como noiva durante a cerimônia de seu casamento com David Gest, em 2002

Mottola, Tommy: Antigo Conselheiro e CEO da Sony Music que Michael Jackson denunciou como "racista" com grande repercussão em 2002

Palladino, Jack: Antigo investigador particular de Michael Jackson.

Pellicano, Anthony: Antigo investigador particular das celebridades de Los Angeles, também conhecido como "The Pelican" (O Pelicano) e como o "P.I. to the Stars" (O Detetive das Estrelas); trabalhou para os advogados de Michael Jackson em 1993

Presley, Lisa Marie: Cantora e compositora de música americana e filha de Elvis Presley; casou-se com Michael Jackson em 1994, divorciando-se em 1996

Quindoy, Mark (Mariano): Antigo empregado da equipe doméstica de Neverland de Michael Jackson, que declarou ter testemunhado Jackson molestando crianças em 1993

Rivera, Geraldo: Advogado americano, jornalista, escritor, repórter e antigo apresentador de programa de entrevista que acompanhou de perto os casos levados ao tribunal em 1993 e 2005 contra Michael Jackson

Rothman, Barry: Advogado de Los Angeles que representou Jordan Chandler em 1993

Rowe, Debbie: Australiana que casou com Jackson em 1996 e divorciou-se dele em 1999; mãe biológica de seus filhos Paris e Prince Michael

Sawyer, Diane: Jornalista americana de televisão do canal ABC que entrevistou Michael Jackson e Lisa Marie Presley em 1995 para o programa Prime Time Live

Schwartz, David: Padrasto de Jordan Chandler

Schwartz, June Chandler: Mãe de Jordan Chandler

Shapiro, Robert: Advogado de Barry Rothman que representou Jordan Chandler durante o processo civil de 1993 contra Michael Jackson (também famoso por defender O.J. Simpson)

Sneddon, Tom: Promotor público do condado de Santa Barbara, na Califórnia, que investigou as acusações de abuso sexual contra Michael Jackson em 1993-1994 e processou-o sem sucesso em 2005

Taylor, Elizabeth: Atriz americana, amiga e defensora de Michael Jackson em 1993 e 2005 quando foram feitas as acusações de abuso sexual infantil

Thomas, Leroy: Um dos vários ex-guardas de segurança em Neverland que deu entrada a um processo de demissão sem justa causa contra Michael Jackson por ter sido despedido por saber demais

Torbiner, Mark: Anestesiologista contratado por Evan Chandler para a extração de dente de seu filho Jordan, em 12 de julho de 1993

Weitzman, Howard: Advogado americano atuante em tribunal que ajudou a defender Michael Jackson contra as acusações de abuso sexual infantil em 1993

Winfrey, Oprah: Famosa apresentadora do The Oprah Winfrey Show que entrevistou Michael Jackson em 10 de fevereiro de 1993, conquistando os mais altos índices de audiência de programa na história da televisão